한눈에 보는
실전 클라우드 프로젝트

Copyright ⓒ acorn publishing Co., 2013. All rights reserved.

이 책은 에이콘출판(주)가 저작권자 강송희와 정식 계약하여 발행한 책이므로
이 책의 일부나 전체 내용을 무단으로 복사, 복제, 전재하는 것은 저작권법에 저촉됩니다.
저자와의 협의에 의해 인지는 붙이지 않습니다.

한눈에 보는
실전 클라우드 프로젝트

클라우드 기본과 프로세스, 아키텍처 설계와 구현, 보안, 데브옵스까지 실증 도구와 사례

강송희 지음

에이콘

추천의 글

저자는 아직 클라우드의 개념조차 생소하던 2010년 삼성 서비스 최초로 AWS(Amazon Web Service)를 도입한 프로젝트 멤버였으며, 이 과제에서 시스템 파트 리더이자 테크니컬 아키텍트로서 설계, 개발, 운영에 이르는 전 분야에 걸쳐 핵심적인 역할을 수행한 탑 클래스의 클라우드 전문가입니다. 지금은 클라우드 컴퓨팅이 전 세계 120여 개국에 서비스되는 거대 규모의 서비스로 성장했으나, 개발 초기 부족한 레퍼런스를 찾아 밤을 새우며 연구한 노력으로 하나 하나 레퍼런스를 만들어가며 클라우드를 적용했던 저자의 땀과 정열이 아직도 눈에 선합니다. 함께 일한 동료로서, 또 IT 개발자와 운영자로서 뿌듯한 자부심과 함께 큰 격려와 박수를 보냅니다.

이 책은 클라우드 시스템을 도입하려는 서비스의 아키텍트나 개발자에게 클라우드 시스템의 개념부터 설계, 구현, 운영에 이르기까지 전 과정을 소개하는 클라우드 지침서입니다. 각 장마다 단순한 개념이 아닌 필자가 직접 부딪히고 체험하여 얻어낸 소중한 자산이 녹아 있어 클라우드에 생소한 아키텍트나 개발자도 살아있는 지식을 습득할 수 있을 것입니다. 부디 많은 동료 개발자와 운영자들에게 저자의 생생한 체험이 담긴 노력의 결실이 공유되어 클라우드 시스템이 더욱 확대되는 데 큰 기여를 할 수 있기를 기대합니다.

김진해 부장 / 삼성SDS CMS운영1그룹장

나와 강송희 씨와의 인연은 오래 전 오라클 아시아 연구 개발센터에서부터였다. 난이도 높은 개발 프로젝트의 일원이 된 그녀는 여성 개발자에 대한 편견이 얼마나 잘못된 것임을 일깨워줄 만큼 특별했다. 다른 부서로 소속을 바꾼 이후에도 내게 열정적인 모습을 남겨준 후 어느 날 훌쩍 삼성전자로 회사를 옮겼다. 그곳에서 클라우드 관련 업무를 수행 중이란 소식과 개인적인 근황만을 간헐적으로 전해 들을 수 있었다. 얼마의 시간이 지난 어느 날, 회사 근처로 찾아온 그녀에게서 대학원 진학과 클라우드 관련 스터디 활동 소식을 전해 들었다. 다시 얼마의 시간이 지난 후 클라우드 관련 기술 서적을 내게 됐다며 이 원고를 내밀었다.

세상이 갈수록 빠르게 변한다고 하지만, 전 산업군 중 변화의 속도가 가장 빠른 곳이 IT 분야다. 그 중에서도 근래 들어 가장 많은 기술적 발전과 변혁을 이루고 있는 영역이, 스마트 디바이스 혁신에 밑거름이 되고 있는 클라우드 컴퓨팅 관련 영역이 아닐까 싶다. 이 책은 자신의 경험을 기반으로 이 분야에 기초를 다지는 책이다.

IT 분야 종사자라면 누구나 관심을 보이는 영역이지만 실제적 도입과 적용, 이관에는 결코 만만치 않은 기술적 장벽이 존재한다. 굳이 「2013 기업 클라우드 도입 현황 보고서 2013 State of Cloud Survey」를 인용하지 않아도 충분한 기술적 검토와 사전지식 없는 묻지마식 도입은 기업에 상처만을 안겨준다는 것은 이미 잘 알려진 사실이다. 클라우드 데이터 손실, 복구 실패, 계정 탈취, 기밀 정보 누출, 서비스 중단 등은 말만 들어도 끔찍하다. 이런 사고를 경험하지 않기 위해 전문가가 꼭 알아야 할 전반적인 기술요소들을 잘 짜인 틀 안에서 설명하고 있기에, 이 책은 클라우드 컴퓨팅 도입을 검토하는 IT 분야 관계자에게 필독서로 자리매김할 것이 분명하다.

최윤석 전무 / 한국오라클 Worldwide ISV/OEM 사업본부 기술총괄

뜬구름 같던 클라우드 컴퓨팅의 개념을 전파하러 다니던 것이 엊그제 같은데, 이제 클라우드 컴퓨팅은 민간 기업은 물론 정부나 공공기관에서도 일반적으로 혹은 의무적으로 사용하는 플랫폼으로 자리를 잡았다. 국내는 외국에 비해 클라우드 컴퓨팅 도입 속도가 느리기는 하지만 확실한 방향성을 가지고 움직이는 상황이다. 더 이상 문화적 차이나 기존 투자분의 데이터센터 또는 피상적인 보안에 대한 우려가 클라우드 컴퓨팅의 도입에 방해물이라는 핑계도 통하지 않는 듯하다.

저자는 국내 글로벌 기업에서 실제 클라우드 컴퓨팅 도입 경험을 기반으로, 제반 아키텍처 및 기술적 세부사항들을 실용적 관점에서 접근하여 클라우드 컴퓨팅을 도입하려는 기업의 기획 부서는 물론 개발자가 꼭 참고해야 할 사항들을 차분히 기술했다. 이 책이 클라우드 컴퓨팅을 도입하거나 도입할 계획을 가진 모든 독자 여러분께 최고의 안내서가 되리라 믿어 의심치 않는다.

현은석 상무 / 한국오라클, Center of Excellence / Technology Sales Consulting

클라우드 컴퓨팅이 국내에 본격적으로 소개돼 시행착오를 경험했던 지난 5년 동안 세미나 및 관련 서적도 적잖이 출간됐지만, 실전에 도움이 되는 책은 드물었습니다. 직접 글로벌 전자회사에서 클라우드 컴퓨팅 기반 미션크리티컬 서비스를 운영한 생생한 경험에 기반하여 작성된 책이기에, 이론을 넘어서 직접 실행하시려는 분들께 구체적인 도움이 되는 서적으로 적극 권장합니다.

양지혜 부장 / 한국 Microsoft Application Platform Solution Specialist

클라우드 분야에 많은 서적이 있지만 그중 상당수가 번역서라, 국내 기업 현실을 고려한 실용적인 서적은 늘 부족하다는 생각에 아쉬움이 많았다. 저자는 클라우드 인프라 개발 프로젝트에 직접 참여했고, 해외 클라우드 솔루션을 국내 기업에 적용하기 위한 기술 컨설턴트로 활동하기도 했다. 국내에서는 찾기 힘든 그런 경험과 인사이트를 토대로 클라우드 전환을 고려하고 있는 기업들에게 실질적인 도움이 될 수 있는 주목할 만한 책이다.

김규백 매니저 / SK텔레콤 네트워크기술원

저자 소개

강송희(dellabee7@hotmail.com)

KAIST 전산학과 학부를 졸업하고 오라클 아시아 첨단 기술연구소 및 한국오라클, 삼성전자에서 근무한 후 현재 오픈스택 커뮤니티 공헌자이자 기술작가로 활동하며 서울대학교 기술경영경제정책 석사과정을 밟고 있다. 클라우드 아키텍트이자 엔지니어이며, CISA 자격증을 취득했고, NAND 플래시 메모리 최적화 모바일 및 임베디드 DBMS 미국 특허(7856522)를 고안한 바 있다.

저술 활동으로는 오라클 월간 매거진에 데이터베이스 성능 최적화 방법론을 기고했고, 반응형 웹 디자인 및 클라우드 컴퓨팅 관련 몇 권의 번역 작업도 병행했다. 한국IT비즈니스진흥협회[koIPA]에서 클라우드 전문가 자문 역할을 하고 있다.

감사의 글

사랑 넘치는 뭇매를 맞는 데 익숙한 저자는 역시 또다시 뭇매를 맞을 각오를 하고 이 책을 저지르고야 말았다. 고생하면서 몸으로 터득한 지식들을 다른 사람들은 좀 더 쉽게 접근할 수 있길 바라는 단순한 마음에서였다.

이 책을 저술할 때 많은 도움을 주신 에이콘출판사 김희정 부사장님, 에이콘출판사 편집팀 분들에게 감사한다. 감수와 상세 리뷰를 맡아준 카이스트 이춘오 전산학 박사, 미라지웍스의 전 CTO이자 아마존 오렌지카운티 소프트웨어 엔지니어로 일하고 있는 김문규 선배, KT 공용준, 오영일, 최창배 님, 『토비의 스프링』 집필자인 이일민 님, 그루터 김형준 수석님께 감사의 마음을 전한다. 바쁜 시간을 쪼개어 피드백을 주시고 추천의 글을 써 주신 한국오라클 최윤석 전무님, 현은석 상무님, 삼성 SDS 김진해 부장님, 마이크로소프트 양지혜 부장님, 클라우드 업체 A사 양승도 부장님, SKT 김규백 책임님께도 감사의 마음을 전한다.

마지막으로 아낌없는 지원을 해주신 부모님과 시부모님, 사랑하는 남편과 돌이 막 지난 아들에게 이 책을 바친다.

목 차

추천의 글 • 4
저자 소개 • 8
감사의 글 • 9
들어가며 • 17

1장   클라우드 시작하기 • 23

1.1 클라우드의 정의 • 24
1.2 클라우드의 분류와 현황 • 27
   1.2.1 클라우드 분류 • 27
   1.2.2 클라우드 컴퓨팅의 발전 현황 • 30
1.3 클라우드 컴퓨팅의 도입 효과 • 32
1.4 클라우드 컴퓨팅 도입 시 고려사항 • 36
1.5 클라우드 기반 기술 • 39
   1.5.1 가상화 기술 • 39
   1.5.2 웹 서비스 기술 • 41
   1.5.3 멀티테넌시 기술 • 45
   1.5.4 그리드 컴퓨팅 • 47
1.6 요약 • 48

2장   분석과 자체 평가 • 49

2.1 요구사항 조사와 정의 • 51
2.2 비용 평가 • 53
2.3 보안과 컴플라이언스 평가 • 55

- 2.4 기술 요소 평가 • 60
- 2.5 서비스 수준 계약 요건 분석 • 61
    - 2.5.1 서비스 카탈로그 생성 • 62
    - 2.5.2 서비스 측정 항목 도출 • 62
    - 2.5.3 이해관계자의 기대치 관리 • 63
    - 2.5.4 서비스 수준 계약의 구조 정의 • 64
    - 2.5.5 서비스 요구사항 설정 • 64
    - 2.5.6 서비스 수준 계약 작성 • 64
    - 2.5.7 서비스 수준 계약 검토와 협의 • 64
    - 2.5.8 모니터링 기능 설정 • 65
    - 2.5.9 초기 서비스 수준 설정 • 65
    - 2.5.10 문서화와 배포 • 66
- 2.6 재사용 가능한 라이선스와 툴 식별 • 67
- 2.7 클라우드 채택 평가 항목 산정과 계획 • 67
- 2.8 요약 • 68

3장 클라우드 자원 용량 관리 • 69

- 3.1 용량 관리의 목적 • 72
- 3.2 용량 관리 프로세스 • 73
- 3.3 용량 관리 메트릭과 베이스라인 • 75
- 3.4 기존 한국 업계의 용량 관리와 계획 방법 • 76
    - 3.4.1 표준 벤치마크 • 77
    - 3.4.2 용량 산정 방식 • 79
    - 3.4.3 용량 관리 방식 • 85
    - 3.4.4 기존 용량 관리 방식의 문제점 • 85
- 3.5 클라우드 용량 관리 • 88
    - 3.5.1 가상머신 수용량과 애플리케이션 TOP API 분석 • 88
    - 3.5.2 요구 함수 분석과 용량 관리 베이스라인 설정 • 90
- 3.6 자동 증감을 사용한 용량 관리 자동화 구축 방식 • 91
- 3.7 요약 • 93

4장 클라우드 아키텍처 설계 • 95

- 4.1 아키텍처 설계 원칙 • 96
  - 4.1.1 표준화 • 96
  - 4.1.2 최적화 • 97
  - 4.1.3 공유된 서비스/클라우드 컴퓨팅 • 99
- 4.2 주요 클라우드 설계 시 고려할 사항 • 101
  - 4.2.1 다중 구역 • 102
  - 4.2.2 분산 데이터 관리 플랫폼 • 103
  - 4.2.3 허용 수준의 성능저하 • 105
  - 4.2.4 비동기 메시징 • 106
  - 4.2.5 서비스 일관성과 지속성 • 106
- 4.3 개념적 참조 아키텍처 모델 • 107
- 4.4 클라우드 서비스 제공자 참조 아키텍처 컴포넌트 • 109
  - 4.4.1 서비스 오케스트레이션 • 109
  - 4.4.2 클라우드 서비스 관리 • 111
  - 4.4.3 보안 • 114
  - 4.4.4 개인 정보 보호 • 116
- 4.5 요약 • 117

5장 고가용성 중심의 아키텍처 설계 • 119

- 5.1 서비스 부하 분산과 자동 대체 작동 • 121
- 5.2 무중단 서비스 재배치와 GSLB • 124
- 5.3 동적 확장 • 126
- 5.4 이중화 스토리지 • 128
- 5.5 클라우드 버스트 • 130
- 5.6 요약 • 131

6장 고성능 중심의 아키텍처 설계 • 133

6.1 캐싱과 복제 • 134

6.2 네트워크 가속과 최적화 • 137

6.3 파티셔닝 • 139

6.4 비동기식 처리 • 145

6.5 자동화 • 147

6.6 성능 모니터링 • 150

6.7 요약 • 151

7장 보안 중심의 아키텍처 설계 • 153

7.1 접근 제어 • 154

    7.1.1 접근 제어 개념 • 154

    7.1.2 접근 제어 방식 • 156

    7.1.3 멀티클라우드 모델의 신원 증명서 페더레이션과 SSO • 157

    7.1.4 강력한 인증 • 159

7.2 네트워크와 경계 보안 • 161

    7.2.1 방화벽 • 162

    7.2.2 IDS/IPS • 168

    7.2.3 네트워크 채널 암호화 • 170

7.3 기밀성과 데이터 암호화 • 172

    7.3.1 해싱 • 173

    7.3.2 대칭 암호화 • 174

    7.3.3 비대칭 암호화 • 175

    7.3.4 PKI • 177

    7.3.5 일회성 스트림 암호 • 178

    7.3.6 키 관리 • 179

7.4 애플리케이션 보안 기술 • 180

7.5 감사 • 183

    7.5.1 정보 시스템 감사 개요 • 183

7.5.2 정보 시스템 감사 프로세스 • 185

7.5.3 리스크 분석 • 189

7.5.4 내부 통제 • 190

7.5.5 클라우드 서비스 감사 수행과 리포팅 • 193

7.6 사고 대응 프로세스와 체크리스트 • 194

7.7 요약 • 197

8장 구현과 테스트 • 199

8.1 소프트웨어 개발 생명주기 모형 • 200

8.2 대표적 소프트웨어 프로세스 모형 • 202

8.3 대표적 개발 방법론 • 203

8.4 소프트웨어 테스트 • 204

8.5 클라우드 서비스 개발 도구 • 207

8.5.1 일반 개발용 PaaS • 207

8.5.2 APaaS • 210

8.5.3 클라우드 IDE • 212

8.6 요약 • 214

9장 데이터와 애플리케이션 마이그레이션 • 215

9.1 이관 대상 데이터와 애플리케이션 분석 및 계획 • 217

9.2 데이터 추출 및 변환과 그에 따른 애플리케이션 변경 • 222

9.3 데이터 적재와 애플리케이션 이관 • 224

9.4 성능 최적화와 안정화 • 227

9.5 요약 • 232

10장 데브옵스와 클라우드 운영 최적화 • 233

    10.1 클라우드 운영 최적화 프로세스 • 235

        10.1.1 서비스 지원 프로세스 • 237

        10.1.2 서비스 제공 프로세스 • 239

    10.2 모니터링, 통제, 관련 지표 • 241

    10.3 구성 관리와 변경 관리 • 244

    10.4 클라우드 운영 최적화와 자동화 도구 • 248

    10.5 요약 • 251

부록 A 넷플릭스 참조 아키텍처 • 253

부록 B 참고문헌과 추가 리소스 • 263

부록 C 용어설명 • 269

    찾아보기 • 277

들어가며

클라우드는 차세대 컴퓨팅 자원의 유틸리티 서비스로서, 전 세계적인 화두가 되고 있다. 지금은 클라우드 컴퓨팅 시장이 어느 정도 성숙해가면서 다시 창조적 파괴를 일으켜 다양한 신흥 시장을 파생하고 있다. 아직까지 전 세계적으로 관련 규제가 없어 이러한 상황들이 풍부하고 다채로운 성장 기회로 작용하고 있다. 우리나라에서도 클라우드가 점차 많은 사람들의 관심을 받기 시작하면서, 클라우드로의 여행이 수년 전부터 시작되었다. 이러한 여행이 성공적이려면 클라우드에 대한 적절한 표준, 정책, 가이드라인, 프로세스, 필요한 도구와 기법, 그리고 모범 사례들이 각 조직의 눈높이에 맞게 제시되어야 할 것이다.

그렇다면 클라우드가 도대체 어떤 효용이 있기에 이와 같은 수요가 창출되는 것인가? 클라우드의 도입 효과를 이야기하기 전에, 클라우드에 대한 글로벌 시장 규모를 짚고 넘어가지 않을 수 없다. 마켓 트렌드는 SaaS와 클라우드 기반 비즈니스 애플리케이션 서비스들이 2011년 134억 달러 규모에서 2016년 322억 달러 규모로 증가하여 19.1%의 연평균 성장률을 나타낼 것이라 예측했다. 또한, 가트너는 IaaS, 클라우드 관리 및 보안 매체와 PaaS가 2011년 76억 달러 규모에서 2016년 355억 달러로 연평균 성장률 36%를 보일 것이라 전망했다. 우리 나라의 시장 규모는 북미 시장의 채 100분의 1도 되지 않지만, 소프트웨어가 컴퓨팅 자원을 정의하는 세상에서 클라우드 컴퓨팅으로의 전환은 어떤 형태로든 이뤄질 것이며, 우리 나라에서도 각 조직마다 시기가 언제가 되었든 전환 단계를 밟게 될 것이다.

클라우드 컴퓨팅의 효용과 그 부차적인 혜택은 현금 흐름의 개선(CAPEX를 OPEX로 바꾸는)뿐만 아니라, 적절한 TTM과 같은 비즈니스 민첩성, 개방형 혁신, 커뮤니티 레벨의 진화, 향상된 고객 경험, 개선된 SCM, 에너지 효율성의 증대를 포함한다.

이 책은 국내 업계 종사자들에게 클라우드를 단지 모호한 개념이 아닌 전기 및 수도 서비스와 같은 일상적이고 친근한 개념으로 다가갈 수 있게 함과 동시에 업무에 활용할 수 있는 실용서로서, 클라우드 전환의 대중화에 기여하고자 한다.

특히, 프로젝트 및 위험 관리 관점에서 도입 프로세스와 각 단계별 필요한 도구와 기법들을 수록하고, 기능 요건의 범주에 들어가면서도 간과되기 쉬운 보안 중심의 아키텍처 설계 방식과 비기능 요건인 가용성, 성능 중심의 아키텍처 설계 방식을 중점적으로 수록한다. 또한, 요즘 주목받고 있는 데브옵스 관점의 구현과 운영 자동화도 살펴본다. 이는 좀 더 근본적으로 방법론적인 기초와 실증적 도구를 보충해 주는 것이다. 또한, 클라우드를 사용해 프로젝트를 진행하는 모든 사람들에게 프로젝트 자산으로 활용할 수 있는 경험을 기반으로 한 필수 지식을 정리하고자 했다.

이 책에서 다루는 내용

우선 이 책에서 다루는 내용은 다음과 같다.

- 클라우드 컴퓨팅 기반 지식
- 클라우드 컴퓨팅 마이그레이션 프로세스와 도구(정보 수집 및 위험 분석 도구, 용량 관리, 검증 테크닉 등)
- 클라우드 컴퓨팅 아키텍처 설계 원칙과 고려사항, 보안, 가용성, 성능 이슈별 아키텍처 설계 방식
- 데브옵스와 운영 자동화

다음으로, 이 책에서 다루지 않을 내용은 다음과 같다.

- 클라우드 서비스 개발 심화 지식
- 서비스 보장 및 자동화 심화 지식
- 데이터 사이언스 및 빅데이터 마이닝 심화 지식
- 기업 클라우드 전략
- 프로젝트 관리 관점에서 비용, 일정, 품질 관리 기반 지식

1장, 클라우드 시작하기에서는 클라우드를 시작하기 위해 필요한 기본적인 기반 지식들을 다룬다. 클라우드의 정의를 간략하게 되짚어보고, 클라우드 분류 및 현황을 살펴보며, 클라우드 컴퓨팅의 도입 효과 및 고려사항을 정리한다. 또한, 클라우드의 기반 기술이 되는 가상화 기술, 웹 서비스 기술, 멀티 테넌트 기술, 그리드 컴퓨팅 등을 살펴본다.

2장, 분석과 자체 평가에서는 분석과 자체 평가 프로세스를 7가지 단계로 나눈다. 요구사항 조사 및 정의에서 시작하여 비용 평가를 해보고, 보안 및 컴플라이언스 평가를 한 후, 기술 요소를 평가하고 서비스 수준 계약 요건을 분석

한다. 다음으로 클라우드에서 재사용이 가능한 라이선스 및 툴을 식별하고, 클라우드 채택 평가 항목을 산정한 후 전반적인 프로젝트 계획을 세운다. 분석과 자체 평가는 프로젝트를 시작하기 전에 꼭 거쳐야 할 단계이며, 이를 통해 프로젝트 실패 위험을 최소화할 수 있다.

3장, 클라우드 자원 용량 관리에서는 클라우드 자원 용량 관리를 위한 이론적인 기반을 살펴보고, 자동 증감 모델의 절차를 도출한다. 이는 용량 관리의 목적, 대상, 표준 프로세스에서부터, 관리 메트릭과 베이스라인, 확장 기준 등을 포괄하는 내용이다. 또한, 기존 한국 업계에서 사용하던 용량 관리 및 계획 방법과, 이를 바탕으로 좀 더 진화된 방식의 탄력적인 클라우드 용량 관리를 정리한다. 나아가 클라우드 자동 증감 아키텍처를 활용한 용량 관리 자동화 구축 방식을 포함한다.

4장, 클라우드 아키텍처 설계에서는 기본적인 클라우드 아키텍처 설계 원칙을 살펴보고, 주요 설계 고려 사항들을 정리해본다. 또한, 개념적인 아키텍처 참조 모델을 통해 참여 당사자를 식별하고 주요 요소를 살펴본다. 이 개념적인 아키텍처 참조 모델에서, 특히 클라우드 서비스 제공자 참조 아키텍처 부분에서는 IaaS, PaaS, SaaS를 포괄하는 참조 아키텍처 컴포넌트를 계층화해 보여 준다.

5장, 고가용성 중심의 아키텍처 설계에서는 클라우드 서비스를 위한 고가용성 중심의 아키텍처 설계 패턴 및 도구, 기법 등을 살펴본다. 이는 서비스 부하 분산과 자동 대체 작동 시스템, 무중단 서비스 재배치와 GSLB, 동적 확장과 이중화 스토리지 및 클라우드 버스트 아키텍처를 포함한다.

6장, 고성능 중심의 아키텍처 설계에서는 클라우드 환경에서 성능을 극대화하기 위한 설계 원칙과 패턴 및 도구들을 살펴본다. 먼저 캐싱과 복제를 위한 분산 캐시 풀을 살펴보고, 네트워크 가속 및 최적화를 위한 네트워크 가상화와 CDN 활용에 대해서 알아본다. 다음으로 파티셔닝 원칙과 비동기식 처리, 자동화의 중요성과 그 설계 패턴에 대해서 알아보고, 이러한 성능을 지속적으로 모니터링하기 위한 요건과 도구들을 알아본다.

7장, 보안 중심의 아키텍처 설계에서는 클라우드 환경에서 필수적으로 고려하고 구현해야 할 정보 보호 요구사항인 클라우드 서비스를 위한 접근 제어, 네트워크 및 경계 보안, 암호화, 애플리케이션 보안 기술, 클라우드 감사, 가용성 및 복구를 위한 사고 대응 프로세스와 체크리스트에 대해서 살펴본다. 클라우드 서비스 제공자가 다양한 전문적인 보안 서비스를 제공한다고 할지라도, 책임 공유 모델을 제시하기 때문에 고객 입장에서는 반드시 대응 정책 및 관련 장치를 마련해야 한다.

8장, 구현과 테스트에서는 국제 표준으로 제정된 소프트웨어 개발 생명주기 모형을 간략히 살펴보고, 프로젝트에서 채택해야 할 소프트웨어 프로세스 모형과 개발 방법론의 대안들을 살펴본다. 또한, 소프트웨어 테스드 방법들을 되짚어보고, 이와 같은 구현, 테스트 단계에 있어 단순명료한 인터페이스를 제공하고 개발 생산성을 향상시키기 위해 활용할 수 있는 도구들, 즉 일반 개발용 플랫폼 서비스, APaaS, 클라우드 IDE 등을 살펴본다. 클라우드로 이관할 프로그램이 이미 존재하거나 아웃소싱하는 경우에는 '9장, 데이터와 애플리케이션 마이그레이션'을 참고한다.

9장, 데이터와 애플리케이션 마이그레이션에서는 데이터와 애플리케이션을 이관하는 과정을 살펴본다. 데이터와 애플리케이션을 이관하여 운영 단계로 전환하려면, 먼저 이관 대상을 지정 및 분석하고, 데이터를 추출하여 내보낸 후, 적절한 변환과 애플리케이션 변경을 거쳐, 데이터와 애플리케이션 및 가상 머신 이미지를 이관한 다음, 성능 테스트 및 튜닝을 통해 안정화 절차를 거친다.

10장, 데브옵스와 클라우드 운영 최적화에서는 데브옵스 관점에서 클라우드 운영 최적화와 지속적인 품질 개선을 위해 필요한 개념, 프로세스, 도구 등을 살펴본다. 특히, ITIL V3 기반의 클라우드 운영 최적화 프로세스를 기반으로, 일상적인 운영의 핵심이 되는 모니터링 및 통제, 관련 지표 관리를 위한 개념들을 살펴보고, 구조적 문제 해결을 위한 핵심 관리 프로세스인 구성 관리 및 변경 관리 프로세스를 살펴본다. 또한, 운영 최적화 및 자동화를 위한 도구들을 정리해본다.

이 책의 대상 독자

아키텍트, 컨설턴트를 포함한 IT 업계 전문 종사자나 클라우드 컴퓨팅 도입 및 구축 프로젝트에서 큰 그림을 보고 상식을 제고하려는 초보 개발자, 기술 기획자, 관리자, PL이면 누구나 무리 없이 읽을 수 있는 수준으로 엮었다. 다만, 이 책을 잘 소화하기 위해서는 인터넷과 네트워크, 컴퓨터에 대한 기초 배경 지식이 있어야 한다.

1장

클라우드 시작하기

클라우드란 무엇인가? 우리 조직에서 클라우드를 사용하여 프로젝트를 시작한다는데, 기본적으로 알아야 할 개념과 기술 요소에는 어떤 것들이 있을까? 클라우드, 클라우드하는데, 사실은 실체가 없는 것 아닐까? 모두 외국 업체들이 만들어낸 환상과 거품이 아닐까? 국내에서 클라우드 전략이 가지는 의미는 무엇일까?

클라우드를 채택하려면 고려할 사항에는 어떤 것들이 있고, 트렌드를 수용하고 조직 자산을 최대한 활용하면서 발전된 미래의 모습으로 나아가기 위해 필요한 도구와 기법, 프로세스에는 무엇이 있을까?

이 책에서는 위 질문에 대한 답을 단계적으로 풀어나간다. 그 중에서도 이 장은 클라우드를 시작하는 데 주춧돌이 되는 개념과 기술 요소들을 되짚어본다.

1.1 클라우드의 정의

클라우드는 기술적인 용어라기보다는 비즈니스적인 용어다. 이는 일반인과 고객에게 쉽고 친근하게 다가가면서, 기존에 존재하던 최첨단 기반 기술들을 묶어 새로운 비즈니스 모델과 비즈니스 패키징을 적용한 것을 통칭한다고 볼 수 있다. 따라서 업체마다 그 정의가 다를 수도 있고, 업계 사람들의 이해 정도나 방법에도 차이가 있다. 뿐만 아니라 클라우드를 이루는 기술과 비즈니스 요소의 품질이나 등급을 이해하는 척도도 모두 다르다. 이는 사람의 인식 능력과 경험이 다르기 때문이기도 하지만, 본질적으로는 클라우드 트렌드를 이끄는 여러 업체의 동인이 다르고, 클라우드라는 용어 자체가 그들의 광범위하고 다양한 품질과 등급이 다른 기술들을 모두 통칭하는 용어이기 때문이다. 하지만, 일반인과 고객은 클라우드 뒤에 있는 복잡한 실체를 굳이 알 필요가 없다.

클라우드에 대한 정의는 여러 곳에서 다르게 내리고 있다. 업계에서 일반적으로 수용되는 정의는 NIST, 가트너, 위키피디아 등에서 찾아볼 수 있는데, 이 곳에서는 좀 더 대중적인 위키피디아의 정의를 인용하고자 한다.

> "클라우드 컴퓨팅은 네트워크(일반적으로 인터넷)를 통해 접근 가능하고 원격지에서 사용 가능한 컴퓨팅 자원(하드웨어와 소프트웨어)의 사용을 의미한다. 이 이름은 업계에서 일반적으로 시스템이 포함하는 복잡한 인프라를 추상화하기 위해 구름(클라우드) 형태의 심벌을 사용하던 것에서 유래했다."

이 정의만 봐서는 피상적으로밖에 이해할 수 없을 것이다. 간단히 말하자면 클라우드 컴퓨팅은 컴퓨팅 자원을 유틸리티 서비스 관점에서 보는 것이다. 유틸리티 서비스라함은 우리가 일상적으로 사용하는 전기, 수도, 전화 서비스 같은 공공 서비스를 의미한다. 이들의 특징은 모두 기간 매체 설비가 있고 '유동적'인 특성을 가지고 있으며, 필요할 때 원하는 만큼 쓸 수 있고, 쓴 만큼 지불한다.

예를 들어, 전기 서비스에서는 '전기'를 필요할 때 원하는 만큼 사용자에게 제공하며, 사용자는 원할 때 플러그를 콘센트에 꽂고 전열과 전등 기기를 쓰게 된다. 또, 수도 서비스에서는 '물'을 필요할 때 원하는 만큼 사용자에게 제공하고, 사용자는 원할 때 수도꼭지, 샤워기 등을 틀어 물을 사용한다. 마지막으로 전화 서비스에서는 '음성 통신'을 필요할 때 원하는 만큼 사용자에게 제공하고, 사용자는 원할 때 전화를 걸어 상대방과 통화한다. '전기', '물', '음성 통신' 모두 한정된 자원이지만 우리는 없어질 것을 걱정하지 않고 원하는 만큼 쓴다.

클라우드 서비스에서도 이와 마찬가지로 '컴퓨팅 자원'을 필요할 때 원하는 만큼 사용자에게 제공하고, 사용자는 원할 때 인터넷을 통해 필요한 자원을 쓰면 된다.

이와 같은 유틸리티 서비스 사업자는 민간, 공공, 혹은 외국계 자본을 바탕으로 할 수 있다. 또한, 고객이 상주하는 위치에 직접 설치될 수도 있고, 원격지에 설치된 것을 고객이 끌어다가 쓸 수도 있다. 고객이 상주하는 위치에 직접 설치하는 방식을 온 사이트[on site] 혹은 온 프레미스[on premise] 방식이라 한다. 원격지에 설치하여 원격 접근을 통해 사용하는 방식은 오프 사이트[off site] 혹은 오프 프레미스[off premise] 방식이라 한다.

이와 같이 클라우드 컴퓨팅이라는 용어가 비즈니스적인 용어이고 단순히 한 때의 트렌드를 지칭한다면, 기술적으로는 새로울 것 없는 것이 아닌가 질문할 수도 있을 것이다. 클라우드 컴퓨팅 기술은 미래 지향적인 데이터 센터를 구성하는 데 필요한 모든 기술 요소들의 요체를 종합적으로 아우르고 있으며, 네트워크를 통한 접근을 기반으로 다양한 이기종 업체와 멀티서비스 모델의 조합, 논리 및 물리적 계층의 조화, 분산 환경에서의 확장 및 최고 수준의 계층적 보안 기술로 그 기술적 특징을 요약할 수 있다.

이는 기존의 사일로형 데이터 센터에서 찾아볼 수 없는 유연성과 확장성, 가용성, 이식성과 연계성, 통합성, 과금의 합리성을 추구하며, 이에 따라 분산 환경에서의 신용 증명과 접근 제어 및 페더레이션, 멀티테넌시, 자원 분배와 프로비저닝의 자동화, 운영 자동화 기술 등 새로운 차세대 영역의 기술이 구체화되고 있다.

즉, 클라우드 컴퓨팅은 한 순간 반짝 하고 사라지는 유행이 아닌 장기적인 컴퓨팅 전략이다. 다양한 분산 클라우드 컴퓨팅 기술들이 발전해 나가고 있고, 이러한 기술들을 서비스화한 신흥 시장이 창출되고 있다. 이제 소프트웨어가 컴퓨팅 자원을 정의하는 세상에서 클라우드 컴퓨팅으로의 전환은 어떤 형태로든 이뤄질 것이다. 우리 나라에서도 각 조직마다 시기가 언제가 되든 전환 단계를 밟게 될 것이다.

1.2 클라우드의 분류와 현황

앞 절에서 살펴본 바와 같이 클라우드 서비스가 일반적으로 갖는 특성은 다음과 같다.

- 온 디맨드 셀프 유틸리티 서비스
- 확장성과 탄력성
- 네트워크를 통한 유비쿼터스형 접근

우선, 클라우드 서비스의 고객은 서비스 제공자의 지원 없이 서버, 네트워크, 스토리지와 같은 컴퓨팅 자원을 직접 필요에 따라 프로비저닝하고, 사용한 만큼 지불한다. 또한, 고객 수요에 유연하게 대응할 수 있도록 수직 확장과 수평 확장이 모두 가능하며, 자동 확장 도구를 제공한다. 비용 효율성을 유지하기 위해 신속하게 컴퓨팅 자원을 증설하거나 감축할 수 있다.

모든 컴퓨팅 자원은 네트워크를 통해 어디서든 접근 가능하며, 개방형 표준 인터페이스를 제공해 다양한 유, 무선 클라이언트에서 접속할 수 있다. 이때, 필요한 컴퓨팅 자원의 위치를 사용자가 알 필요는 없다.

1.2.1 클라우드 분류

클라우드 서비스는 제공 방식, 서비스 모델에 따라 다양한 형태로 분류될 수 있다. 각 조직에서는 조직적 환경과 상황, 요건에 맞게 알맞은 형태의 클라우드 서비스를 선택할 수 있는 기본 지식을 습득해야 한다.

클라우드 서비스 제공자의 제공 방식에 따른 클라우드 모델의 분류는 다음 표와 같다. 이어지는 그림은 제공 방식에 따른 클라우드 모델의 분류와 시장 점유율 분포를 나타낸 것이다.

표 1-1 클라우드 제공 방식에 따른 분류

클라우드 모델	내용
퍼블릭 클라우드	일반 대중이 사용할 수 있도록 만든 B2C형 클라우드 인프라/플랫폼이다. 일반 대중에게 서비스 접근이 허용되며 인프라/플랫폼의 소유권은 서비스 제공자에게 있다.
프라이빗 클라우드	특정 조직 내에서만 운영되고 접근이 가능한 폐쇄적인 B2B형 클라우드 인프라/플랫폼이다. 사내망에서 구현되며 온 사이트이거나 오프 사이트로 구축된다.
하이브리드(멀티) 클라우드	둘 이상의 상호호환이나 운영이 가능한 다양한 업체의 퍼블릭 또는 프라이빗 클라우드가 조합된 클라우드 인프라/플랫폼이다. 표준 인터페이스와 프로토콜을 통해 이식성이 뛰어난 애플리케이션을 배치한다. 보통은 프라이빗 클라우드의 용량이 모자란 경우 퍼블릭 클라우드에서 신속하게 컴퓨팅 자원을 할당받을 수 있도록 되어 있다.
커뮤니티 클라우드	파트너십을 갖는 여러 조직으로 형성된 연합 혹은 커뮤니티의 공유된 접근을 지원하는 클라우드 인프라/플랫폼이다.

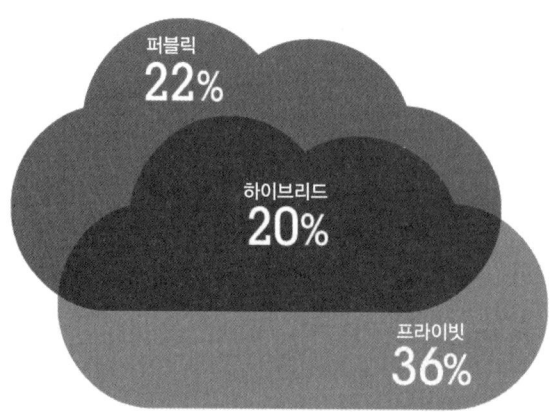

그림 1-1 제공 방식에 따른 클라우드 모델의 분류와 시장 분포

서비스 모델을 기준으로 클라우드 서비스를 나눠보면 다음 그림과 같이 SaaS^Software as a Service, PaaS^Platform as a Service, IaaS^Infrastructure as a Service로 나 뉜다. 자세한 설명은 표 1-2를 참고한다.

그림 1-2 서비스 모델에 따른 분류

> 참고 더 다양한 클라우드 분류에 대해서는 클라우드 분류 사이트(http://cloudtaxonomy.opencrowd.com/)를 참조한다.

표 1-2 클라우드 서비스 모델

서비스 모델	내용	예
SaaS	애플리케이션 수준의 클라우드 서비스다. 고객이 서비스 제공자의 애플리케이션에 접근한다.	세일즈 포스 닷컴 아이클라우드 구글 앱스
PaaS	플랫폼 수준의 클라우드 서비스다. 고객이 서비스 제공자의 운영체제와 도구 등 플랫폼을 활용해 자신의 애플리케이션을 서비스한다.	구글 앱 엔진 포스닷컴 마이크로소프트 애저
IaaS	인프라 수준의 클라우드 서비스다. 고객이 서비스 제공자의 서버에서 자신의 운영체제나 애플리케이션을 직접 관리, 서비스, 사용한다. 이러한 서비스는 자원 관리를 위해 가상화 기술, 운영체제, 포털 등의 도구를 제공할 수 있다.	아마존 웹 서비스 클라우드 스택 랙스페이스

이제, 위와 같은 클라우드 서비스 유형에 대한 지식을 기반으로 국외 클라우드 컴퓨팅의 발전 현황을 시간순으로 간략하게 살펴보자.

1.2.2 클라우드 컴퓨팅의 발전 현황

본격적인 클라우드 서비스는 1990년대 세일즈 포스 닷컴(Salesforce.com)이 SaaS 서비스의 효시인 기업형 애플리케이션 기반 클라우드 서비스를 창시하면서 시작됐다. 2002년 출범한 아마존 웹 서비스^{Amazon Web Services} 플랫폼은 시장 수요와 상황이 잘 맞아 들어가면서 현재 IaaS 시장을 주도하고 있다. 이후 마이크로소프트 애저^{Azure} 플랫폼, 구글 앱스, 구글 앱 엔진^{Google App Engine}이 PaaS 시장에서 각각 이름을 알리게 되었다.

2010년에는 랙스페이스^{Rackspace}와 나사^{NASA} 주도로 개방형 표준을 이끄는 오픈스택^{Openstack} 프로젝트가 출범했다. 현재 150개 이상의 주요 업체들이 참여하고 있으며, 아파치 라이선스하에 배포된다. 오픈스택을 기반으로 하는 상용 IaaS 버전인 시트릭스 클라우드 스택Cloudstack도 오픈스택의 영향력이 커지면서 시장 점유율이 점점 높아지고 있다. 오늘날 이렇게 커뮤니티의 상생을 목표로 하는 클라우드 커뮤니티 프로젝트에는 페이스북이 2011년 출범시킨 오픈컴퓨트, 2010년 발족한 오픈네트워크포럼이 주도하는 오픈플로우, 소프트웨어 정의 네트워크SDN의 확산과 혁신을 목표로 하는 개방형 네트워크 연합체 프로젝트인 오픈데이라이트 등이 있다.

또한, 애플은 아이클라우드, 아이튠즈를 통해 컨텐츠 생성과 분배 생태계를 구축했으며, 페이스북은 회원 7억 명을 대상으로 곧 음악과 영화 클라우드 서비스를 시작할 예정이다. 마이크로소프트는 애저 이외에도 오피스 365 서비스를 시작하여 제품 구매 형태의 비즈니스 모델에서 월별, 연간 서브스크립션 모델을 새롭게 등장시켰다.

국내에서는 KT 클라우드웨어에 통합된 넥스알, U 클라우드, 호스트웨이 플렉스 클라우드, SKT T 클라우드, 중소기업 시장을 겨냥한 카페 24, N드라이브 등이 주도하고 있다.

최근에는 융합형 클라우드 비즈니스 모델이 자리를 잡아가면서 다양한 창조적 파괴가 일어나고 있다. 업계 컨소시엄인 오픈그룹The Open Group에 따르면 이런 새로운 'aaSas a Service' 약자는 NIST의 정의에 따라 모든 클라우드 관련 서비스를 종합시킨 XaaS('자스'로 발음) 범주에 속한다. XaaS는 가상화된 클라우드 전체에서 재사용 가능하고, 미세하게 구분된 소프트웨어 구성요소를 호출할 수 있는 일련의 서비스를 가리킨다. 2015년에 전 세계에서 퍼블릭 클라우드 서비스로 제공되는 애플리케이션, 애플리케이션 인프라, 시스템 인프라에 대한 시장 예측을 모두 합치면, XaaS 시장은 400억 달러 이상에 이른다.

클라우드 컴퓨팅 시장 규모에 대한 예측은 IDC, 마켓 트렌드, 가트너, 포레스터 리서치 등 여러 시장 조사 기관에서도 발표하고 있다. IDC 2011년 보고서에 따르면 클라우드 컴퓨팅 시장이 세계적으로 2011년 1,399억 달러에서 2017년 4,835억 달러로 성장할 것으로 예측되고 있다. IT 시장에서 차지하는 비중도 2011년 17%에서 2017년 43%로 성장할 것으로 전망된다.

국내에서는 뿌리깊은 소유 문화와 보안 우려사항 등으로 초기 성장률이 세계 시장에 비해 저조하다. 14.4%의 연평균 성장률은 2011년 1.6조에서 2017년 3.7조로 성장해 IT 시장에서 차지하는 비중이 2011년 14%에서 2017년 26%로 성장할 것으로 예상된다.

1.3 클라우드 컴퓨팅의 도입 효과

클라우드 컴퓨팅의 도입 효과와 그 부차적인 혜택을 정리해보면 다음과 같다. 하나씩 살펴보자.

- 현금 흐름의 개선
- 비즈니스 민첩성(적절한 TTM$^{Time\ To\ Market}$)
- 개방형 혁신
- 커뮤니티 레벨의 진화
- 향상된 고객 경험
- 개선된 SCM과 수송
- 에너지 효율성의 증대

먼저, 자본 비용을 운영 비용으로 바꾸면 조직의 현금 유동성이 커지며 절세 혜택을 받을 수 있다. 클라우드 서비스의 유틸리티 과금 모델은 사용한 양을 계측하여 쓴 만큼 각 조직에 비용을 차지백하는 것으로, 주로 월별로 집행된다. 자원을 미리 잔뜩 쌓아놓고 유휴 상태로 두는 것이 아니라, 필요할 때 필요한 만큼 자원을 임대해 쓰고 쓴 만큼 지불하는 형태이므로 합리적이다.

또한, 대부분의 클라우드 서비스는 클릭 한 번 정도의 간단한 조작으로 수분 이내에 필요한 컴퓨팅 자원을 생성하여 사용할 수 있다. 이러한 프로비저닝 시간의 단축은 획기적인 수준이다. 기존의 구매 절차를 간소화하고 리드 타임을 최소화하여 6주~12주가 걸리던 컴퓨팅 자원의 확보를 수분 이내로 단축한 것이다. 이에 따라 긴급한 장애나 비즈니스 이벤트에 대응하는 속도가 빨라지고, 유동적인 수요에도 유연하게 대처할 수 있게 되었다.

다음으로, 개방형 혁신이 가능하게 되었다. 이 부분은 고객의 노력도 중요한데, 벤더 락 인$^{Vendor\ Lock-in}$을 방지하고 개방형 표준을 사용한 다양한 소프트웨어 스택의 활용을 가능케 하였다. 일반적으로 활용되는 소프트웨어 스택은 운영체제나 데이터베이스 소프트웨어의 조합에 따라 다양하게 나뉜다. 특히 LAMP는 무료 오픈소스 소프트웨어의 조합으로 리눅스^{Linux}, 아파치 웹 서버$^{Apache\ HTTP\ Server}$, 오라클 MySQL, PHP/Perl/Python으로 구성된 범용 웹 서비스 스택이다. LAMP는 운영체제에 따라 WAMP$^{Microsoft\ Windows}$, OAMP^{OpenBSD} 등으로 조합이 바뀔 수도 있다.

클라우드 사업자는 다양한 소프트웨어 스택을 지원하는 가상머신 이미지를 제공한다. 국내에서는 그동안 이러한 오픈소스의 활용이 조직내 오픈소스 커미터나 외부 지원 업체가 많지 않아 제한적이었다. 그러나 번들 이미지를 활용할 수 있게 되면서 오픈소스의 혜택을 제한 없이 받을 수 있게 되었다. 오픈소스의 혜택과 개방형 혁신은 집단 지성을 활용한 소프트웨어 자산의 신속하고 대중적인 발전이라 요약할 수 있으며, 이미 그 생태계는 전 세계적으로 구축되어 있다.

커뮤니티 레벨의 진화는 비즈니스를 위한 다양한 파트너십과 연합체의 발전을 위한 기본 인프라를 클라우드 서비스를 통해 구축할 수 있다는 의미다. 이는 원격지로의 안전한, 인증된 접근만을 가능케 하는 다양한 기술 요소(VPN 등)가 그 바탕이 된다.

고객 경험의 개선은 서비스의 품질^{QoS}와 연관되어 있다. 각 조직의 환경과 요건에 따라 달라질 수 있으므로 주의해야 한다. 클라우드 환경은 네트워크 기반으로 원격지의 컴퓨팅 자원에 접근하므로, 기존에 현장에서 컴퓨팅 자원을 조달했을 때보다 안정성이나 품질 일관성이 떨어질 수 있다. 이러한 서비스의 품질은 민첩한 장애 대응과 헬프데스크의 활용과도 관련성이 깊으며, 클라우드 사업자와의 SLA 계약과도 직결된다. 클라우드 사업자의 SLA 기준이 조직의 기준에 미달할 경우 보험 계약 등 다양한 방법으로 리스크를 전가하거나 완화시킬 수 있다. 하지만, 기술 요소의 특성과 결함을 파악해 적합한 아키텍처를 설계함으로써 보다 근본적으로 해결할 필요가 있다. 그럼에도 불구하고 고객 경험이 개선된다는 것은 클라우드의 특성인 프로비저닝의 민첩성과 탄력성에 기인한다. 기존에 예측하지 못했던 고객 수요의 폭발적인 증가, 혹은 감소에도 클라우드 서비스를 활용하면 유연하게 대처할 수 있기 때문이다.

사실 클라우드 플랫폼과 인프라를 활용함으로써 가장 큰 레버리지 효과를 얻을 수 있는 부문은 공급망 관리^{SCM}와 수송이라 볼 수 있다. 특히 SCM

의 경우 클라우드와의 접점에서 SCM 2.0이라는 업계 트렌드를 생성해냈다. 과거의 SCM이 주로 재고 관리나 비용 절감에 초점이 맞춰져 있었다면, SCM 2.0은 기업활동 전반으로 그 초점이 이동했다. SCM의 효율성을 세계적으로 인정받은 삼성경제연구소에서는 SCM 2.0이 기존 SCM의 정의인 '생산, 유통 등 모든 공급망 단계를 최적화해 수요자가 원하는 제품을 원하는 시간과 장소에 제공하는 것'에 다음 세 가지 축을 덧붙인 것이라 설명했다.

- 위험에 빠지더라도 신속하게 복구할 수 있는 위기 관리 능력
- 공급망 관리 과정 중 에너지 낭비를 줄이고 이산화탄소를 절감하는 환경적인 측면
- 공급자가 아닌 고객 중심의 접근

클라우드의 유연성과 탄력성을 활용하면 SCM의 효율을 향상시켜 조직에 레버리지 효과를 가져다 준다.

마지막으로, 에너지 효율성을 극대화할 수 있다. 기존에 유휴 장비 등을 포함하는 데이터 센터를 운영하던 경우 어쩔 수 없이 낭비해야 했던 전력이 있다. 뿐만 아니라 센터 자체를 유지하기 위해 구비해야 했던 전력 공급망, UPS 등의 전력 공급 보조 장치, 냉각 시스템, 환기 시스템 등에 소요되던 비용과 에너지가 직접적으로 절감돼 환경적인 측면에서도 도움이 된다. 2012년 구글 앱스 에너지 절약 보고서에 의하면 냉각 시스템과 서버에서 소요되던 에너지를 70~90% 절감할 수 있는 것으로 조사됐다. 이 보고서에는 GSA^{The U.S. General Services Administration}의 사례 연구도 있는데, 해당 사례에서는 사용자당 연간 CO_2 배출량을 85%나 줄일 수 있었다.

1.4 클라우드 컴퓨팅 도입 시 고려사항

클라우드 서비스의 활성화는 여러 조직이 그동안 직접 자신들의 데이터 센터를 구축하여 사용하던 온 프레미스 방식에서, 오프 프레미스에 형성된 인프라, 플랫폼, 애플리케이션을 임대하는 방식으로 전환한다는 것을 뜻한다. 이러한 경우 기존 IT 부서에서는 다음과 같이 걱정할 일들이 많아진다.

- IT 부서가 가지고 있던 IS 전략
- 고객 데이터와 회사 자산의 보호 문제
- 법적 규제 문제
- 클라우드 사업자와 중개 업체와의 아웃소싱이나 서브스크립션 계약 문제
- 기존 레거시 시스템과의 상호운용과 연계
- 컴퓨팅 자원의 프로비저닝과 운영 자동화
- 온 디맨드 포털 운영

이처럼, 대다수의 CIO와 관리자가 클라우드를 도입할 때 고려해야 하는 사항에는 일반적으로 비즈니스적인 측면과 기술적인 측면이 모두 포함돼 있다. 특히, 클라우드의 보안 우려 사항은 서비스 태동기부터 계속 제기돼 왔다. 하지만 이러한 우려 사항은 클라우드의 발전이나 도입을 가로막는 장벽으로 작용하기보다는 이에 대응하는 다양한 솔루션과 서비스가 출현하는 또 다른 신규 시장을 창출하고 있다.

현실적으로는 업계에서 비즈니스 목적을 위해 보안 등급을 낮추고 편의성을 택하는 경우도 많다. 즉, 클라우드의 보안 성숙도가 기업의 보안 기준에 비해 낮다 할지라도 비즈니스 목적에 맞게 활용할 수도 있다는 뜻이다.

클라우드는 단지 기간 인프라를 유틸리티 서비스화하여 패키징하는 비즈니스 용어일 뿐이다. 컴퓨팅 자원의 흐름을 현금 흐름에 비유해보자. 우리는 현금을 대부분 집(on premise)에다 두지 않고 민간 은행(cloud service provider)에 맡긴다. 민간 은행에는 많은 현금과 유가증권, 귀중품 등이 보관되어 있다는 것을 누구나 알고 있다. 사방에 뚫려 있는 도로와 출입구, 창문을 통해 악의적인 범법자가 침입할 수 있음에도 불구하고 우리는 은행에 돈을 맡길 때 현금 유실을 걱정하지 않는다. 오히려 집보다 안전하다고 믿는다. 이러한 신뢰는 현금 자체(cloud computing resource)에 대한 신뢰가 아니라 은행에서 제공하는 보안 서비스(cloud security service & solutions)에 대한 경험적, 통계적 신뢰에서 비롯한 것이다. 즉, 은행에는 전문적인 보안 요원들이 상주하고 있으며 보안이 강화된 출입문과 보관 설비가 존재한다. 이러한 논리적, 물리적 보안 설비(logical, physical security protection)는 고객의 자산(information asset)을 보호한다.

위에서 든 비유적 시나리오에서 괄호에는 그에 대응하는 클라우드 컴퓨팅 요소들을 기술하였다. 즉, 구더기 무서워 장을 못 담그는 일은 없어야 한다는 것이다. 오히려, 클라우드 컴퓨팅 보안 기술 자체의 성숙도를 높이고, 클라우드 컴퓨팅에 대한 보안 위협을 식별하며, 이에 적극적으로 대응하여 정책, 가이드라인, 규제 등을 마련하고 다양한 보안 서비스와 솔루션을 구축하는 것이 좀 더 적극적이고 미래 지향적인 대처 자세라 하겠다.

다음은 CSA Cloud Security Alliance에서 2013년 조사한 클라우드 보안 위협(The Notorious Nine: Cloud Computing Top Threats in 2013)을 심각도 수준으로 나열한 것이다.

- 데이터 유출 Data Breaches
- 데이터 손실 Data Loss
- 계정 탈취 Account Hijacking
- 보안성이 낮은 API Insecure APIs
- DoS Denial of Service
- 내부자 위협 Malicious Insiders
- 클라우드 서비스의 남용 Abuse of Cloud Services
- 클라우드 서비스에 대한 인식과 주의 부족 Insufficient Due Diligence
- 공유 기술 취약점 Shared Technology Issues

위 아홉 가지 위협은 외부 클라우드 서비스를 활용할 때, 고객의 정보 자산을 보호하는 데 있어 중대한 리스크로 작용한다. 이를 회피하거나 최소화하기 위해 외부 클라우드 서비스의 논리적, 물리적 보안 서비스와 정책을 확인해야 한다. 또 고객 스스로도 적극적으로 보안 대응 정책을 마련해야 한다. 이는 채권, 방카슈랑스나 유가증권을 구매하는 경우 원금 손실을 피하기 위해 분산 투자, 헤지 등 여러 가지 방법을 활용(고객이 직접 대응)하거나, 펀드 매니저, 자산 관리사의 조언을 따르는 것(중개자나 제3업체를 통한 대응)에 비유할 수 있다.

다음으로 중요한 것은 장애 등의 사고 발생 시 대응 절차와 협업 체계이다. 클라우드로 전환 시에는 아웃소싱과 서브스크립션 계약 관리가 중요해지면서 고객과 클라우드 사업자뿐 아니라 다양한 제3업체와 협업하게 된다. 이는 긍정적으로 작용할 수도 있지만 부정적으로도 작용할 수 있다. 사고에 대한 책임을 공동으로 진다는 것은 그만큼 협업이 중요하다는 뜻이며, 그에 따른 책임 영역의 분리와 추적을 명확하게 해야 추후에 탈이 없다. 이는 서비스 수준 계약 SLA, Service Level Agreement 과도 직결된다. 이때 주의할 개념은 의무Responsibility와 책임성Accountability의 차이다. 단순히 업무 영역에 대한 역할과 의무를 정의하는 것과는 달리, 사고 발생 시 법적 책임을 지는 책임성의 소지는 필요한 경우 계약서에 명시해야 한다. 사고라는 것은 미연에 방지하는 것이 최선이다. 하지만, 발생했을 때 최대한 신속하고 정확하게 대응하려면 커뮤니케이션 채널을 다중화하고 통지 서비스를 자동화하여 원활한 협업 체계를 구축해야 한다.

1.5 클라우드 기반 기술

클라우드 컴퓨팅 기술은 데이터 센터를 구성하는 기술 요소들을 총체적으로 아우른다. 그 중에서도 오늘날의 클라우드 컴퓨팅 기술의 모습을 갖추게 한 핵심 기술 요소는 다음과 같다.

- 가상화 기술
- 웹 서비스 기술
- 멀티테넌트 기술
- 그리드 컴퓨팅

1.5.1 가상화 기술

가상화 기술은 클라우드 기반 기술의 꽃이라 할 수 있는 핵심 기술 요소다. 오늘날 클라우드가 갖는 특성을 지원하는 데 필수적인 전문 기술로서, 필요에 따라 컴퓨팅 자원에 접근할 수 있고 물리적인 공간과 에너지, 궁극적으로는 비용을 절감할 수 있게 해준다.

가상화는 운영체제나 서버, 네트워크, 스토리지 등 컴퓨팅 자원을 논리적으로 가상화된 버전으로 생성하는 것이다. 특히 서버 가상화는 단일 서버가 호스트 역할을 하면서 단일 운영체제를 사용했던 기존의 전형적인 틀을 깨고, 하이퍼바이저 기술을 사용하여 단일 서버 위에 여러 개의 가상머신을 생성함으로써 컴퓨팅 기술의 역사에 한 획을 그었다. 간혹 클라우드 컴퓨팅 기술과 가상화 기술을 혼동하는 경우가 있는데, 이는 앞서 설명했듯이 포함관계가 있는 개념들이다. 되짚어보면 클라우드 컴퓨팅 기술은 다양한 데이터센터 기술들의 총체를 종합적으로 가리키고 있으며, 클라우드 컴퓨팅 자체는 온 디맨드 유틸리티 서비스 모델을 일컫는 비즈니스적 용어라 볼 수 있다. 따라서 가상화 기술은 클라우드 컴퓨팅 기술의 일부다.

가상화란 물리적인 개체 여럿을 하나의 논리적인 개체로 묶을 수도 있고, 반대로 물리적인 개체 하나를 여러 논리적인 개체로 나눌 수도 있다. 자원 할당이 유연해 클라우드의 특장점, 즉 신속한 프로비저닝, 탄력성과 유연성을 뒷받침한다.

클라우드 서비스 모델 중 특히 IaaS 모델에서는 컴퓨팅 자원의 가상화, 즉 서버와 OS 가상화, 스토리지 가상화, 네트워크 가상화가 핵심이 된다. 그 중 특히 상식으로 알고 있어야 할 OS 가상화를 주류 제품군으로 나눠보면 오픈소스계의 KVM과 XEN, 마이크로소프트의 Hyper-v, VMware의 ESX, 오라클의 오라클VM서버가 있다. 이들은 모두 전가상화(Full Virtualization)를 지원하며, 오픈소스계에서는 반가상화(Para-Virtualization)도 지원한다.

전가상화란 하드웨어를 모두 가상화한 것으로 게스트 운영체제를 수정할 필요가 없으나 CPU가 가상화 기술을 지원해야 하는 요건을 갖고 있다. 반가상화는 게스트 운영체제가 직접적으로 하드웨어를 제어하지 못하고 하이퍼바이저 계층 위에 올라가는 형태다. 하이퍼바이저 계층을 하드웨어와 게스트 운영체제 사이에 두기 때문에 게스트 운영체제 커널의 일부를 수정해야 할 필요가 있다. 오픈소스계의 KVM과 XEN은 다양한 업체에서 배포판을 출시한 상태인데, 그 중에서도 시트릭스의 XEN의 인지도가 높다.

1.5.2 웹 서비스 기술

네트워크는 클라우드 컴퓨팅을 실현하는 데 필수적인 요소로서, 컴퓨팅 자원에 접근할 때 사용하는 통신 매체다. 네트워크는 크게 유선과 무선으로 나눌 수 있다. 유선의 경우 지역 네트워크^{LAN}가 모여 광역 네트워크^{WAN}가 되고, 범 국가적 기간망을 통해 전 세계를 연결하는 인터넷을 형성한다. 무선의 경우는 다양한 접점을 통해 IEEE 802.11 기반의 무선랜 연결과 장치간 연결을 지원하는 와이파이^{WiFi}와 개인 근거리 무선 네트워크^{PAN}의 산업 표준으로 에릭슨이 최초 개발한 블루투스 등이 주로 사용된다. 이러한 개인 무선 네트워크도 인터넷을 형성하는 하나의 구성요소가 된다. 그리하여 오늘날 우리는 네트워크라 하면 자연스럽게 인터넷을 떠올린다.

1969년 인터넷의 시작이 되었던 ARPANET$^{Advanced\ Research\ Projects\ Agency\ Network}$ 프로젝트 이후 위와 같이 다양한 네트워크 요소가 세분화되고 통합 연결되면서 인터넷이 대중화되었다. 그리고 HTTP 프로토콜을 바탕으로 다양한 웹 서비스 기술이 출현했다. 오늘날 혼용되는 웹 서비스 기술은 크게 SOAP 기반 웹 기술과 REST 기반 웹 기술로 나눌 수 있다. 이들은 서비스의 개방성과 상호 연동을 위한 표준을 제시하며 클라우드 컴퓨팅의 대중화에도 기여하고 있다.

SOAP 기반 웹 서비스

일반적으로 'SOAP^{Simple Object Access Protocol} 웹 서비스'는 분산되어 있는 콘텐츠를 추상적인 서비스 형태로 개방하여 표준화된 형태로 공유하는 기술로, SOA^{Service Oriented Architecture}를 기반으로 한다. 웹 서비스 내의 모든 데이터는 XML이라는 단순한 마크업 언어로 표현할 수 있다. 그 데이터와 이를 다룰 수 있는 오퍼레이션이 WSDL로 정의되면 UDDI라는 전역적 서비스 저장소에 게시돼 누구라도 서비스를 찾을 수 있게 공개된다. 공개된 웹 서비스가 이용될 때, 서비스 제공자와 사용자간 SOAP 프로토콜을 이용해 서비스를 호출하고 결과를 돌려 받는다.

이러한 웹 서비스 기술은 이기종 플랫폼 위에 구축된 애플리케이션들 간 연동을 위해, 상호 이해 가능한 형식의 메시지를 SOAP으로 송수신함으로써 원격지에 있는 서비스 객체나 API를 자유롭게 사용한다.

SOAP은 일반적으로 널리 알려진 HTTP, HTTPS, SMTP 등을 이용해 XML 기반의 메시지를 교환해 특정 분산 기술 또는 플랫폼에 의존하지 않고 분산 객체에 접근할 수 있다. SOAP에는 몇 가지 형태의 메시지 패턴이 있지만 일반적으로 원격 프로시저 호출(RPC) 패턴으로, 클라이언트가 서버에 요청하고 서버가 응답하는 방식으로 메시지를 교환한다.

SOAP은 헤더와 바디로 구성된다. 메시지 송수신시 헤더와 바디의 인코딩/디코딩 과정이 필수다. SOAP을 통해 전달하려는 대상은 웹 서비스를 기술한 WSDL 문서다.

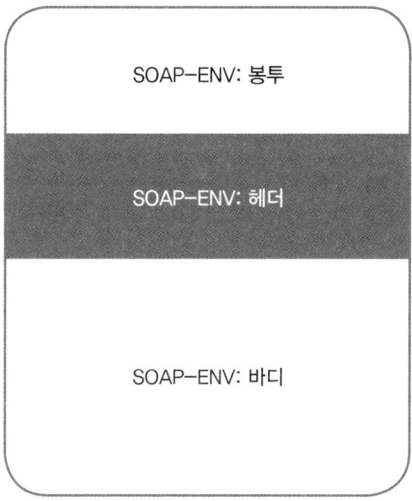

그림 1-3 SOAP의 구조

SOAP을 사용한 HTTP는 기존 원격 기술들에 비해 프록시나 방화벽에 구애받지 않고 쉽게 통신이 가능하다. 플랫폼과 프로그램 언어에 독립적이고, 간단하며 확장 가능한 장점을 갖고 있다. 그러나 XML 기반의 태그 형태로 헤더와 바디로 구성되기 때문에, CORBA같은 미들웨이 기술과 비교해 상대적으로 느리며 헤더와 바디의 인코딩과 디코딩 과정에 추가 비용이 발생한다.

REST 기반 웹서비스

REST(Representational State Transfer)는 분산 웹 시스템을 위한 리소스 기반 소프트웨어 아키텍처의 한 형식으로, 웹의 창시자 중 한 사람인 로이 필딩(Roy Fielding)이 2000년 박사학위 논문에서 소개했다. REST는 애플리케이션의 모든 기능과 상태를 접근 가능한 리소스로 표현한다. 모든 리소스는 하이퍼미디어 링크를 사용하는 공통 문법을 이용하여 유일한 방식으로 지정된 주소를 갖는다.

모든 리소스는 클라이언트와 리소스 간 상태 전송을 위해 하나의 인터페이스를 공유한다. REST 아키텍처의 특징이자 제약 조건은 다음과 같다.

- 클라이언트 서버 구조
- 상태 정보, 컨텍스트를 저장하지 않음(Stateless)
- 캐시 처리가 가능
- 계층화된 서버 구조
- 클라이언트와 서버 사이의 일관성 있고 단일한 인터페이스
- 필요에 따라 코드를 추가할 수 있음

이처럼 REST 기반 웹 서비스는 클라이언트와 서버 간 구성요소를 엄격하게 분리해 구현을 단순화시키고, 확장성과 성능을 높였다. REST 구조에서 리소스는 각각의 고유한 URI를 가지고 HTTP의 기본 메소드인 GET, PUT, POST, DELETE만으로 접근할 수 있다. 이러한 단순 명료한 접근 방식 때문에 구글, 야후, 트위터 등 대부분의 웹 2.0 API가 REST 기반 웹 서비스로 제공된다. 위젯을 이용한 서비스 매시업을 활성화시킨 원동력이기도 하다.

현재는 대부분의 업체가 REST 기반의 API를 공개하고 있으며, 웹 서비스의 주류를 이루고 있다.

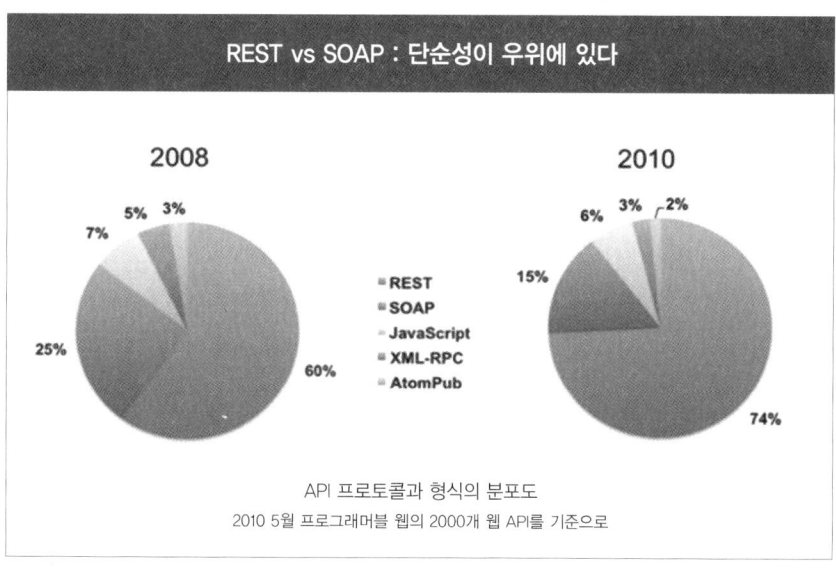

그림 1-4 웹 서비스 기반 기술의 시장 점유

1.5.3 멀티테넌시 기술

테넌트tenant(입주자)는 말그대로 한 조직의 인프라, 시스템, 혹은 서비스를 의미한다. 멀티테넌시Multitenancy란 여러 조직(입주자)의 인프라, 시스템, 혹은 서비스가 모두 하나의 통합된 인프라에서 제공된다는 의미다. 아파트와 같은 공동주택을 생각해보면 논리적인 개념은 쉽게 이해가 될 것이다.

물리적이며 단순한 분리 철골 구조인 공동주택에서도 층간 소음, 사생활 침해나 일조권 분쟁 등이 일어난다. 이와 같이 여러 조직의 논리, 물리적인 인프라와 시스템이 하나의 데이터 센터에 통합된다면 발생할 수 있는 이슈들은 여러 가지가 있다.

- 보안 정책과 컴플라이언스
- 논리 주소(IP 등)의 충돌 등 논리적 분리/고립화

수많은 조직이 경계 보안 강화를 위해 내·외부 네트워크를 분리해 NAT(Network Address Translation) 기반의 사설 IP 주소를 할당해 사용한다. 사설 IP 주소는 내부에서 가상으로 할당하여 사용하는 네트워크 주소로 국제 협의체 IETF(Internet Engineering Task Force)에서 10.0.0.0/8, 172.16.0.0/12, 192.168.0.0/16 대역을 지정해 두었다. 이와 같이 논리 인프라와 주소 공간이 공존하는 경우 적절한 내부 분리나 격리 정책이 동시에 존재하지 않으면 충돌이 일어날 수 있다. 또한 한 조직내에서 네트워크 모니터링, 혹은 스니핑 분석을 통해 타 조직의 패킷을 볼 수도 있다. 이런 이유로 공유된 리소스를 사용하는 클라우드 통합 환경에서는 추가적인 암호화 기술과 격리 정책, 접근 제어 정책 등을 구현해야 했다. 이와 같은 멀티테넌시에 대한 지원은 다음과 같은 구성요소로 이뤄진다.

- 접근 제어 정책
- 애플리케이션 배치
- 데이터 접근과 보호

접근 제어 정책에서는 선정의된 정책에 따라 프록시나 웹 트래픽 매니저가 고객 소스 IP 대역, 사용자의 신원증명서, 대상 리소스와 콘텐츠 등을 파악해 적절히 접근을 통제한다.

애플리케이션을 배치하는 방식은 여러 가지가 있다. 완전히 분리 혹은 격리된 비즈니스 로직을 사용하거나, 가상화된 애플리케이션 서버에 배치하거나, 공유 가상 서버에 배치하거나, 공유 애플리케이션 서버에서 별개의 세션이나 스레드로 실행하도록 배치할 수 있다.

데이터 접근과 보호를 위해 다양한 데이터 분리와 접근 제어, 암호화 정책이 구현되고 있다. 전용 물리 데이터베이스 서버, 공유 가상 호스트, 가상 서버상의 전용 데이터베이스 서버 등을 활용하거나, 공유 데이터베이스에서 분리된 스키마를 사용할 수도 있고, 공유 테이블을 활용할 수도 있다.

위와 같은 멀티테넌시 기술은 서비스 제공자 입장에서 기존의 최첨단 가상화 기술을 통해 구현할 수도 있다. 또 고객 스스로 접근 제어 정책을 강화한 아키텍처를 설계할 수도 있다.

1.5.4 그리드 컴퓨팅

그리드 컴퓨팅grid computing은 최근 활발히 연구가 진행되고 있는 분산 병렬 컴퓨팅의 한 분야로서, 원거리 통신망WAN, Wide Area Network으로 연결된 서로 다른 기종의 컴퓨터들을 묶어 가상의 대용량 고성능 컴퓨터를 구성하여 고도의 연산 작업 혹은 대용량 처리를 수행하는 것을 일컫는다.

그리드는 대용량 데이터의 연산을 작은 소규모 연산들로 나눠 여러 대의 컴퓨터들로 분산시켜 수행한다는 점에서 클러스터 컴퓨팅의 확장된 개념으로 볼 수 있다. 그러나 WAN상에서 서로 다른 기종의 머신들을 연결한다는 점으로 인해 클러스터 컴퓨팅에서는 고려되지 않았던 여러 가지 표준 규약들이 필요해졌다. 현재 글로버스Globus 프로젝트를 중심으로 표준이 정립되는 중이다. 또한 다양한 플랫폼을 서로 연결한다는 점에서 클러스터 컴퓨팅과 차이가 있다.

1.6 요약

이 장에서는 클라우드를 시작하는 데 필요한 기본적인 기반 지식들을 다뤘다. 클라우드의 정의를 간략하게 되짚어보고, 클라우드 분류 및 현황을 살펴봤으며, 클라우드 컴퓨팅의 도입 효과와 고려사항을 정리했다. 다음으로, 클라우드의 기반 기술이 되는 가상화 기술, 웹 서비스 기술, 멀티테넌트 기술, 그리드 컴퓨팅 등을 살펴봤다.

이제 본격적인 클라우드의 세계로 떠나 보자.

2장

분석과 자체 평가

분석과 자체 평가는 프로젝트의 정당성을 입증하고 예산을 승인받으며, 목표 달성을 위한 적절한 계획을 세워 성공 확률을 높이기 위해 꼭 필요한 단계다.

이 장에서는 분석과 자체 평가 프로세스를 7단게로 나눠 살펴보고, 각 단계에서 필요한 항목과 체크리스트를 정리해본다.

조직의 비즈니스 전략에 따라 클라우드 컴퓨팅을 채택하기로 결정했다 하더라도, 구현과 운영 측면에서 클라우드 컴퓨팅 요건에 관련된 기술 요소를 내, 외부 고객 요구사항에 맞춰 조직 자산으로 신속하게 확보하는 것은 어려운 일이다. 이를 소프트웨어 구축이나 도입과 같은 하나의 프로젝트 관점에서 본다면 신규 트렌드와 플랫폼 전략에 대한 분석과 자체 평가가 첫 단계가 되어야 한다.

분석과 자체 평가는 중요한 단계이기는 하지만 실무에서는 소홀히되기 일쑤이다. 일은 논리로만 되는 것이 아니라 다양한 변수를 고려하여 상황에 맞게 순발력을 발휘하는 것이 중요한 데다, 일을 진행하는 데 영향을 미치는 변수들을 모두 미리 파악하고 대응할 수 없기 때문이다.

이쯤에서 분석과 자체 평가의 목적을 되짚어보자. 분석과 자체 평가는 프로젝트의 정당성을 입증하고 예산과 자원을 초기 배정 및 승인하는 단계다. 따라서, 분석과 자체 평가가 잘 돼야 목표달성을 위한 계획을 적절히 세울 수 있고, 성공할 확률도 더 커진다.

분석과 평가는 크게 정량적 방식과 정성적 방식으로 나눌 수 있는데, 정량적 분석이 힘든 경우는 정성적 분석 방식을 최대한 활용할 수 있다. 정성적 분석은 실무 환경과 상황에 유연하게 대처할 수 있도록 해 준다.

2.1 요구사항 조사와 정의

클라우드 채택에 있어 중요한 것은 비즈니스 전략을 실행하는 데 뒷받침이 되고 조직에 실질적인 이득이 되는가에 있다. 따라서 먼저 비즈니스 전략을 실행하는 데 필요한 기술 요소를 리스트업하고 최소한 아래 요구사항을 조사하여 이에 대응하는 조직 현황을 파악해야 한다. 이를 현재 상황(AS-IS)을 분석하는 것이라 한다. 이를 바탕으로 투자에 대한 이득과 그 비용, 투자 대상이 되는 미래의 발전된 모습(TO-BE)을 이끌어내 정당성을 입증한다.

다음은 클라우드 채택 시 고려해야 할 사항이다.

- 비용과 일정
- 서비스 절차
- 고객의 약관과 주의사항
- 서비스 수준 계약^{SLA}
- 보안과 컴플라이언스
- 데이터의 기밀성, 무결성, 가용성
- IDM
- 이식성
- 데이터 보안에 대한 인증
- 확장성
- 네트워크 연결과 로드 밸런싱
- 글로벌 서비스에 따른 권역별 서비스 구성 요건
- 지원 서비스
- 통지 서비스와 메시징

조직에 따라 위와 같은 최소한의 고려사항 리스트로 시작하더라도 그 분석 결과가 상이할 수 있다. 이는 조직이 처한 상황이나 각 조직이 보유하고 있는 자산, 우선순위, 정책, 비즈니스 형태와 전략이 다르기 때문이다. 따라서 시장에서 해당 조직이 차지하는 위치를 각 조직의 상황에 맞게 자체적으로 평가해보고, 각 고려사항에 맞는 해결책을 클라우드 사업자들이 어떻게 제공하는지, 그러한 솔루션을 해당 조직에 맞게 어떻게 적용할지 분석해봐야 한다.

특히, 클라우드 환경이 인프라 혹은 플랫폼을 클라우드 사업자에게 주로 아웃소싱하는 형태이기 때문에, 이러한 분석 결과가 그대로 계약서에 반영될 것이다.

조직이 현재 보유하고 있는 컴퓨팅 자원과 인적 자원을 토대로 미래에 배치될 클라우드 모델을 결정하고, 이를 위해 필요한 고려사항들을 직접 세분화하여 나열해본다. 또한, 클라우드 사업자와 같은 제3업체를 활용하기 때문에 고려해야 할 사항들, 즉 장애 등의 문제 발생 시 대처 방법, 보안 및 컴플라이언스에 대한 책임성의 공유 문제 등의 리스크, 서비스 수준 계약 요건 등을 확인한다.

2.2 비용 평가

클라우드를 채택하면서 얻는 이점 중 하나는 자본 비용^{CAPEX}을 운영 비용^{OPEX}으로 전환할 수 있다는 것이다. 즉, 초기 용량 산정에 따라 한 번에 현금 자본을 투자하여 장비와 라이선스를 구입하고 4~5년 주기마다 교체하던 기존의 방식에서 컴퓨팅 자원을 임대하여 쓴 만큼 지불하는 형태가 된다. 이는 자동차 렌탈 방식을 생각하면 쉽게 이해할 수 있다. 이제 자동차, 즉 컴퓨팅 자원을 구매하는 것이 아니라 자동차, 즉 컴퓨팅 자원을 임대해 사용한 만큼 요금을 지불하게 되며, 이렇게 운영 비용으로 전환할 경우 절세의 혜택도 누릴 수 있다.

기존 데이터 센터 사업자들이 제공하던 코로케이션 호스팅 비용과 무엇이 다른지 질문하고 싶은 사람도 있을 것이다. 코로케이션 호스팅은 네트워크 연결, 전력, 냉각 시스템 등이 갖춰져 있는 장소를 임대하고, 고객이 소유한 장비를 설치하여 사용하는 것이다. 따라서 설치비용, 장소 임대 비용, 운영 비용, 장비와 소프트웨어 구매 비용 등이 소요된다. 하지만 클라우드의 경우 배치 모델에 따라 모든 필요한 컴퓨팅 자원을 임대하는 형태가 될 수 있다. 그러므로 라이선스 비용 등 현금 자본 투자에 대한 ROI를 계산하던 방식에서 총 소유비용$^{TCO,\ Total\ Cost\ of\ Ownership}$을 가지고 비용을 예측해보는 것을 권장한다. 그리고 기존 방식의 예산 집행과 비교해본다.

표 2-2 예측 비용과 기존 예산 집행 비용과의 비교표

항목	일시 지급비		월별 사용비	
	클라우드	기존 IDC	클라우드	기존 IDC
서버 하드웨어 비용				
네트워크 하드웨어 비용				
하드웨어 운영 비용				
소프트웨어 라이선스				
파워와 냉각 시스템 비용				
데이터 센터 공간 점유 비용				
관리비				
스토리지				
네트워크 비용				
24X7 지원 비용				

비용 평가에서 특히 중요한 것은 네트워크 비용이다. 클라우드의 특성에 따라 조직과 해당 조직의 고객이 필요한 컴퓨팅 자원을 네트워크를 통해 접근하게 되므로 네트워크의 사용에 대한 요금 부과를 주시해야 한다. 조직이 점유한 컴퓨팅 자원 간의 내부 네트워크 사용 비용에 대한 할인율이나, 약정 사용량에 대한 할인율 등을 따져 본다.

각 클라우드 사업자는 잠재 고객들이 위와 같은 비용 예측을 손쉽게 할 수 있도록 다양한 도구를 제공한다. 아마존 웹 서비스의 경우 웹 애플리케이션을 위한 TCO 계산기TCO Comparizaon Calculator for Web Applications(http://aws.amazon.com/tco-calculator/)와 월별 사용 비용을 계산할 수 있는 템플릿인 월별

계산기^AWS Simple Monthly Calculator^(http://calculator.s3.amazonaws.com/calc5.html)를 제공한다. 유사하게, 마이크로소프트 애저의 경우는 요금 계산기와 바로 구매(http://www.windowsazure.com/en-us/pricing/calculator/) 탭을 제공한다.

이들 클라우드 사업자는 전 세계에 데이터 센터를 보유하고 있어 컴퓨팅 자원을 다양한 위치에서 빌려 쓸 수 있는데, 이러한 경우 권역별 비용, 서비스 내역과 컴플라이언스 등이 지역적 특성에 따라 달라지므로 주의해야 한다.

2.3 보안과 컴플라이언스 평가

최근에는 국내의 대기업뿐 아니라 중소기업(SMB)에서도 글로벌 서비스를 클라우드를 활용해 출범하고 있다. 이는 국내 시장이 협소하고 포화된 것으로 볼 때 매우 긍정적인 변화다. 하지만, 이러한 경우 특히 간과하기 쉽거나 미리 충분히 대비하지 못해 장애가 될 수 있는 난관이 바로 지역적 법 규제 대응을 비롯한 보안성이다. 더군다나, 이 보안성은 기능 요건으로 충분히 검토되지 않으면 안 된다.

보안은 각 조직의 정책과 규범, 가이드라인 등에 따라 달라진다. 이러한 각 조직의 보안 규제는 각 국가의 법적 규제와 요건을 따른다. 국가 차원의 법적 규제와 요건은 세계적인 관점에서 보면 굵직한 국제적 표준을 뼈대로 하여 그 국가의 지역적 특성을 띠고 다양한 차이를 보인다. 따라서 글로벌 서비스를 처음 출범하는 사람들은, 예를 들어 유럽 연합의 데이터 저장소 규제 요건이라든가, 중국의 서비스 개시나 도메인 발급 정책 등에 대한 지식이 전무하여 애를 먹기 일쑤이다.

우선, 글로벌 보안 및 컴플라이언스 평가를 위해 필요한 국제적 보안 표준을 다음 표에서 고수준으로 살펴보자.

표 2-3 국제 보안 표준의 요약

	내부 통제 환경과 기업 차원의 통제	정보 보안	IT 서비스 제공과 운영	시스템 개발	회계 보고서	기술 및 기타 요구사항
모범 사례 가이드	COBIT					
표준	COSO	ISO27002	ITIL ISO27002	CMM ISO21827	ITGI SOX	ISO ANSI NIST
인증/감사 범주와 요건		ISO27001	ISO20000-1			
규제와 업계 요건		FFIEC HIPAA HITRUST NIST PCI ISO 2700X		SOXPCAOB	EV SSL	
감사 프레임워크	SAS 70 SysTrust WebTrust BITS FISAP	PCAOB	WebTrust CA WebTrust EV GAPP			

클라우드 사업자를 검토할 때에는 클라우드 사업자가 위와 같은 국제 표준, 특히 ISO 표준을 준수하고 있는지, 관련 인증이 있는지, 감사 리포트는 SAS 70 등 국제 프레임워크를 따르는지 등을 확인한다. 그리고 데이터 저장 및 전송 등과 관련한 규제와 보안 책임성 등에 대한 내용을 사전에 확인하고

분석해 가능하면 계약서 조항에 명시해야 한다. 이때, 조직의 상황에 맞게 리스크 기반의 분석을 제대로 수행하기 위해서는 위 표와 같은 글로벌 표준에 대한 인식을 토대로 사업자 분석과 함께 조직의 정보 자산을 식별하고 관련 규제를 확인하는 다음과 같은 절차를 거친다.

1. 데이터를 민감도에 따라서 상, 중, 하로 분류하고, 클라우드로 이관할 데이터를 선정한다.
2. 데이터를 저장하고 서비스하는 데 있어 국가, 지역별 법률적인 문제는 없는지 사전에 검토한다.
3. 데이터의 민감도, 무결성, 가용성, 항시성 등에 있어 대상 클라우드 서비스가 목표 요구사항을 만족시키는 데 문제가 없는지 검토한다.
4. 암호화해야 하는 데이터를 선정하고 사전에 속도 저하 등의 문제가 성능 요구사항을 만족시키는 데 무리가 없는지 검토한다.
5. 논리적이거나 물리적 보안 위협에 대한 대응 방안과 프로세스가 적절한지 검토한다.

예를 들어, 한국에서 위치 기반 서비스를 하는 경우 위치 정보는 반드시 암호화해야 한다. 또 유럽과 중국에서 사용자 정보는 각각 유럽 내, 중국 내에 저장되어야 하는 등의 법률적인 규제가 있다. 이러한 법률적 규제 만족을 위한 암호화나 저장소 임대 등은 해당 조직에게 책임이 있다. 클라우드 사업자의 경우 보안 책임성을 공유하는 모델을 제시한다. 아마존 웹 서비스나 마이크로소프트 애저의 경우 ISO 27001 인증을 보유하고 있으며, 필요한 경우 고객이 SAS 70 감사 리포트를 요청할 수 있다. 일반적으로 클라우드 사업자의 설비 등을 직접 감사할 수는 없다.

암호화나 접근 제어 문제는 클라우드 서비스를 활용하는 데 있어서 매우 중요한 요소다. 특히 멀티클라우드 모델을 선택하거나 하이브리드 배치 모델을 선택하는 경우에는 더욱 정교한 설계가 필요하다. 이와 같은 요건을 사전에 정의하고 검토하는 데 중점을 두어야 하는 이유는 다양한 솔루션과 서비스를 연계하여 사용하여도 물리적, 논리적 보안 결함이 없도록 확인하는 것이다. 예를 들어 TLS(구 SSL)을 적용할 때 연동 설계한 CDN에서도 차질 없이 적용되는지, 무선과 유선 사이의 보안 표준이 무리없이 연계되는지 등을 반드시 확인해야 한다.

또한, 사고 대응 프로세스 검토 시에는 다양한 업체와 사업자가 함께 작업하게 됨에 따라 원활한 통지 및 커뮤니케이션 채널과 협업 체계를 확립하고 사고 대응 절차를 숙지하도록 하며, 책임성을 명확하게 하는 것이 중요하다.

이처럼, 분석과 자체 평가 단계에서는 개념 증명이나 계약 및 컴플라이언스 검토 수준에서 보안 리스크를 완화한다. 좀 더 면밀한 수준의 클라우드 보안 아키텍처의 설계는 7장에서 자세히 다룬다.

★ 클라우드 보안 기술의 표준화 움직임 ★

클라우드 보안 기술에 대한 표준화 움직임은 최근 중국 업체들이 특허를 출원하는 등 적극적으로 나서면서 ITU-T(국제전기통신연합-정보통신부문)에서 이뤄지고 있다. 특히 SG(Study Group) 17의 회의가 2013년 4월 17일부터 4월 26일까지 스위스 제네바에서 열렸다. 이 회의에서는 클라우드 컴퓨팅 보안국제 표준화를 위해 ITU-T SG 17(보안)과 SG 13(미래 네트워크) 간의 업무 할당과 조정에 대한 윤곽이 마련되었다.

이 장에서는 이러한 표준화에 대한 움직임을 염흥열 교수(순천향대, ITU-T SG17 부의장, SG 17 WP 의장)의 보고서를 참조해 소개한다.

현재 ITU-T에서 진행되고 있는 클라우드 보안 기술 표준화에 대한 작업은 다음과 같다.

- SG 13: 활용사례, 기능 블록(2가지)
- SG 17: 보안 영역 식별, 상세 보안 기능, 보안 구조 기본 개념, 기존 보안 메커니즘, 신규 메커니즘, 보안 관리, 모범사례, 운영 보안(8가지)

- SG 13/SG 17 공통 태스크(5가지)
  - SG13 주도 공통: 위협분석과 활용사례 기반 일반적인 보안 요구사항, 클라우드 컴퓨팅 기능 구조와 기능 블록에 대한 보안기능 할당(2가지)
  - SG17 주도 공통: 보안위협 식별, 일반적인 보안 요구사항을 고려한 위협분석/활용사례 기반 클라우드 컴퓨팅 보안 솔루션과 메커니즘에 대한 보안 요구사항, 신뢰 모델 정의(3가지)

[국제 공식 표준화기구에서 현재 개발 중인 국제 표준 목록]

표준화 기구	개발 중인 국제 표준	제목	개발 주체
ITU-T SG17	ITU-T X.ccsec	클라우드 컴퓨팅의 고수준 보안 프레임워크	Q.8/17
	ITU-T X.fsspvn	가상 네트워크의 안전한 서비스 플랫폼을 위한 프레임워크	Q.8/17
	ITU-T X.goscc	클라우드 컴퓨팅 운영 보안을 위한 가이드라인	Q.8/17
	ITU-T X.sfcse	SaaS 애플리케이션 환경을 위한 보안 기능 요구사항	Q.8/17
	ITU-T X.cc-control	ITU-T X.cc-control/ISO/IEC 27017 - 정보 보안 관리 - ISO/IEC 27002 기반의 클라우드 컴퓨팅 서비스의 사용을 위한 정보 보안 통제 가이드라인	Q.8/17
	ITU-T X.idm-cc	클라우드 컴퓨팅 내 IDM에 대한 요구사항	Q.10/17
ISO/IEC JTC 1/SC 27	ISO/IEC 27017	ISO/IEC 27017 - 정보 보안 관리 - ISO/IEC 27002 기반의 클라우드 컴퓨팅 서비스의 사용을 위한 정보 보안 통제 가이드라인	SC 27/WG 1
	ISO/IEC 27018	ISO/IEC 27018 - 정보 보안 관리 - 퍼블릭 클라우드 컴퓨팅을 위한 데이터 보호 통제 규칙의 실행 규약	SG 27/WG 5
	ISO/IEC 27036-4	정보 기술 - 보안 기술 - 공급자 관계를 위한 정보 보안 - 4부: 클라우드 서비스 보안을 위한 가이드라인	SG 27/WG 4

이러한 보안 표준이 마련되면 한국에서도 다양한 신흥 시장이 창출되고, 보안 서비스는 더욱 강화되며, 클라우드의 활용이 촉진돼 소비자가 혜택을 받게 될 것이다.

2.4 기술 요소 평가

기술 요소 평가에서는 특히 조직의 현재 상태(AS-IS)를 분석하는 것이 기반이 된다. 이를 기반으로 미래의 발전된 모습(TO-BE)을 제시하고, 이를 위한 필수 기술 요소와 요구사항들을 도출해낸다. 이를 위해서는 다음과 같은 절차를 거친다.

1. 기업 애플리케이션의 논리 구성도를 리뷰하고, 상호 의존도와 리스크, 보안 요구사항에 따라 분류한다.
2. 클라우드로 이관하기 좋은 대상이 어떤 것들이 있는지, 활용도가 낮은 자산을 찾아본다.
3. 해당 애플리케이션의 현재 아키텍처와 클라우드 아키텍처를 매핑해본다.
4. 대상 클라우드 인프라가 제공하지 않는 특성화된 하드웨어가 필요한지 파악한다.
5. 대상 클라우드 인프라에 이동할 때 확인이 필요한 라이선스 관계를 파악한다.
6. 애플리케이션 이관에 어느 정도의 비용과 일정이 소모될지 시뮬레이션해본다.
7. 어떤 컴포넌트를 현재 기업 센터내에서 운영하고, 어떤 컴포넌트를 클라우드에 이관할지를 결정한다.
8. 성능 요구사항(Latency와 bandwidth 등 포함)을 파악한다.
9. 대상 클라우드에서 제공하는 인프라와 보안 기능 요소로 위에서 조사된 요구사항을 모두 만족시킬 수 있는지 평가한다.
10. 대상 클라우드에서 해당 애플리케이션을 운영하기 위해 추가로 도입해야 하는 솔루션 목록을 작성한다.

2.5 서비스 수준 계약 요건 분석

클라우드 컴퓨팅의 채택에 있어 아웃소싱과 서브스크립션 계약 관리의 중요성이 강조되면서, 시스템의 운영관리 요소들을 하나의 서비스로 인식해 이를 정량화하여 관리하는 서비스 수준 관리$^{\text{SLM, Service Level Management}}$의 개념이 재조명 받게 되었다.

특히 서비스 수준 계약$^{\text{SLA, Service Level Agreement}}$은 서비스 수준 관리 프로세스를 통해 작성되고 관리되는 아웃소싱 계약서를 의미한다. 다양한 측면의 성과 척도와 운영 기준을 명시하며 이를 위한 활동, 의무, 책임성 등을 포함하고 있다. 이 서비스 수준 계약은 외부 클라우드 서비스 제공자뿐 아니라 조직 내부에서 운영 조직과 사용 조직간의 서비스 제공 수준을 협의할 때도 사용될 수 있으며, 경영 성과를 파악하는 척도로써도 사용될 수 있다.

이 절에서는 서비스 수준 관리 프로세스와 서비스 수준 계약 구성요소를 간략히 살펴보고, 적절한 서비스 측정 기준을 결정하고 클라우드 서비스 제공자와의 원활한 서비스 수준 계약 합의를 이끌어내는 데 필요한 내용을 살펴본다. 특히, 여기서 제공하는 서비스 측정 항목^{Metrics}들은 범용적인 수준에서 정의된다. 따라서 상황에 따라 선택적으로 활용한다.

본래 서비스 수준 관리 프로세스에 따라 서비스 수준 계약을 맺는 절차는 다음 단계를 거친다.

1. 서비스 카탈로그 생성
2. 서비스 측정 항목 도출
3. 이해관계자의 기대치 관리
4. 서비스 수준 계약 구조 정의

5. 서비스 요구사항 설정
6. 서비스 수준 계약 작성
7. 서비스 수준 계약 검토와 협의
8. 모니터링 기능 설정
9. 초기 서비스 수준 결정
10. 문서화와 배포

2.5.1 서비스 카탈로그 생성

서비스 카탈로그를 작성하는 목적은 관리 대상 서비스 영역과 내역, 특성을 명확히 정의하는 것이다. 카탈로그는 서비스 구성도나 서비스 기반 구조 매트릭스 등을 포함할 수 있다.

2.5.2 서비스 측정 항목 도출

서비스 카탈로그에 정의된 서비스 항목은 정량적으로 측정 가능해야 한다. 서비스 항목의 수준을 평가하는 요소를 서비스 측정 항목이라 한다. 이는 시스템의 특성과 중요성에 따라 서비스 제공자와 사용자 간 협의를 거쳐 식별될 필요가 있다.

서비스 측정 항목은 서비스 수준 평가를 위해 중요한 요소이므로 신중하게 그 측정 단위와 목표치를 정의할 필요가 있다.

범용적인 서비스 측정 항목의 예시는 다음 표와 같다.

표 2-4 범용적인 서비스 측정 항목

서비스 측정 항목	내용
서비스 가동률	서비스 제공자가 협의된 서비스 시간 동안 제공하는 가용성 목표치를 의미하며, 보통 백분율로 표시한다.
응답시간	서비스 접근시 시스템이 응답하는 데 걸리는 시간이다. 측정 기준은 종단점, 즉 사용자 입력 후 결과 출력까지다.
동일 장애 발생률	이미 발생했던 장애와 동일한 장애가 재발한 비율을 의미한다. 백분율로 표시하며, 장애 발생 후 조치에 대한 측정 기준으로써 사용된다.
시스템 장애 조치시간	시스템 장애 발생 시 조치하는 데 걸린 시간을 의미한다. 장애 등급에 따라 목표치를 다르게 설정할 수 있다.
변경 요청 적기 처리율	사용자가 시스템 변경을 요청했을 때, 납기 시간 이내에 처리되는 비율을 의미한다. 변경 관리가 중요해지면서 추가된 측정 항목이다.
백업 준수율	정기적으로 수행되는 백업과 수시로 수행되는 백업의 총 계획 건수 중 정상적으로 수행된 비율을 의미한다.
보안 절차 준수율	보안 정책과 절차를 성공적으로 준수하는 비율을 의미하며, 백분율로 표시된다. 예를 들어 도메인 등의 변경 시 필요한 모의 해킹 테스트나 정적 분석 등을 끝냈는지 여부를 확인하여 준수율을 비율로 나타낼 수 있다.

2.5.3 이해관계자의 기대치 관리

서비스 수준에 대한 기대치를 관리하는 일은 매우 중요하다. 초기에 적절한 기대치를 설정하고 이를 지속적으로 관리하는 과정이 필요하다. 기대치, 즉 목표치 설정은 운영 책임을 갖는 서비스 제공자와 운영 조직, 그리고 사용 조직 간의 지속적인 협의를 통해 이뤄진다. 사용 조직의 운영 환경과 정책에 따라 조정될 수 있어야 한다.

2.5.4 서비스 수준 계약의 구조 정의

서비스 수준 계약의 구조는 서비스별, 혹은 사용자 조직별로 동일하게 적용할 수 있다. 다양한 구조 템플릿이 있으나 서비스 수준 계약의 구조를 정의하는 데 있어 가장 중요한 것은 고객의 요구사항이며, 승인 주체의 합의가 이뤄져야 한다.

2.5.5 서비스 요구사항 설정

서비스 수준 계약의 구조가 결정되면, 서비스 요구사항을 수집한 후 서비스 수준 계약의 초안을 작성한다. 서비스 요구사항을 설정하는 데에는 서비스 사용자의 역할이 중요하다. 사용 조직이 원하는 서비스의 품질과 수준을 정확히 파악하기 위해 충분한 의사소통이 필요하다.

2.5.6 서비스 수준 계약 작성

서비스 수준 계약 문서는 계약 당사자간 이해가 쉽게 명확하고 간결하게 작성돼야 한다. 따라서 누구나 이해할 수 있는 상식적인 용어를 사용하는 것이 좋으며, 서비스 수준 관리를 위한 합의된 서비스 수준 목표치, 목표치를 준수하기 위한 관련 활동과 의무, 책임성을 정확히 명시한다.

2.5.7 서비스 수준 계약 검토와 협의

작성된 서비스 수준 계약 초안을 바탕으로 최종 서비스 수준 계약을 확정할 때까지 지속적으로 사용 조직과 서비스 수준 목표치에 대한 협의를 거쳐야 한다. 설정된 목표치가 실제로 실현 가능한지 검증하는 과정이 필요하다. 가능하다면 법률 사무소나 기업내 법무팀으로부터 검토를 받고 사용 조직의 최종 승인을 받는 절차가 필요하다.

2.5.8 모니터링 기능 설정

정의된 측정 항목과 지표를 기준으로 모니터링 기능을 설정한다. 최근에는 모니터링을 손쉽게 수행할 수 있는 자동화 도구가 다수 출시돼 있다. 클라우드 환경에서는 쉐프, 나지오스 등 커스텀 개발 API를 제공하는 다양한 솔루션들이 인기가 있다. 이들을 이용하면 서비스 수준 측정에 도움이 될 것이다.

아마존 웹 서비스는 분단위의 모니터링 정보를 제공하는데, 이러한 모니터링 정보로는 충분치 않아 위 솔루션을 활용해 추가 개발하는 사례도 많다. 시스템을 모니터링하는 것에 대한 고객 만족도, 헬프 데스크의 가동률, 서비스 수준 관리에 대한 사용 조직과 고객의 신뢰도도 꾸준히 모니터링해야 한다.

2.5.9 초기 서비스 수준 설정

서비스 수준 계약의 측정 항목들에 대한 초기 서비스 수준을 결정하기 위해서는 현재의 서비스 수준을 베이스라인으로 삼아야 한다. 이를 위해서는 현재의 수준 분석을 가능하게 하는 최소 6개월 정도의 축적된 데이터가 필요하다. 데이터가 없는 경우는 공식적인 출시[GA, Generally Available] 이전 6개월 이상의 시험 운영 기간을 갖는 것이 좋다. 일반적으로 서비스 수준은 목표 수준과 최소 수준의 두 가지 기준이 필요하다. 이 두 가지 기준선 사이에서 서비스가 운영되도록 품질 관리가 이뤄진다. 이러한 목표 수준과 최소 수준은 베이스라인 관리를 바탕으로 연단위로 갱신되어야 한다.

2.5.10 문서화와 배포

서비스 수준 계약 문서에 대한 작성 방법, 작성 주기, 형식을 사전에 협의를 통해 정의해야 한다. 또한 서비스 검토 회의의 주기와 방법, 참여 당사자도 함께 논의해야 한다. 서비스 수준의 변경은 변경 관리 프로세스를 준수해야 하며, 변경 사항은 문서화해야 한다.

서비스 사용 조직과의 협의를 통해 최종 서비스 수준이 확정되면 완성된 서비스 수준 계약 문서를 관련 조직에 홍보 및 배포해야 한다. 관련 조직이란 서비스 제공과 관련된 모든 조직으로 클라우드 서비스 제공자, 서비스 사용 조직, 서비스 운영 조직, 서비스 데스크 운영 조직 등이 해당된다.

서비스 수준 관리를 위한 보고서 작성에는 자동화된 도구를 사용하는 경우 목표치에 대한 적절한 임계값을 도구 내에 설정하여 자동으로 통지하도록 조치하고 보고서를 생성하면 편리하다.

이러한 절차에 따라 서비스 수준 계약을 승인하고 검토할 때 주의하여 보아야 할 구성요소는 계약 시작 및 종료 일자, 서비스 수준 계약 승인과 변경 절차, 계약 대상자의 역할과 책임, 서비스 범위와 항목, 측정 항목과 기준, 평가 방법, 미 준수 시의 페널티 조항 등이다.

퍼블릭 클라우드 서비스의 경우에는 가상 서버 단독으로 조직이 필요로 하는 가용성 수준을 만족하지 못하는 경우도 있으므로 주의해야 한다. 아마존 웹 서비스의 경우, 일반 사용자에게 적용되는 서비스 수준 계약에 의하면 가상 서버의 가동률이 권역별 평균 99.95%를 만족한다. 마이크로소프트 애저의 경우는 계약서상 별다른 조건 없이 가상 서버의 가동률이 99.95%를 만족한다. 클라우드 사업자는 이 외에도 다양한 엔터프라이즈와 사이트 계약 형태와 전용 서버 등을 제공하므로 원하는 수준의 서비스를 이용하려면 면밀히 검토해야 한다.

2.6 재사용 가능한 라이선스와 툴 식별

클라우드로 이관했을 때 재사용이 가능한 라이선스와 툴을 조사해 리스트업 해둔다. 몇몇 애플리케이션은 클라우드로 올릴 때 라이선스 문제로 대안 제품을 채택해야 하는 경우도 있다.

해당 제품의 클라우드 라이선스 정책이 있을 수 있으니 주의한다. 예를 들면 오라클 라이선스 정책은, 1 물리 프로세서에 대응하는 4개의 가상 코어를 1:1 매핑시키고 있으며, 레드햇이나 Novell, IBM, Wowza 등은 각각 고유의 사용량당 과금 라이선스 정책이 있다.

2.7 클라우드 채택 평가 항목 산정과 계획

클라우드 채택을 위한 평가 항목을 산정하고 계획한다. 평가 항목의 예는 다음과 같다.

표 2-5 클라우드 채택 평가 항목

평가 항목	목표 예시
CAPEX	2년 동안 60% 절감
OPEX	운영 인력과 지원 패키지 비용 50% 절감
하드웨어 구매 리드타임	3000% 증가
가용성	운영 지원 요구의 20% 감소
유연성	특정 하드웨어 벤더나 플랫폼에 대한 의존도 감소
안정성	하드웨어 관련 지원 요구의 40% 감소
새 프로젝트 기회 창출	세 달 내 25개의 새 프로젝트 생성

2.8 요약

이 장에서는 분석과 자체 평가 프로세스를 7가지 단계로 나눴다. 즉, 요구사항 조사와 정의에서 시작해 비용을 평가해보고, 보안 및 컴플라이언스를 평가한 후, 기술 요소를 평가하고 서비스 수준 계약[SLA] 요건을 분석한다. 다음으로 클라우드에서 재사용이 가능한 라이선스와 툴을 식별하고, 클라우드 채택 평가 항목을 산정한 후 전반적인 프로젝트 계획을 세운다.

분석과 자체 평가는 프로젝트를 시작하기 전에 꼭 거쳐야 할 단계로, 이를 통해 프로젝트 실패 위험을 최소화할 수 있다.

3장

클라우드 자원 용량 관리

클라우드에서 자원 용량 관리를 하는 방법을 알아보기 위해, 먼저 이론적인 기반을 짚어본다. 기존의 국내 업계 용량 관리 관행을 바탕으로, 새로운 클라우드 환경에서 용량을 관리하는 데 필요한 진화된 방식과 자동 증감 모델의 절차를 살펴본다.

그 동안, 한국 업계에서 클라우드 컴퓨팅의 도입이 구체화되기 이전의 정보 시스템 용량 관리는 사용자수에 따른 수용량의 예측^{forecasting}에 따라 용량의 증감을 시뮬레이션하고, 서비스 중단(24X7)을 방지하기 위한 최대 예측 수용량을 기준으로 시스템을 미리 준비하는 방식이 지배적이었다. 각 조직의 업무 형태에 따라 산출된 최대 예측 수용량에 맞게 시스템을 설계하고, 이에 따라 필요한 하드웨어, 소프트웨어 라이선스 등을 수배하기 위해 다양한 호스팅 모델을 혼용하여 자본 비용과 운영 비용을 적절하게 배분했으며, 운영 시 기준이 되는 용량의 한계를 확립하고 관리하였다.

그러나 클라우드 컴퓨팅과 함께 탄력성^{elasticity}과 자동 증감^{autoscaling}의 개념이 도입되면서 운영 자동화를 위한 용량 관리 방식에 새로운 시도를 하고 있다.

다음과 같은 클라우드 컴퓨팅 자동 용량 관리 사례를 생각해보자.

1. 엔터테인먼트 업계 A 사의 CIO는 클라우드로 서비스를 구축하려고 한다. 클라우드 서비스의 탄력성에 매료된 CIO는 AWS의 자동 증감 기능을 도입하면 모든 서버가 자동 증감 방식으로 운영할 수 있으므로 운영 인력을 줄일 수 있다는 결론에 이른다. 이에 자동 운영 서비스 프로젝트를 출범하였다.
2. 기존 레거시 시스템을 사용하던 금융업계 B사의 CIO는 하이브리드 방식으로 분산 클라우드 시스템을 설계하고, 퍼블릭 클라우드 중 하나인 AWS의 자동 증감 기능을 적용해 갑작스러운 사용자 증가에 대비하였다. 이에 따라 일시적으로 자본 비용이 많이 투입되던, 3~5년마다 갱신되는 라이센스 계약의 규모를 줄이고 운영 비용으로 기록되는 서브스크립션 계약의 규모를 늘렸다.

3. 세계 최대 가전 엑스포에 참가하기 위해 제조업계 C사에서는 이벤트성 마이크로 사이트를 생성하려고 검토했다. 검토 결과 호스팅 방식은 퍼블릭 클라우드 중 하나인 AWS를 채택하고 자동 증감 기능을 최대로 이용하기로 했다.

위 사례들은 클라우드 용량 관리 방식의 장점을 활용한 사례들이다. 위 사례들 중 현재 낮은 기술 성숙도로 제공되고 있는 클라우드 모델의 자동 증감 방식을 기용하는 데 있어 가장 리스크가 적고 최대 효과를 얻을 수 있는 사례는 3번이라 할 수 있다.

많은 관리자들이 클라우드의 탄력성과 용량 관리 방식을 받아들일 때 간과하는 점은, 클라우드(SaaS 제외)는 플랫폼과 도구를 제공하는 것이지, 각 조직에 맞게 시스템을 설계하고 운영해주는 것이 아니라는 점이다. 즉, 클라우드 모델의 자동 증감 방식은 운영 자동화를 위한 진화된 도구를 제공해주는 것이다. 각 조직은 이러한 플랫폼과 도구를 사용해 자신의 상황에 맞는 구체화된 아키텍처를 설계하고, 필요한 경우 자동 증감을 위한 알고리즘과 프로그램 절차를 개발해야 한다.

지금부터 용량 관리를 위한 이론적 절차와 클라우드 용량 관리를 위한 다양한 도구와 방법론을 살펴보자.

3.1 용량 관리의 목적

용량 관리의 목적은 자본이나 운영 비용과 직결되는 자산 등의 수용량을 관리하여 비즈니스 요구사항에 대응하고 이를 만족시키는 것이다.

용량 관리의 대상은 다음과 같다.

- 하드웨어
- 네트워크 장비(LAN, WAN, 브리지, 라우터 등)
- 보조 장치(스토리지, 프린터 등)
- 소프트웨어(운영체제, ERP 등 패키지 솔루션, 네트워크 소프트웨어, 커스텀 소프트웨어 등)
- 인적 자원

용량 관리 시에는 비즈니스 전략과 비즈니스 계획에 맞는 IS/IT 전략과 IT 비즈니스 계획에 따라, 사용자 수요 변화 등의 이벤트에 대응한 조직적인 움직임이 필요하다. 용량 관리 프로세스는 다양한 커뮤니티와 조직에서 제시되지만, 여기서 전개할 내용은 ITIL V3의 용량 관리 프로세스를 바탕으로 한다.

3.2 용량 관리 프로세스

ITIL의 용량 관리 프로세스는 세 개의 보조 관리 프로세스로 구성된다.

- 비즈니스 용량 관리 Business Capacity Management
- 서비스 용량 관리 Service Capacity Management
- 리소스 용량 관리 Resource Capacity Management

이는 비즈니스 전략/계획에 맞는 IS/IT 전략에 따라 서비스의 잠재 사용자 수요를 예측하고, 그에 맞게 시스템을 설계한 후 하드웨어, 소프트웨어 라이선스, 인력 산정을 통해 필요한 용량 계획을 확립한다. 이를 기준으로 운영 베이스라인을 만들고 이를 관리하는 모든 활동을 총괄한다.

보조 프로세스들은 다양한 관점에서 적용되는 활동의 공통 집합을 활용한다. 이러한 활동에는 다음과 같은 것들이 있다.

- 모델링
- 서비스 모니터링
- 성능 관리
- 요구 관리
- 워크로드 관리
- 분석
- 변경 개시
- 최적화
- 추세 분석

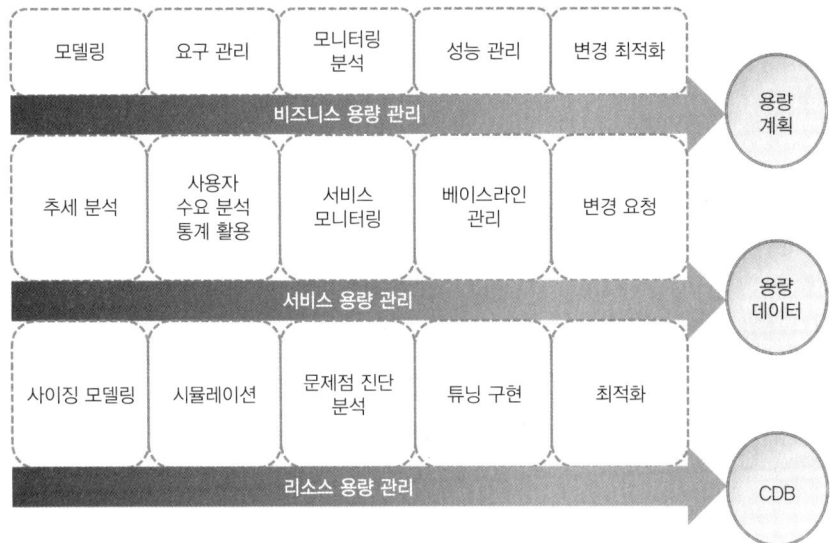

그림 3-1 용량 관리 프로세스와 반복적 활동

그림 3-1은 ITIL의 용량 관리 프로세스의 모범 사례와 그 반복적 활동의 개념을 정리한 것이다. 그림 3-2는 용량 관리 프로세스와 그 보조 프로세스, 프로세스의 입력·출력 등을 정리한 그림이다.

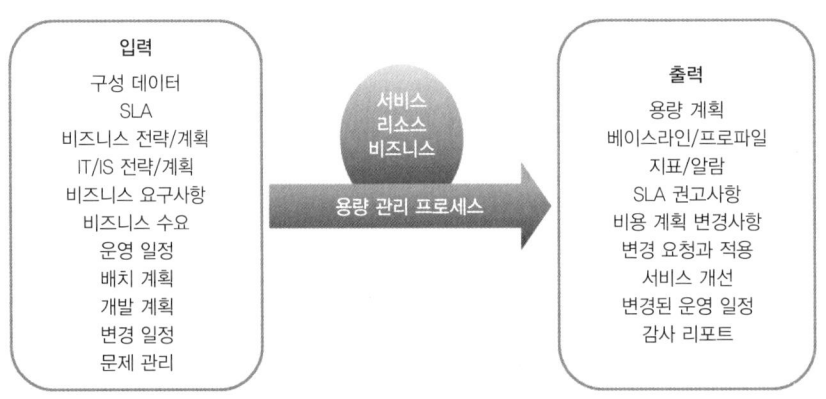

그림 3-2 용량 관리 프로세스의 입력과 출력

용량 관리 프로세스를 수행할 때에는 비즈니스 측면, 서비스 측면, 자원 측면을 모두 고려해야 한다. 용량 관리 프로세스의 입력으로는 비즈니스 전략 계획과 비즈니스 수요, 구성 데이터, 변경 일정, 요구사항 등이 들어간다. 그리고 그 산출물로는 용량 계획과 SLA 권고사항, 감사 리포트 등이 도출된다.

3.3 용량 관리 메트릭과 베이스라인

일반적으로 사용되는 용량 관리 메트릭은 다음과 같다. 이들은 서비스와 자원당 로드 프로파일에서 수집된 데이터를 파악하는 데 사용된다.

- **처리량**Throughput: 볼륨Volume과 사용량Utilization 등으로 측정
- **CPU 사용량**: 사용자와 시스템의 사용량으로 나눠 백분율로 표시
- **메모리 사용량**: 사용자와 시스템의 사용량으로 나눠 백분율로 표시
- **스토리지 사용량**: 데이터 용량 단위로 측정
- **성능**Performance: 최대 동접수 등 조직 내 다양한 지표의 집합으로 측정
- **반응 시간**Response Time: 밀리초, 초단위로 측정
- **TPS**Transaction per second: 초당 트랜잭션수로 측정

이러한 지표들은 자원 증감의 기준으로 활용되며, 궁극적으로는 서비스 중단을 방지하기 위해 활용된다. 이는 SLA와 직결되며, 일반적으로 활용되는 SLA 기준은 그림 3-3을 참고한다.

가용 SLA	연간 다운타임
95.0%	18일 6시간
99.0%	87시간 36분
99.5%	43시간 48분
99.9%	8시간 45분 36초
99.99%	52분 33초
99.999%	5분 15초

그림 3-3 가용 SLA와 연간 다운타임

3.4 기존 한국 업계의 용량 관리와 계획 방법

기존 한국 업계의 용량 관리 방식은 용량 계획을 세우고 이를 관리하는 형태로, ITIL의 프로세스를 대부분 준수하고 있다.

용량 관리의 대상 자원은 크게 컴퓨팅 자원과 인적 자원으로 나눌 수 있다. 대상을 식별하여 관리 계획을 세울 때 자원이 속한 조직·차원의 다양한 환경적 요인과 업무 관행이 작용한다. 이 책에서는 범용 컴퓨팅 자원에 대한 용량 관리만을 다룬다.

컴퓨팅 자원의 용량 산정의 기준은 용량 관리의 메트릭(Throughput, Response Time)을 기준으로 한다. 다만, 용량 산정의 대상이 되는 컴퓨팅 자원으로 활용할 수 있는 하드웨어나 소프트웨어가 다양하고 각기 다른 수용량을 제공하고 있기 때문에 불가피하게 표준적인 벤치마크를 활용한다. 이는 절대적인 수치가 아니라는 점에 유념해야 한다.

또한, 용량 관리의 핵심이라 할 수 있는 네트워크 용량 산정도 ISP나 각 국가별 통신 사업자, 케이블 구성에 따라 기준 대역폭과 요율표가 다양하게 적용된다. 이러한 요율표는 사설 전용망인지, 공용망인지에 따라, 혹은 내부망, 외부망인지에 따라 가격이 달라진다. 합의된 최소 사용량에 따라 계층화된 가격 정책을 사용하기도 한다.

3.4.1 표준 벤치마크

앞서 언급한 컴퓨팅 자원의 용량 산정에 주로 사용하는 표준적인 벤치마크는 SPEC(http://spec.org)과 TPC(http://www.tpc.org)에서 참조할 수 있다.

SPEC^{Standard Performance Evaluation Corporation}은 표준 성능 평가 업체로서 다양한 벤치마크를 제공하는데 다양한 업체의 CPU, 네트워크 파일 시스템, 가상화, 웹 서버 등의 측정치를 제공한다. 다음은 글로벌하게 활용되는 SPEC의 JBB2005 결과의 예다.

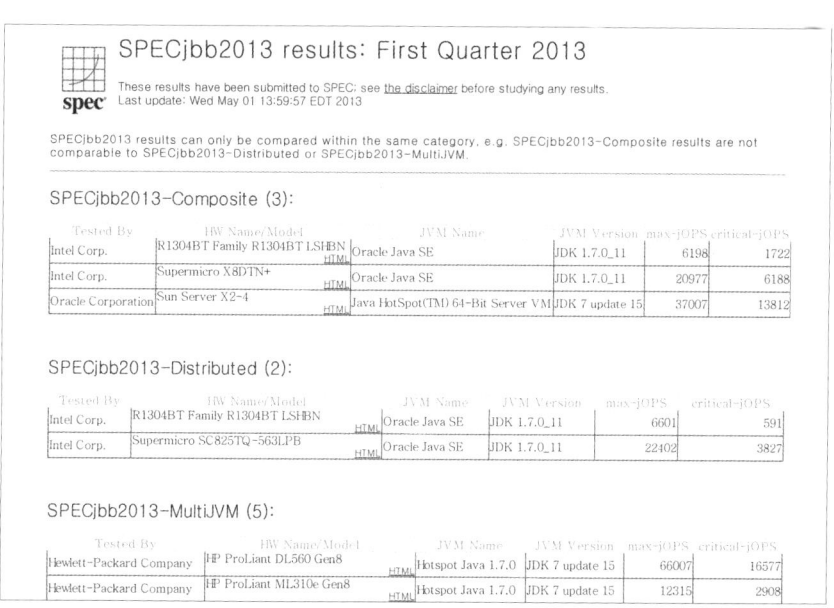

그림 3-4 SPEC JBB2005 벤치마크 결과(2013. 1분기)

TPC^{Transaction Processing Performance Council}는 표준 트랜잭션 성능 평가 업체로서 전통적인 트랜잭션(OLTP, 의사결정 지원, 가상화)의 표준 벤치마크 스키마와 프로세싱 작업을 정의하고 다양한 측정치를 제공한다. 주로 3계층 아키텍처에서 데이터베이스 서버의 용량 산정에 활용된다. OLTP의 경우 TPC-C, 의사결정 지원의 경우 TPC-H, 가상화의 경우 TPC-VMS를 주로 활용한다.

다음은 TPC-C 결과의 예를 나타낸 그림이다.

Rank	Company	System	Performance (tpmC)	Price/tpmC	Watts/KtpmC	System Availability	Database	Operating System	TP Monitor	Date Submitted	Cluster
1	CISCO	Cisco UCS C240 M3 Rack Server	1,609,186	.47 USD	NR	09/27/12	Oracle Database 11g Standard Edition One	Oracle Linux w/Unbreakable Enterprise Kernel R2	Microsoft COM+	09/27/12	N
2	IBM	IBM System x3650 M4	1,320,082	.51 USD	NR	02/25/13	IBM DB2 ESE 9.7	Red Hat Enterprise Linux 6.4 with KVM	Microsoft COM+	02/22/13	N
3	hp	HP ProLiant Blade BL685c G7	1,263,599	.51 USD	NR	05/23/11	Microsoft SQL Server 2005 Enterprise Edition x64 SP3	Microsoft Windows Server 2008 R2 Enterprise Edition x64	Microsoft COM+	05/23/11	N
4	IBM	IBM Flex System x240	1,503,544	.53 USD	NR	08/16/12	IBM DB2 ESE 9.7	Red Hat Enterprise Linux 6.2	Microsoft COM+	04/11/12	N
5	ORACLE	SPARC T5-8 Server	8,552,523	.55 USD	NR	09/25/13	Oracle 11g Release 2 Enterprise Edition with Oracle Partitioning	Oracle Solaris 11.1	Oracle Tuxedo CFSR	03/26/13	N
6	CISCO	Cisco UCS C250 M2 Extended-Memory Server	1,053,100	.58 USD	NR	12/07/11	Oracle Database 11g Release 2 Standard Ed One	Oracle Linux w/Unbreakable Enterprise Kernel R2	Microsoft COM+	12/07/11	N

그림 3-5 TPC-C Top 10 성능 벤치마크 결과(2013년 기준)

위 벤치마크를 바탕으로, 각 하드웨어 업체는 CPU 기준으로 서버의 tpmC 가이드라인을 제공해왔다. 이는 분산 환경의 일반화된 중저가 상용 서버의 설계 및 구성의 수용량 산정에 기반이 되었다.

3.4.2 용량 산정 방식

표준적인 벤치마크를 바탕으로 한국 공공Public Sector 차원에서는 공공부문 정보 시스템의 하드웨어 용량 산정 방식 설정을 위한 실증적 연구에 따르면, 3계층 아키텍처 기반으로 다음과 같은 산정 방식이 확립되어 널리 퍼져 있다.

WEB/WAS 서버용 CPU 산정

WEB/WAS 서버용 CPU 산정 공식은 다음과 같다.

$$CPU = 동시\ 사용자수 \times 사용자당\ 오퍼레이션수 \times (애플리케이션\ 인터페이스\ 부하율\ 보정 + 피크타임\ 부하율\ 보정) \times 여유율$$

다음 표는 WEB/WAS 서버용 CPU 용량 산정 인수를 간략하게 설명한 것이다.

표 3-2 WEB/WAS 서버용 CPU 용량 산정 인수

No.	기준 항목	범위	비고/부하 요인
1	총 사용자수	1~N	파악되거나 예상되는 시스템 총 사용자수
2	동시 접속자수 비율	0.01~0.1	대국민 서비스: 총 사용자의 1~10%, 인트라넷: 총 사용자의 10~50%
3	동시 사용자수 비율	0.05~0.2	동시 접속자 중 웹 트랜잭션을 동시에 발생시키는 사용자 대국민 서비스: 동시 접속자의 5~10% 수준, 인트라넷 : 10~20%
4	애플리케이션 인터페이스 부하율 보정	1.1~1.3	서버가 타서버와 통신하게 될 때 인터페이스에서 발생하는 부하율 10~30%

(이어짐)

No.	기준 항목	범위	비고/부하 요인
5	피크타임 부하율 보정	1.3~2	특정 시간에 업무 집중 시의 부하율 보정 상: 100% 중: 50% 하: 30%
6	SPECweb2005 실환경 보정	1.2~1.3	SpecWeb2005 벤치마크 실환경 적용을 위한 보정 계수(20~30%)
7	컨텐츠 복잡성	1.1~2	DB에 액세스하는 동적 컨텐츠 복잡성
8	미들웨어 연동 부하율	1.1~1.4	웹서버와 미들웨어 연계 보정
9	네트워크 보정	1.1~1.3	네트워크 패킷 지연 부하율 보정 (10%~30%)
10	업무 증가율 보정	1.1~N	향후 연 단위의 업무 증가를 예측 반영 (예: 향후 3년까지 20% 증가 반영 시 보정 계수 = 1.2×1.2×1.2 = 1.7)
11	시스템 여유율	1.3~1.5	시스템의 안정적 운영을 위한 보정율 30~50%
12	요구 동시 사용자 세션수		동시 사용자수×보정 계수
13	구성 노드수	1~N	웹 서버 구성 노드수
14	노드당 요구 동시 사용자 세션수		(요구 동시 사용자 세션수) / 구성 노드수

OLTP용 CPU 산정

OLTP용 CPU 산정 공식은 다음과 같다.

$$CPU = \{(\text{동시 사용자수} \times \text{트랜잭션 처리수}) \times (\text{기본 tpmC 보정} + \text{피크타임 보정} + \text{데이터베이스 크기 보정} + \text{애플리케이션 복잡도 보정} + \text{애플리케이션 부하 보정} + \text{네트워크 보정} + \text{클러스터 보정})\} \times \text{여유율}$$

다음 표 3-3은 위 공식의 인수들을 간략히 정리한 것이다.

표 3-3 OLTP용 CPU 용량 산정 인수

No.	기준 항목	범위	비고/부하 요인
1	동시 사용자수	1~N	파악되거나 예상되는 시스템 총 사용자수
2	동시 접속자수 비율	0.01~0.5	대국민 서비스: 총 사용자의 1~10%, 인트라넷: 총 사용자의 10~50%
3	사용자당 분당 트랜잭션 처리수	1~7	업무의 유형과 복잡도를 감안하여 3~7값을 적용
4	기본 tpmC		분당 평균 요청 트랜잭션수이며, 동시 사용자수×사용자당 분당 트랜잭션 처리수로 계산(1×2)
5	기본 tpmC 보정	1.2~5	TPC에서 제공하는 tpmC 수치와 실환경에 맞게 보정치 적용(OLTP: 1.2~1.5 SAS/DSS: 2~5 분석/시뮬레이션: 5+)
6	피크타임 부하율 보정	1.5~2	특정 시간에 업무 집중 시의 부하율 보정 (약 1.5~2배 적용)
7	데이터베이스 크기 보정	1.1~1.5	DB 크기에 따른 보정치 적용. 일반적으로 30% 적용(10%~50%)

(이어짐)

No.	기준 항목	범위	비고/부하 요인
8	애플리케이션 구조 보정	1.1~2	1,2,3 Tier 차이에 따른 보정, LAN, WAN 구간에 따른 응답시간 차이에 따라 구조 보정치 적용, 일반적으로 40%(10~100%)
9	애플리케이션 부하율 보정	1.1~2.2	온라인 작업을 수행하는 피크타임에 배치작업 등이 동시에 이뤄지는 경우를 감안하여 고려한 보정치 일반적으로 70% 적용(30~120%)
10	네트워크 보정	1.1~1.3	네트워크 패킷 지연 부하율 보정 (10%~30%)
11	업무 증가율 보정	1.1~N	향후 연 단위의 업무 증가를 예측 반영 (예: 향후 3년까지 20% 증가 반영 시 보정 계수 = 1.2×1.2×1.2 = 1.7)
12	시스템 여유율	1.3~1.5	시스템의 안정적 운영을 위한 보정율 30~50%
13	클러스터 부하율	1~1.5	클러스터 구성일 경우 엔진 처리에 따른 부하율 보정 (액티브 스탠바이: 30%, 액티브-액티브: 50%)
14	총 요구 tpmC		(기본 tpmC×총 보정 계수)
15	구성 노드수 (클러스터 여부)	1~N	가용성 및 업무 분산을 위하여 클러스터로 구성할 경우의 액티브 노드수(RAC의 경우)
16	요구 tpmC/노드		총 요구 tpmC/구성 노드수

메모리 산정

메모리 산정 공식은 다음과 같다. 공식에 사용된 인수는 표 3-4를 참고한다.

$$메모리 = \{시스템 영역 + (사용자수 \times 사용자당 필요 메모리)\} \times 버퍼 캐시 \times 여유율$$

표 3-4 메모리 용량 산정 인수

No.	기준 항목	비고/부하 요인
1	시스템 영역	OS, DBMS 엔진, 미들웨어 엔진, 기타 유틸리티 등의 소요 공간
2	시스템 관리자 영역	시스템을 운영할 때 시스템 관리자가 활용하는 영역
3	사용자수	시스템을 사용하는 총 사용자수
4	사용자당 필요 메모리	애플리케이션, 미들웨어, DBMS의 사용에 필요한 사용자당 메모리
5	버퍼캐시	디스크 I/O 횟수를 줄이기 위한 버퍼캐시 크기
6	클러스터 보정	두 대의 시스템이 하나의 클러스터로 구성될 때, 하나의 시스템에 장애가 발생할 경우 다른 시스템의 예비율의 업무가중에 대비한 보정치
7	여유율	예기치 못한 상황이나 업무 확장에 대한 여유율

시스템 디스크 산정

시스템 디스크 산정 공식은 다음과 같다. 공식에 사용된 인수는 표 3-5를 참고한다.

시스템 디스크 = (응용 S/W 영역 + 시스템 OS 영역 + 스왑 영역) × 여유율

표 3-5 시스템 디스크 용량 산정 인수

No.	기준 항목	비고/부하 요인
1	시스템 OS 영역	운영체제와 시스템소프트웨어 등을 위한 영역
2	응용 S/W 영역	미들웨어, DBMS, 응용 S/W, 각종 유틸리티를 포함한 영역
3	스왑 영역	스와핑(Swapping)을 위한 작업공간
4	여유율	안정적인 데이터 관리를 위한 공간

데이터 디스크 산정

데이터 디스크 산정 공식은 다음과 같다. 공식에 사용된 인수는 표 3-6을 참고한다.

데이터 디스크 = {(데이터 영역 + 백업 영역) × RAID 여유율} × 여유율

표 3-6 데이터 디스크 용량 산정 인수

No.	기준 항목	비고/부하 요인
1	데이터 영역	데이터 설치 영역
2	백업 영역	전산 장비의 고장 등 불의의 사고에 대비해 파일이나 데이터베이스를 복사해 두는 영역
3	RAID 영역	RAID 디스크가 도입될 경우 패리티 영역
4	여유율	안정적인 데이터 관리를 위한 공간

3.4.3 용량 관리 방식

앞서 소개한 표준 벤치마크 자료들은 초도 산정 시 참고자료로 활용해 다양한 업계, 조직의 업무 관행에 따라 피크 수용량을 산정하고 여유율을 덧붙여 서비스 중단을 방지하는 것이 목적이다. 용량 산정 공식도 이 책에서는 공공부문만을 소개하고 있으나 업계, 시스템 특성에 맞게 다양한 모델이 사용되고 있다. 현업에서는 이러한 공식과 실 측정 자원 사용량에 따라 용량 계획을 생성, 변경하고 적용한다.

실제 운영 단계에서는 수요의 증감에 따라 시스템 규모의 확장, 축소 등 변경이 불가피하다. 따라서 변경에 대응하기 위해 운영 성능/용량 베이스라인을 확립하고 관리한다. 서버 확장의 경험적 관행Thumb Rule이라 부를 수 있는 지표의 기준은 다양하다. 일반적으로 CPU 사용량은 60~70%, 메모리 사용량 60~80%, 로드 평균Load Average이 시스템 규모와 CPU 코어 수에 따라 2~16정도로 적용된다.

이러한 용량 관리 방식은 기본적으로 타임 박싱Time Boxing, 큐잉Queueing 이론과 피크타임에 기반하고 있기 때문에 피크타임이 아닌 대부분의 경우 하드웨어 사용률Utilization이 굉장히 낮다.

3.4.4 기존 용량 관리 방식의 문제점

기존 용량 관리의 문제점을 정리해보면 다음과 같다.

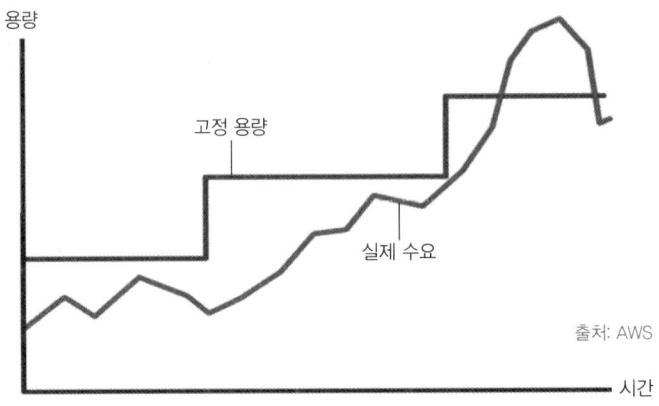

그림 3-6 고정 용량과 실제 수요 그래프

기존의 고정 용량 계획 방식은 실제 수요와 많은 차이가 있다. 앞서 언급한 것처럼 실제 수요를 예측하기가 힘들기 때문에 예상되는 피크치를 중심으로 미리 계획하여 용량을 준비해 놓는 방식이었다. 이에 따라 다음 그림과 같이 용량이 낭비되는 문제가 발생한다.

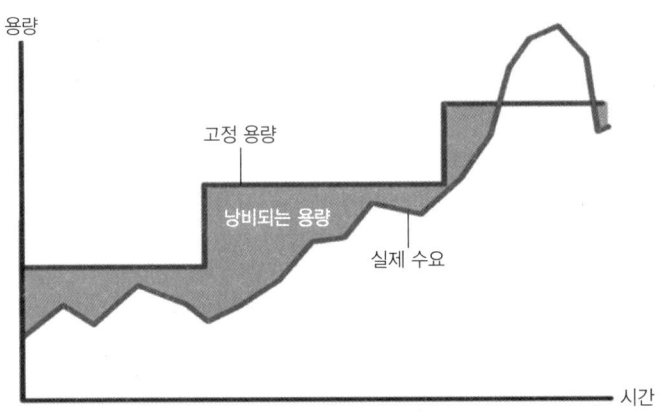

그림 3-7 낭비되는 용량

그림 3-7과 같이 기존의 용량 관리 방식을 사용하면 미리 계획해 놓은 용량이 피크타임 기준이기 때문에 낭비되는 용량이 생기며, 이는 이러한 용량 관리 방식의 고질적인 문제다.

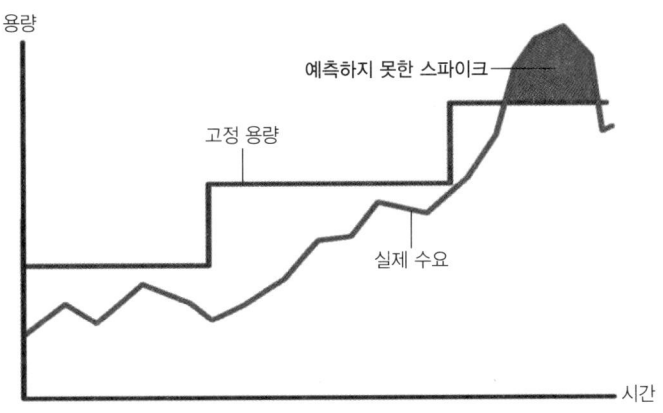

그림 3-8 예측하지 못한 스파이크

다음으로, 그림 3-8과 같이 예측하지 못한 스파이크에 대응하지 못한다는 문제가 있다. 미리 준비해 둔 한정된 용량이 정보 시스템이나 비즈니스 수요를 감당하지 못하여 발생하는 문제로 시스템 접속 단절, 거부, 나아가서는 시스템 장애, 시스템 붕괴에 이를 수도 있다.

3.5 클라우드 용량 관리

클라우드 용량 관리는 가상머신 수용량을 파악한 후 애플리케이션 TOP API를 분석하는 것에서부터 출발한다. 클라우드 자체의 신속한 프로비저닝 기능을 이용해 확장, 감축을 최대한 자동화하거나 자동 증감 모델을 채택할 수도 있다.

3.5.1 가상머신 수용량과 애플리케이션 TOP API 분석

클라우드 용량 관리는 수요에 탄력적으로 대응한다는 개념에서 출발하였다. 3.4절에서 소개한 기존의 용량 산정 계획 테크닉과 프로세스 자산을 활용하려면, 먼저 서비스에 따른 요구 함수부터 분석해야 한다. 그런 다음 클라우드 가상머신의 CPU 벤치마크에 따라 적절한 수용량 가이드라인을 매핑하고, 수용량을 예측해 예산을 산정한다. 프로젝트 검증 단계에서는 실제 벤치마크를 통해 주요 API별 리소스 활용량을 파악한다. 가장 가능성이 높은 실제 시나리오에 대한 동시 사용자 접속을 계산해 초기 베이스라인을 형성하는 것을 추천한다.

가장 가능성이 높은 실제 시나리오에 맞는 주요 API 자원 사용량을 파악하는 실제 테스트를 강조하는 데는 이유가 있다. 베어 메탈 하드웨어의 경우 비교적 정확한 업체들의 tpmC 가이드라인을 가상머신에 그대로 적용할 수는 없기 때문이다. AWS의 경우 가상 CPU에 대한 벤치마크 가이드라인을 공개한다. 하지만 가상 단위로 파악하고 참고자료로만 활용해야 한다. AWS의 공식적 입장은 가상머신의 수용량 가이드라인을 공개하지 않는 것이 원칙이다. 왜냐하면 관련 단일 SLA를 제시할 수 없는 오차(5~10%) 때문이다. 이는 기반 가상화 소프트웨어가 KVM이든, Xen 하이퍼바이저든, 반가상화 서버든

간에 이기종 하드웨어와 가상머신이 모두 함께 존재하는 환경에서 어찌보면 당연한 일이다.

예를 들어 AWS의 가상머신 인스턴스 종류와 CPU 단위는 다음과 같다.

표 3-7 AWS 가상머신 인스턴스 종류

인스턴스 종류	ECU (아마존 가상 CPU 단위)	Virtual cores 개수(/proc/cpuinfo 정보)	Physical cpu (/proc/cpuinfo 정보)
Small(m1.small)	1	1	Dual-Core AMD Opteron(tm) Processor 2218 HE 2.6GHz
Large(m1.large)	4	2	Dual Core AMD Opteron(tm) Processor 270 2.0GHz
Extra Large(m1.xlarge)	8	4	Dual-Core AMD Opteron(tm) Processor 2218 HE 2.6GHz
High-CPU Medium(c1.medium)	5	2	Intel(R) Xeon(R) CPU E5345 @ 2.33GHz
High-CPU Extra Large(c1.xlarge)	20	8	Intel(R) Xeon(R) CPU E5345 @ 2.33GHz
High-Memory Extra Large(m2.xlarge)	6.5	2	Intel(R) Xeon(R) CPU X5550 @ 2.67GHz
High-Memory Double Extra Large(m2.2xlarge)	13	4	Intel(R) Xeon(R) CPU X5550 @ 2.67GHz
High-Memory Quadruple Extra Large(m2.4xlarge)	26	8	Intel(R) Xeon(R) CPU X5550 @ 2.67GHz

※ ECU는 아마존에서 1ECU를 기준으로 상대적인 값으로 측정한 것이다(아마존에서는 1ECU = 1 core 1.0-1.2GHz 2007 Opteron or 2007 Xeon processor로 정의).

기존 조직의 용량 관리 프로젝트 자산을 최대한 활용하는 차원에서, 위 가상머신 인스턴스 타입의 ECU 단위에 대응하는 독자가 속한 조직 선호 하드웨어 업체의 tpmC 자료를 매핑해 가상 tpmC를 도출할 수 있다. 여기에서는 Sun 서버를 활용했으나 이렇게 도출된 tpmC는 참고자료로만 활용해야 한다.

3.5.2 요구 함수 분석과 용량 관리 베이스라인 설정

사용자 요구 함수의 분석은 다양한 통계 모형을 활용할 수 있다.

비즈니스 수요 분포를 예측한 후에는, 다음과 같은 수요 변화에 대응하기 위해 주요 API와 가장 가능성 있는 시나리오를 선정한다. 그런 후에 자원 사용량에 따른 테스트를 통해 용량 관리 베이스라인을 설정한다.

- 예측 가능한 수요 변화
- 예측 불가능한 급격한 수요 변화
- 점증적 수요 변화

> 참고   관련 통계 모형에 대한 내용은 이 책의 범위가 아니므로 생략한다.

클라우드 용량 관리에서는 예측 불가능한 수요에도 대응할 수 있도록 아키텍처를 설계할 수 있는 탄력성이 있다. 이러한 예측 불가능한 급격한 수요의 변화는 다음 절에서 살펴볼 자동 증감 방식을 통해 대응할 수 있다. 예측 가능한 수요 변화와 점증적 수요 변화는 기존 용량 관리 방식을 그대로 활용하여 대응할 수 있다. 나아가 클라우드 자체의 신속한 프로비저닝 기능을 이용해 확장과 감축을 최대한 자동화할 수 있다.

3.6 자동 증감을 사용한 용량 관리 자동화 구축 방식

앞서 3.3절에서 언급한 확장 기준에 따라 서버의 수평 확장Scale Out, 수직 확장Scale Up, 축소Scale Down를 자동 증감 방식에서는 자동으로 증설 또는 감축할 수 있다. 자동 증감 방식을 사용하면 기본적으로 예측 가능한 수요 변화, 예측 불가능한 수요 변화, 그리고 점증적인 수요 증감에 대한 대응 속도가 빨라진다.

자동 증감 방식을 사용할 때 간과하지 말아야 할 점은 서버 확장 지표의 설정과 통지 방식, 확장 그룹 설정, 배포된 애플리케이션과 서버 이미지의 변경/구성 관리다.

AWS를 예로 들어 보자면 현재 제공되는 AWS의 자동 증감 API는 저수준으로 제공된다. 또한 배포된 애플리케이션과 서버 이미지의 변경이 잦은 경우는 리스크가 크고 실효성이 낮은 편이다. 즉, 현재로서는 앞서 도입부에 예시한 3번 용례 시나리오에 맞게 개발된 API라 볼 수 있다. 기준 지표는 CPU 사용량이 주로 사용된다. 아직 성숙도가 낮기 때문에 다양한 문제점들이 발견되고 있다. 자동 증감 서버 그룹내 하나의 서버를 다양한 운영 상황 내 정지하거나 재시작하는 경우, 지표상 문제점이 발견되기 때문에 자동 증감 프로세스가 시작돼 신규 서버가 생성될 수도 있다. 저자는 프로젝트의 변경 관리 특성과 요구사항에 맞게 다른 솔루션을 선택하고 필요한 경우 커스텀 개발을 진행할 것을 권장한다.

각 조직의 요구사항에 맞춰 커스텀 개발이 필요한 경우 관리 솔루션을 추가로 사용할 수 있다. 하이브리드 모델의 서버 이미지 자동 증감 관리를 제공하는 라이트스케일RightScale이나 스칼라Scalr가 그 선두 주자라 할 수 있다.

예를 들어 라이트스케일을 사용해 AWS의 EC2 서버 그룹을 자동 증감 방식으로 설정하고 관련 스크립트를 작성해 연동할 수 있다. 이러한 기본적인 자동 증감 설정 단계는 하나의 모범 사례로 활용할 수 있다. 또는, 이러한 모범 사례를 활용하여 커스텀 개발을 선택할 수도 있다. 이때 분산처리 시스템의 일괄 관리와 이벤트 메시징을 돕는 주키퍼^{Zookeeper}나 다양한 메시지 큐를 활용할 수 있다.

> 참고 주키퍼와 메시지 큐의 활용은 에이콘 출판사의 『클라우드 컴퓨팅 구현 기술』(2010)을 참고한다. 또는 해당 제품의 웹 사이트 http://zookeeper.apache.org와 http://www.rabbitmq.com을 참고한다.

커스텀 개발 시 다음과 같이 표준화된 분산 시스템 자동 확장 처리 절차와 이벤트 통지 등에 주의한다.

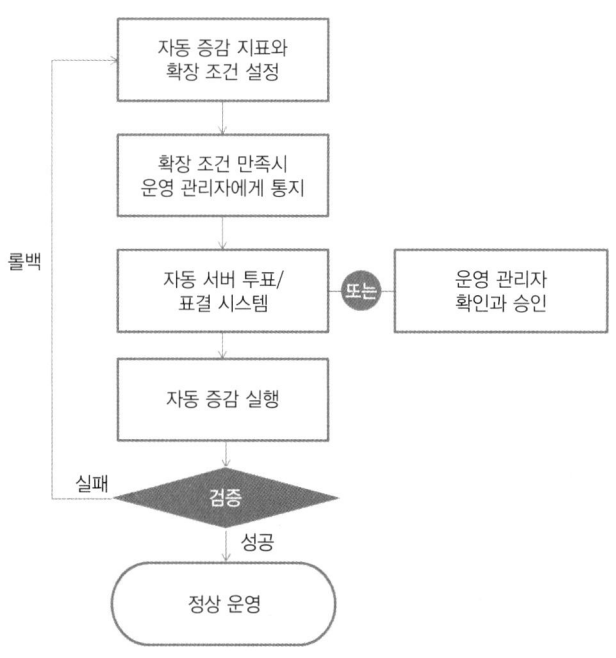

그림 3-9 분산 시스템 자동 증감 처리 절차

3.7 요약

이 장에서는 클라우드 자원 용량 관리를 위한 이론적인 기반을 되짚어보고 자동 증감 모델의 절차를 살펴보았다. 이는 용량 관리의 목적, 대상, 표준 프로세스에서부터 관리 메트릭과 베이스라인, 확장 기준 등을 포괄하는 내용이다. 또한, 기존 국내 업계에서 사용하던 용량 관리와 계획 방법과 이를 바탕으로 진화된 클라우드 용량 관리 방식, 나아가 클라우드 자동 증감 아키텍처를 사용한 용량 관리 자동화 구축 방식을 살펴보았다.

4장

클라우드 아키텍처 설계

클라우드를 결정짓는 기술적 핵심 요소는 분산 가상화 환경, 이기종 멀티모델의 연합, 강력한 보안, 네트워크 네 가지로 요약할 수 있다.

이 장에서는 사일로화된 IT 자원 활용에서 서비스로서의 IT, 즉 클라우드로 전환하는 아키텍처 전략을 기반으로 클라우드 아키텍처를 설계할 때 주의해야 할 원칙과 고려사항, 주요 패턴과 참조 아키텍처들을 살펴본다.

4.1 아키텍처 설계 원칙

클라우드 아키텍처를 설계할 때 가장 중요한 것은 비즈니스 전략에 따라 합리성을 추구하는 것이다. 따라서 기본적인 접근법은 리스크 관리를 기반으로 현재 상태를 분석해 향상된 성숙도를 보이는 미래의 상태로 발전시키기 위해 필요한 것들을 도출하고 구현해 나가는 것이라 할 수 있다.

조직내 IT 부서에서는 정보 자산을 관리하고 서비스화하여 제공하는 데 있어 경영 목표를 달성하는 데 도움이 되고, 이에 맞게 전략을 세우는 것을 최우선으로 해야 한다. 이때 라이선스나 지원 비용 절약과 같은 단기적인 절감 효과를 1차 목표로 프로젝트를 시작할 수도 있다.

4.1.1 표준화

클라우드 아키텍처 설계의 첫 번째 원칙은 표준다. 고객이 원격지에서 인터넷을 통해 접근하여 서비스를 사용할 인터페이스, 그리고 개발자들이 조직과 프로젝트 환경이 변하더라도 무리없이 협업할 수 있는 개방형 인터페이스를 만드는 것이다. 이는 상호작용의 핵심 요건이다. 표준화된 인터페이스를 통한 이해 관계자, 즉 클라우드 서비스 제공자, 클라우드 서비스 소비자의 역할을 독립적으로 분리하여 서비스의 효율성을 최대화할 필요가 있다.

표준화된 인터페이스는 단순해야 하고, 범용적이어야 하며, 저수준의 상세한 구현 방식이나 내용을 알 필요가 없어야 한다. 그 이상은 클라우드 서비스 소비자의 몫이다.

4.1.2 최적화

표준화된 인터페이스 아래 최대한 최적화해야 한다. 최적화의 대상은 시스템의 성능과 가용성 등 서비스의 품질과 직결된 기능뿐 아니라 비기능적 요건도 포함된다. 이것이 두 번째 아키텍처 설계 원칙이다. 이를 위해서는 '잘 정의된 명세'가 필요하다. 또한, 데이터베이스, J2EE, 이중화 스토리지, 대체 작동 시스템과 같이 '잘 정의된 구성요소'를 조합해 대상 클라우드 서비스를 최대한 효율적으로 구현해야 한다. 저수준 기술 아키텍처와 도구의 선택은 표준과 요건을 만족하는 한 자유롭고 개방적이어야 한다. 조직과 프로젝트 환경에 변동이 있더라도 그 영향을 최소화할 수 있는 것이어야 한다. 클라우드 환경에서 최적화의 원칙은 반드시 가상화, 통합, 관리 자동화를 포함해야 한다.

가상화의 핵심은 추상화에 있으며, 객체지향적 관점에서 계층을 분리하는 것이다. 이에 따라 자원 풀은 요청하는 사람에게 보이지 않으며 동적으로 필요에 따라 변경될 수 있어야 한다. 필요에 따라 자원을 재구성하는 것은 가상화의 핵심 요건 중 하나다. 다음 그림은 시스템을 구성하는 계층별 가상화의 대상과 요건에 대해서 나타낸 것이다.

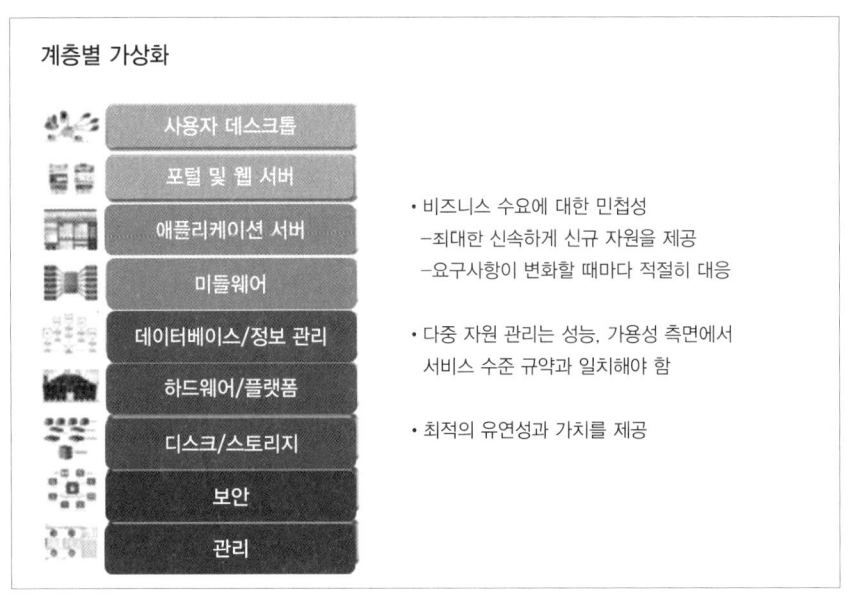

그림 4-1 계층별 가상화 대상과 요건

관리 자동화를 위해서는 모범 사례 적용, 관리 통합과 단순화, 관리 규모 최적화, 구성과 변화 관리를 병행해야 한다. 이러한 관리 자동화를 위해서 활용할 수 있는 모범 사례로는 수십년간 업계의 사실상 표준으로 자리잡아 온 ITIL V3, COBIT, ISO/IEC 20000 등이 있다.

통합은 분할된 자원을 하나로 묶고 자원 활용을 효율화하여 비용을 절감하려는 것이다. 이는 워크로드의 특성이나 그 지원 기술, 애플리케이션의 특성에 좌우된다. 예를 들어, 버전이 다른 분산된 데이터베이스에서 수행 중인 애플리케이션을 통합하기 위해 CPU 가상화를 활용하여 가상화된 단일 하드웨어 서버 풀에 애플리케이션을 올리는 것도 리스크가 적은 통합 솔루션 중 하나라고 볼 수 있다. 이러한 통합 수준은 관리 능력이나 조직의 성숙도, 역량에 따라 다르게 정의될 수 있다.

최적화는 비즈니스 민첩성으로 연결되며, 비용 절감과 조직의 비즈니스 전략 수행에 긍정적인 영향을 미친다.

4.1.3 공유된 서비스/클라우드 컴퓨팅

세 번째 원칙은 비용 절감을 위해 공유된 서비스를 레버리지할 수 있어야 한다는 것이다. 이 원칙에 있어서는 공유된 서비스에서의 보안이나 멀티테넌시 등 기술적 사항도 중요하다. 하지만 서비스 제공자와 소비자간 프로세스와 계약을 정의하고 관계를 원활하게 유지하는 것이 더 중요하다. 재무적 모델, 계약 프로세스, 프로비저닝, 변화 관리, 모니터링과 문제 해결 프로세스 등을 현대화하여 서비스로의 IT로 전환하는 것이다. 이와 같은 거버넌스에 초점을 둔 공유 서비스의 활용은 클라우드 컴퓨팅 아키텍처 설계의 제3원칙이다.

위와 같은 원칙에 입각해 미래의 발전된 형태로 아키텍처를 설계하려면 현재 상태의 아키텍처와 미래 목표 아키텍처를 파악해 정의할 수 있어야 한다. 다음 그림은 점진적인 아키텍처의 이관과 혁신을 가시화한 것이다.

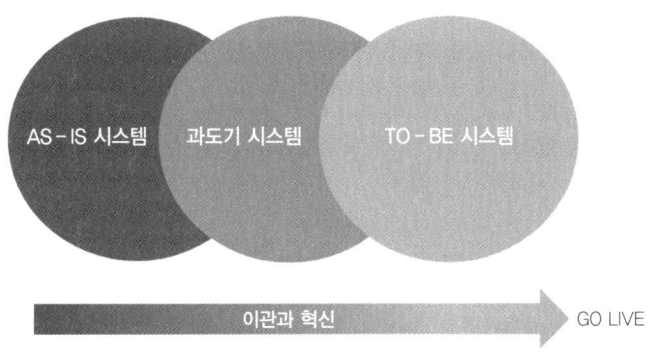

그림 4-2 아키텍처의 진화

이와 같은 아키텍처의 혁신을 위해서는 먼저 현재의 기술 포트폴리오를 작성해 비즈니스 아키텍처에 매핑한다. 이는 곧 비즈니스 역량, 프로세스, 요건에 대응하여 최대한 보유한 자산을 활용할 수 있도록 하기 위한 것이다.

다음으로는 기술적 표준을 정의한다. 일의 범위에 맞는 개방형 표준을 정의하는 것이다. 그리고 기술적 원칙을 정의한다. 가상화, 통합, 관리 자동화와 관련된 부분이 반드시 들어가야 한다. 조직의 성숙도에 따라 기술 포트폴리오의 정성적/정량적 평가를 내린다. 평가 범주는 전략적 가치의 지원 정도, 비즈니스 역량과 프로세스 관점의 기능적 부합, 아키텍처 원칙과 표준에 대한 준수, 리스크와 총 소유비용 등을 포함한다. 이와 같은 평가를 토대로 미래의 목표 아키텍처를 완성하기 위해 취해야 할 행동들을 정의할 수 있다. 예를 들어 활용 수준이 낮은 자산에 대한 폐기 방침, 고가치 자산에 대한 관리 현대화, 중복된 자산의 제거, 기업 표준에 맞는 자산의 정의, 거버넌스 효율화 등이 있다.

4.2 주요 클라우드 설계 시 고려할 사항

기존 머신 기반 아키텍처에서는 장애가 대부분 하드웨어나 운영체제에서 일어났다. 따라서 대부분의 고가용성 엔지니어링은 장애 방지를 위해 이중화된 하드웨어와 운영체제를 제공하는 데 초점을 맞추고 있었다. 예를 들면, 클러스터 애플리케이션 서버, 마스터/슬레이브 데이터베이스 복제, 이중화 네트워크 카드, RAID 스토리지 디스크 어레이 등 장애가 발생할 수 있는 구성요소를 이중화하는 테크닉이 주로 사용됐다.

머신 기반 아키텍처란 전통적인 데이터 센터나 코로케이션 설비내에 구축된 물리와 가상머신을 총칭한다. 이런 아키텍처는 하드웨어와 소프트웨어 시스템의 수직적 집합이라 간주될 수 있다. 따라서 수직적 시스템 집합의 한 부분, 즉 애플리케이션이나 머신 인스턴스에 장애가 일어나더라도, 다른 노드나 이중화된 다른 부분이 애플리케이션을 지속적으로 수행시킬 수 있는 논리적인 아키텍처를 구축할 수 있다. 이런 유형의 아키텍처는 전통적인 데이터 센터와 애플리케이션 기반 구조에 적절하다. 대부분의 장애가 하드웨어나 리소스 기반이며, 클러스터내 단일 노드로 분리될 수 있다.

기업내 클라우드 컴퓨팅을 도입하면서 맞이하는 가장 큰 기술적 전환 중 하나는 서비스를 제공하는 클라우드 설계 방식이다. 전통적인 데이터 센터는 애플리케이션 서버, 데이터베이스와 같은 단일 구성요소 런타임 설비를 제공한다. 이들은 논리적 클러스터에 함께 묶여 멤버십을 이룬다. 클라우드 아키텍처에서는 스토리지, 영구적인 데이터 저장, 런타임 의존성과 같은 것들을 추상화하는 데 초점이 맞춰져 있다.

또한, 높은 수준의 멀티테넌시와 확장성을 지원하는 것이 중요하다. 따라서 이런 요구사항들을 만족시키기 위해서는 클라우드 기반 아키텍처가 논리적 서비스들의 수평적 계층의 집합으로 구성될 필요가 있다. 그리하여 애플리케이션을 구성하는 구성요소의 패브릭을 형성한다. 이러한 수평적 계층은 하드웨어 인스턴스가 아니라, 클라우드 인프라에 의해 제공되는 서비스 영역이다. 이를테면 UI 계층, 비즈니스 로직 계층, NoSQL 데이터 계층, RDBMS 데이터 계층 등이다.

이런 수평적 서비스의 패브릭이 사실상 클라우드 기반 애플리케이션의 거의 무제한적인 확장성과 온 디맨드 서비스, 성능과 비용 효율성을 가능하게 한다. 하지만, 이러한 구조의 변화는 애플리케이션에 발생하는 장애 유형에도 많은 변화를 가져온다. 하드웨어의 수직적 집합으로 이뤄진 노드에 발생하는 장애가 아니라, 하나 이상의 수평적 패브릭에서의 장애를 동반한다. 이 경우 기존의 이중화 접근법과 다른 접근법을 통해 장애를 방지하는 아키텍처를 설계해야 한다.

다음의 설계 고려사항들은 클라우드 컴퓨팅의 장애 방지와 고가용성, 성능에 근본적으로 영향을 미칠 수 있는 것들이다. 이후 장에서 성능, 가용성, 보안 관점에서 좀 더 상세한 수준으로 다룬다.

4.2.1 다중 구역

클라우드 컴퓨팅에서 구역^{Zone}의 의미는 물리적으로 서로 고립된 클라우드 컴퓨팅 자원의 그룹으로 볼 수 있다. 아마존 웹 서비스의 경우에는 가용 구역이라 지칭한다. 이는 애플리케이션이 배치될 수 있는 이중화된 클라우드 컴퓨팅 설비를 제공한다. 클라우드에서 장애 방지를 위한 가장 효율적이고 적절한 설계 방식은 애플리케이션 구축에 다중 구역을 활용하는 것이다. 클라우드에서의 장애는 애플리케이션이 속해 있는 구역에서 제공되는 서비스 모두에 영향을 미칠 수 있다. 예를 들어 아마존 웹 서비스의 미국 동부 가용 구역에 있는 데이터베이스 서비스 전체가 완전히 다운돼 고객들이 사용할 수 없게 될 수 있다. 이런 사고는 실제로 2011년 4월, 그리고 2012년 7월 발생하여 아마존 웹 서비스를 이용하여 서비스를 하고 있던 포스퀘어, 넷플릭스, 인스타그램 등의 서비스에 영향을 미쳤다. 서비스가 여러 다중 구역에 걸쳐 분산돼 있다면 하나의 구역이 장애를 겪더라도 다른 구역으로 대체 작동이 가능하여 지속적으로 서비스할 수 있다.

이러한 접근법은 애플리케이션이나 구성 방식을 복잡하게 만들지만 클라우드 컴퓨팅에서 가장 흔하게 발생하는 장애를 효과적으로 방지할 수 있다. 이러한 접근법을 적용하기 위해서는 서비스 소비자들이 동적으로 다른 클라우드 서비스 종단점에 접근할 수 있어야 한다.

4.2.2 분산 데이터 관리 플랫폼

오리클 코히런스Coherence와 같은 분산 데이터 관리 플랫폼, 혹은 분산 캐시 플랫폼은 클라우드 기반 아키텍처에서 점점 일반화되고 있다. 분산 데이터 관리 시스템은 확장성이 굉장히 높고, 지연 시간이 짧으며 분산되어 있고, 복제된 데이터 시스템이다. 이러한 시스템들은 데이터를 메모리내에 상주하는 정도의 속도로 접근할 수 있게 설계되며, 자동으로 샤딩되거나 글로벌하게 데이터를 복제할 수 있어 클러스터링을 통해 대규모로 확장하는 방식을 제공한다.

이러한 분산 캐시는 사용자 경험 수준을 끌어올리기 위해 다음과 같은 다양한 방식으로 사용된다.

글로벌 데이터 복제

지리적으로 분산된 다중 구역을 사용하는 데 있어 가장 큰 문제는 모든 구역에서 데이터를 사용할 수 있어야 한다는 것이다. 지리적으로 거리가 먼 위치에 있는 데이터베이스 호출은 시간과 비용이 많이 든다. 그래서 주로 취하는 방법은 가용 구역간 데이터를 복제하는 방식이다. 하지만 이런 방식은 데이터 동기화 시간 간격에 따라 특정 시점에 각 구역의 데이터 버전이 달라진다. 따라서 지속적으로 많은 양의 데이터를 복제할 필요가 있다.

이런 문제를 해결하기 위해서 분산 캐시를 활용하여 샤딩 아키텍처를 구축한다. 샤딩 아키텍처를 구축하면 거대한 클러스터내 데이터 집합이 소규모로 분산돼 각 노드에 장애가 일어나더라도 전체 데이터 집합이 다시 재구성될 수 있도록 할 수 있다. 이는 구역간 복제되는 데이터의 규모를 작게 할 수 있다는 뜻이며, 로컬에서는 항상 완전한 데이터 집합에 접근할 수 있다.

이벤트 기반 아키텍처

오늘날의 다양한 클라우드 기반 애플리케이션은 최종 사용자 애플리케이션이나 기타 외부 애플리케이션과 같은 클라이언트 애플리케이션에 전달되는 이벤트 기반 통지 방식을 필요로 한다. 예를 들어 페이스북이나 포스퀘어 같은 소셜 네트워크 애플리케이션은 사용자에게 친구가 신규 메시지나 덧글을 달았을 때 이를 알려줄 필요가 있다. 이런 요구사항을 만족시키는 일반적인 방법은 주기적으로 업데이트를 위해 서버측 자원을 폴링하는 메커니즘을 포함할 수 있다. 이런 폴링 작업은 서버측 자원에 굉장한 부담을 줄 수 있으나 클라이언트에 즉각적으로 대응할 수 있다. 예를 들어 오라클 코히런스는 이러한 필요성을 해결하기 위해 지속적인 조회 기능을 제공한다. 클라이언트가 하나의 질의문을 코히런스에 등록하고, 그 질의문의 결과가 달라질 때마다 코히런스가 고객에게 통지를 한다. 이는 서버측 자원에 추가로 부담되는 폴링 부하를 줄여준다.

클라이언트 캐싱과 오프라인 접근

현대적인 클라우드 기반 애플리케이션은 다양한 최종 사용자 상호작용 채널을 제공해야 한다는 요구사항이 있다. 예를 들면 다양한 비즈니스 애플리케이션이 동시에 웹 브라우저, 태블릿, 모바일 장비, 구글 크롬북과 같은 씬 클라이언트, 그리고 기타 씩 클라이언트를 지원해야 한다. 이런 장비들은 자주 오프라인 모드에 들어가고 대역폭이 낮은 네트워크 연결을 사용하곤 한다. 이는 곧 애플리케이션 설계시 클라우드 자원을 제한하거나 저속의 접근을 고려해야 한다는 뜻이다.

분산 캐시 플랫폼은 이런 제약 사항을 해결하는 데 도움이 될 수 있다. 예를 들어 코히런스는 샤딩된 클러스터링 메커니즘을 제공하기 때문에 애플리케이션 데이터의 로컬 캐시를 제공할 용도로 클라이언트 장비에 노드 하나를 설치할 수도 있다. 클라이언트는 이런 로컬 캐시를 통해 오프라인에도 애플리케이션 데이터에 접근할 수 있고, 클라이언트가 온라인이 되거나 고대역폭 연결을 사용하게 될 때 캐시가 업데이트될 수 있다.

4.2.3 허용 수준의 성능저하

분산된 클라우드 기반 애플리케이션에서는 그 시스템의 일부 장치나 서브시스템에 장애나 오동작이 나타날 수 있다. 이러한 장애의 영향은 시스템 전체에 영향을 미쳐서는 안 된다. 따라서 시스템 전체가 다운되지 않도록 시스템을 축소 구성하여 지속적으로 서비스를 제공할 수 있는 사용자 허용 수준의 성능저하 Graceful Degradation가 이뤄져야 한다. 심지어 사이트 전체에 띄우는

"일시적으로 사용할 수 없습니다"라는 메시지도 기피 대상이다. 예를 들어 음악 스트리밍 서비스에서 보유한 플레이리스트를 일부 조회할 수 없다 하더라도 트랙이나 앨범 구매 기능은 계속 사용할 수 있는 등 일시적인 성능저하는 있을 수 있으나 서비스는 계속되어야 한다.

4.2.4 비동기 메시징

비동기 메시징은 이미 일반화된 기본적인 설계 원칙이다. 이는 시스템 구성요소와 상호작용 시 느슨한 결합$^{loose-coupling}$을 적용하고 수행시간이 긴 프로세스가 사용자 경험에 영향을 미치지 않도록 해 준다.

동일한 원칙이 클라우드 기반 애플리케이션에도 적용된다. 클라우드 애플리케이션은 기본적으로 논리적으로나 지리적으로나 분산된 형태다. 또한 전형적으로 수많은 클라이언트에게 서비스를 해야 한다. 분산 구성요소 간 적절히 비동기 메시징을 하는 것은 다른 구성요소에 불필요하게 의존하여 가용성에 영향을 미친다. 또한 종단점들이 긴밀하게 결합돼 네트워크의 지연시간에 사용자 경험이 영향받는 것을 방지할 수 있다. 비동기 메시징이 사용될 때에 메시지 저장소 등을 활용해 메시지가 장애 시에도 복원되거나 재전송되게 할 수 있다.

4.2.5 서비스 일관성과 지속성

고객은 의도적으로 어떤 순서에 따라 서비스를 호출하지 않아도 원하는 결과를 필요할 때마다 쉽고, 안전하고, 일관성 있게 얻을 수 있는 기본 단위의 서비스를 가지고 클라우드 애플리케이션을 구축할 수 있다. 이는 트랜잭션이 필요한 서비스일 때 특히 중요하다. 서비스에 장애가 발생할지라도 이런 일관적이고 지속적인 기본 단위의 서비스를 활용하면 최소한의 기능에만 영향을 미칠 수 있다. 클라우드내 다른 구역에서 동일한 기본 단위 서비스를 호출하더라도 그 결과는 일관성을 유지해야 한다.

4.3 개념적 참조 아키텍처 모델

그림 4-3은 클라우드 컴퓨팅의 요구사항, 용례, 특성, 표준 등을 고려하여 참여당사자 중심으로 나타낸 개념적 아키텍처 참조 모델이다. 클라우드 컴퓨팅의 아키텍처 모델은 조직에 따라 다양하게 구성될 수 있으나 이 책에서는 범조직적으로 필수적인 요소들만을 골라 개발된 NIST의 표준화된 개념 참조 아키텍처 모델을 차용한다.

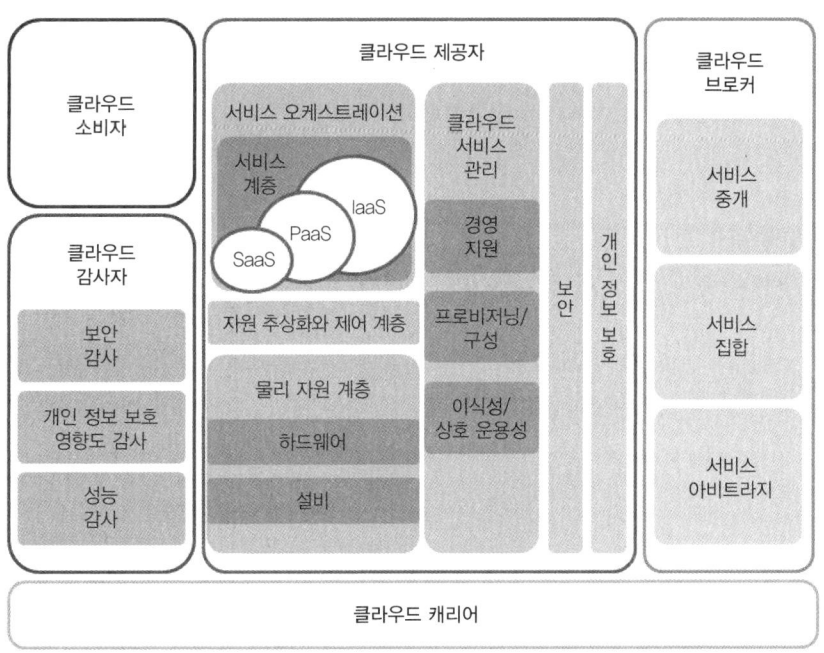

그림 4-3 NIST 클라우드 개념 아키텍처 참조 모델

위 그림의 NIST에서는 클라우드 컴퓨팅에서 어떤 정의된 프로세스나 작업을 수행하는 다섯 가지 주요 참여 당사자를 중심으로 핵심 요소를 표시했다. 먼저 핵심 참여 당사자로는 클라우드 소비자와 클라우드 제공자가 있다.

클라우드 소비자는 클라우드 제공자의 서비스를 사용하고 비즈니스 관계를 맺는 당사자로 정의할 수 있다. 클라우드 제공자는 클라우드 서비스를 생성, 제공, 운영하는 당사자로 정의한다. 그림에 표시한 클라우드 서비스 제공자내 아키텍처 요소들은 크게 네 가지로 나뉜다. 클라우드 서비스의 핵심적인 특성이라 할 수 있는 강력한 자원 프로비저닝 기능의 대상이 되는 서비스 오케스트레이션 컴포넌트는 물리 자원 계층, 자원 추상화와 제어 계층 위에 서비스 계층을 포함한다. 다음으로 서비스 관리 요소는 경영 지원과 프로비저닝, 구성 자동화, 이식성, 상호 운용성을 주요 특성으로 한다. 그 외 보안과 개인 정보 보호 요소가 있다.

클라우드 감사자는 클라우드 서비스와, 정보 시스템 운영, 클라우드 서비스 구현의 성능과 보안 요소를 감사하는 역할을 한다. 클라우드 브로커는 클라우드 제공자와 클라우드 소비자 사이에서 클라우드 서비스 제공을 중개하고 다양한 관계를 조정, 협의하는 역할을 담당한다. 클라우드 브로커는 크게 세 가지 비즈니스 모델을 갖고 있는데 서비스 중개, 서비스 집합, 서비스 아비트라지가 포함된다. 클라우드 서비스 중개 모델은 IDM$^{Identity\ Management}$ 혹은 접근 관리 기능을 추가, 부가 가치를 창출하는 클라우드 서비스를 제공하는 중개자 역할을 하는 형태이며, 서비스 집합 모델은 여러 클라우드 서비스를 한 데 묶어 상호작동할 수 있고 보안성을 높인 멀티클라우드 서비스를 제공하는 형태다. 마지막으로 클라우드 서비스 아비트라지는 동일한 문제를 해결할 수 있는 다양한 유사 서비스에 대한 포트폴리오를 확보하여 유연성과 수익성을 높인 아비트라지 효과를 노린 형태다.

끝으로 클라우드 캐리어는 클라우드 제공자와 소비자간 클라우드 서비스의 연결과 운송을 담당하는 통신 중개자 역할을 한다. 이는 보통 네트워크나 통신 사업자들을 지칭한다.

4.4 클라우드 서비스 제공자 참조 아키텍처 컴포넌트

4.4.1 서비스 오케스트레이션

서비스 오케스트레이션은 클라우드 소비자에게 제공하는 컴퓨팅 자원의 배치, 조정과 관리를 지원하는 시스템 컴포넌트의 집합을 일컫는다. 그림 4-4는 클라우드 서비스를 프로비저닝할 때 토대가 되는 컴포넌트 집합의 일반적인 스택을 나타낸다.

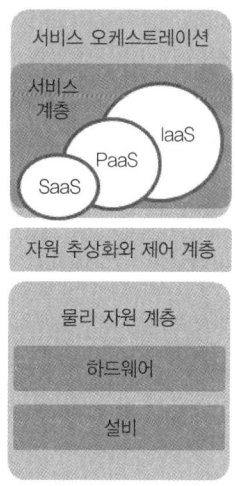

그림 4-4 서비스 오케스트레이션

그림 4-4는 클라우드 서비스 제공을 위한 3계층 모델을 나타낸다. 먼저 서비스 계층은 컴퓨팅 서비스에 클라우드 소비자가 접근하기 위한 인터페이스를 정의하는 계층이다. 여기에서는 IaaS, PaaS, SaaS의 세 가지 서비스 모델의 접근 인터페이스가 주어진다. 서비스 모델의 필수 구성 요건은 아니나 IaaS 위에 PaaS가, PaaS 위에 SaaS가 함께 구성될 수도 있다. 위 그림에서는 이와 같은 서비스 모델간의 의존 관계를 암시한다.

중간 계층은 자원 추상화와 제어 계층인데, 이 계층은 소프트웨어 추상화를 통해 물리적인 컴퓨팅 자원에 대한 접근을 제공하고 관리하는 데 사용되는 시스템 컴포넌트를 포함한다. 이 자원 추상화와 제어 계층에 속하는 컴포넌트의 예로는 하이퍼바이저, 가상머신, 가상 데이터 스토리지, 그리고 기타 컴퓨팅 자원 추상화 요소를 들 수 있다. 자원 추상화는 기저 물리 컴퓨팅 자원의 효율적이고 안전하며 신뢰성 있는 활용을 보장할 필요가 있다. 이 계층에서 가상머신 기술이 일반적으로 쓰이기는 하지만, 소프트웨어 추상화를 제공하는 기타 다른 수단을 사용하는 것도 가능하다. 이 계층의 제어 측면은 자원 할당, 접근 제어와 사용량 모니터링을 담당하는 소프트웨어 컴포넌트를 포함한다. 이는 수많은 밑단의 물리 컴퓨팅 자원과 그 소프트웨어 추상화 형태를 묶어 자원 풀링, 동적 할당, 측정 서비스를 할 수 있도록 하는 소프트웨어 패브릭이다. 다양한 오픈소스와 상용 클라우드 소프트웨어가 이와 같은 미들웨어 형태를 띠고 있다.

이 스택의 최하단 계층은 물리 자원 계층으로, 모든 물리 컴퓨팅 자원을 포함한다. 이 계층은 컴퓨터(CPU와 메모리), 네트워크(라우터, 방화벽, 스위치, 네트워크 링크, 인터페이스), 스토리지 컴포넌트(하드 디스크)와 기타 물리 컴퓨팅 인프라 요소를 포함한다. 이 뿐만 아니라 냉난방, 환기, 공기조화를 포함하는 공조 설비HVAC, heating ventilation and air conditioning, 전원, 통신, 기타 물리 플랜트의 설비 자원을 포함하기도 한다.

이에 따르는 시스템 아키텍처 규칙은 계층화와 같은 의존 관계를 나타내는 모델이다. 즉, 상위 계층의 컴포넌트가 제대로 된 기능을 제공하려면 인접한 하위 계층의 컴포넌트에 의존해야 한다. 자원 추상화와 제어 계층은 가상 클라우드 자원을 물리 자원 계층 상단에서 제공한다. 서비스 계층에서는 이러한 가상 클라우드 자원을 활용하여 클라우드 소비자에게 노출되는 클라우드 서비스 인터페이스를 지원한다. 이때, 클라우드 소비자는 물리 컴퓨팅 자원에 직접 접근할 수 없다.

4.4.2 클라우드 서비스 관리

클라우드 서비스 관리는 클라우드 소비자에게 필요한 서비스를 관리하고 운영하는 데 사용되는 모든 서비스 관련 기능을 아우른다. 그림 4-5에서 나타낸 바와 같이 클라우드 서비스 관리는 경영 지원, 프로비저닝과 구성, 이식성과 상호 운용성 요구사항 측면에서 설명할 수 있다. 이 세 부분의 세부 구성 요소들은 이어지는 세부 항목에서 설명한다.

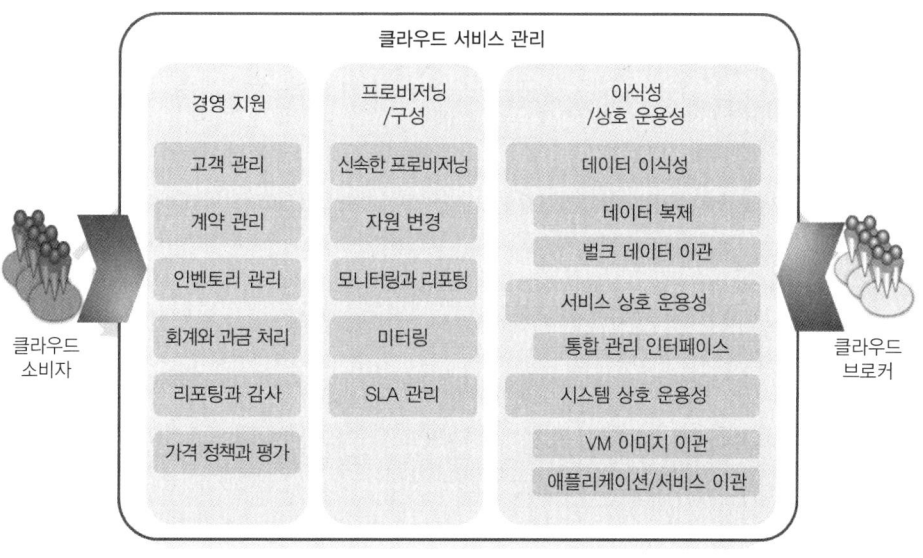

그림 4-5 클라우드 서비스 관리

경영 지원

경영 지원은 고객과 지원 프로세스를 처리하는 비즈니스 관련 서비스의 집합을 포함한다. 이는 고객과 인접한 비즈니스 작업을 수행하는 데 사용되는 컴포넌트들이다.

- **고객 관리**: 고객의 계정과 생성, 휴면, 삭제 등 계정 관리와 관련한 작업, 사용자 프로파일 관리, 연락처 등을 제공하여 고객 관계를 관리하고, 문제를 해결하는 컴포넌트
- **계약 관리**: 설정, 협상, 종료, 파기 등의 서비스 계약 관리 컴포넌트
- **인벤토리 관리**: 서비스 카탈로그를 설정하고 관리하는 컴포넌트
- **회계와 과금**: 고객 과금 정보를 관리하고, 청구서를 발행하며, 지불 프로세스를 관리하고 송장을 추적하는 일련의 활동을 담당하는 컴포넌트
- **리포팅과 감사**: 사용자 작업을 모니터링하고, 보고서를 생성하는 컴포넌트
- **가격 정책과 평가**: 클라우드 서비스를 평가하고 가격 정책을 결정하며, 사용자 프로파일에 따라 프로모션과 가격 정책을 조정하는 컴포넌트

프로비저닝과 구성

클라우드의 근본적인 핵심 구성요소는 자원 프로비저닝이라 볼 수 있으며, 프로비저닝의 대상인 컴퓨팅 자원의 구성을 관리하는 것도 클라우드 서비스 관리의 핵심이라 할 수 있다.

- **신속한 프로비저닝**: 요청된 서비스와 자원, 역량, 기능을 토대로 클라우드 시스템을 자동으로 배치한다.
- **자원 변경**: 클라우드 시스템내 신규 노드가 새로 합류하거나, 구성 노드의 유지보수 또는 업그레이드될 때 자원의 구성과 할당을 조정한다.

- **모니터링과 리포팅**: 가상 자원을 식별하고, 모니터링하고, 클라우드 작업과 이벤트를 모니터링하며 성능 보고서를 생성한다.
- **미터링**: 스토리지, 대역폭, 활성 사용자 계정과 같은 서비스 유형에 따라 적합한 추상화 수준에 맞는 미터링 기능을 제공한다.
- **SLA 관리**: QoS 요건을 포함한 SLA 계약의 정의, SLA 모니터링과 선정의된 정책에 따른 SLA 준수 기능을 포함한다.

이식성과 상호 운용성

클라우드 컴퓨팅의 확산은 기술 인프라뿐 아니라 소프트웨어 발전 속도를 향상시키는 데 있어 전반적인 비용 절감을 가져왔다. 2017년까지 74%의 비즈니스 애플리케이션이 클라우드로 이전될 것이라는 예측이 지배적인 상황이다. 하지만, 클라우드 컴퓨팅의 도입은 클라우드가 어떻게 보안, 이식성과 상호 운용성에 대한 사용자의 문제를 해결해 나가는지에 따라 달라질 것이다. 이 절에서는 이식성과 상호 운용성에 대한 요구사항을 설명하고, 다음 절에서는 보안성에 대해 설명한다.

이식성 관점에서 볼 때, 클라우드 마이그레이션을 앞둔 다양한 조직에서는 저비용으로 서비스 중단 없이 멀티클라우드 환경에 데이터나 애플리케이션을 이관할 수 있는지가 최대 관심사다. 상호 운용성의 관점에서는, 이러한 멀티클라우드간 통신할 수 있는 역량이 최대 관심사다.

클라우드 제공자는 데이터 이식성, 서비스 상호 운용성과 시스템 이식성을 지원하는 메커니즘을 제공해야 한다. 데이터 이식성이란 클라우드 소비자가 클라우드 내외로 데이터 객체를 복사하거나 대량 데이터 전송을 위해 디스크 등을 활용하는 능력이다. 서비스 상호 운용성은 통합 관리 인터페이스를 통해 여러 클라우드 제공자의 데이터와 서비스를 활용하는 클라우드 소비자의 능력이다. 시스템 이식성은 서로 다른 클라우드 제공자 간에 중지된 가상머신 인스턴스나 시스템 이미지의 이동을 허용하거나, 애플리케이션, 서비스와 콘텐츠를 이관할 수 있도록 한다.

다양한 클라우드 서비스 모델은 이식성과 상호 운용성 관점에서 요구사항이 다를 수 있다는 점에 주의해야 한다. 예를 들어, IaaS는 신규 클라우드에 데이터를 이관하고 애플리케이션을 실행할 수 있는 능력을 필요로 한다. 그에 따라 가상머신 이미지를 캡쳐해 다양한 가상화 기술을 사용하는 신규 클라우드 제공자로 이관해 간다. 이런 경우 특정 제공자에만 특화된 가상머신 이미지의 확장 기능은 포팅 시 제거하거나 따로 기록해 두어야 한다. SaaS의 경우에는 초점이 데이터 이식성에 맞춰져 있으므로 반드시 표준 형식으로 데이터를 추출하거나 백업해야 한다.

4.4.3 보안

보안은 물리 보안에서부터 애플리케이션 보안에 이르기까지 참조 아키텍처 모델의 모든 계층에 걸쳐 꼭 필요한 필수 요소다. 클라우드 서비스에서의 책임 분리 모델은 근본적으로 보안과 컴플라이언스에 대한 책임을 클라우드 제공자, 소비자뿐 아니라 관련된 참여 당사자가 모두 공유하는 형태다. 클라우드 기반 시스템은 인증, 인가, 가용성과 기밀성, IDM, 무결성, 감사, 보안 모니터링, 사고 대응 및 보안 정책 관리 등과 같은 보안 요구사항을 만족시킬 필요가 있으며, 이는 클라우드 소비자의 책임이다. 이러한 보안 요구사항은 새로운 것은 아니지만 클라우드 환경에 맞는 시각으로 논의돼야 한다.

클라우드 서비스 모델 관점

앞서 살펴본 클라우드 컴퓨팅의 정의내 세 가지 서비스 모델(IaaS, PaaS, SaaS)은 소비자에게 다양한 유형의 서비스 관리 동작과, 클라우드 시스템으로의 다양한 접점을 나타낸다. 곧 다양한 악의적인 공격의 진입 경로를 생성한다. 따라서, 보안 설계와 구현에 있어 클라우드 서비스 모델과 그 관련 이슈의 영향을 고려하는 것이 중요하다. 예를 들어, SaaS는 사용자에게 일반적으로 웹 브라우저를 통해 인터넷을 거치는 네트워크 연결을 사용하여 클라우드 서비스로의 접근성을 제공한다. 이에 따라 SaaS는 클라우드 시스템 보안 고려사항 중 웹 브라우저 보안에 중점을 두어 왔다. IaaS에서는 클라우드 소비자에게 호스트상의 하이퍼바이저에서 실행되는 가상머신이 제공되고, 따라서 가상화 기술을 사용하는 클라우드 제공자는 가상머신 분리를 위한 하이퍼바이저 보안을 집중적으로 연구해 왔다.

클라우드 배치 모델에서의 이슈

앞 절에서 논의한 클라우드 배치 모델의 다양성은 여러 가지 보안 문제도 생성해낸다. 이러한 배치 모델 관점에서 보안 문제를 살펴보는 한 가지 방법은 배치 모델내 테넌트의 격리 수준을 파악하는 것이다. 프라이빗 클라우드는 하나의 소비자 조직에게만 전용된 클라우드 서비스이지만, 퍼블릭 클라우드 서비스는 하나의 인프라를 불특정다수와 함께 공유하는 클라우드 서비스 모델이다. 따라서 워크로드 분리는 프라이빗 클라우드보다 퍼블릭 클라우드에서 더 중대한 보안 문제를 야기한다.

클라우드 배치 모델이 보안에 미치는 영향을 분석하는 또 다른 방법은 접근 경계의 개념, 즉 경계 보안의 개념을 사용하는 것이다. 예를 들어 온 사이트 프라이빗 클라우드는 클라우드 소비자 조직의 사설 네트워크 경계 내에서 클라우드 서비스를 제공하는 경우 클라우드 경계상에서 추가적인 경계 컨트롤러를 필요로 하지 않을 수도 있으나, 아웃소싱되는 프라이빗 클라우드는 그러한 경계 보안을 클라우드 경계상에서 반드시 제공해야 한다.

공유 보안 책임

클라우드 제공자와 소비자는 클라우드 시스템내 컴퓨팅 자원에 대해 서로 다른 수준의 제어권을 갖고 있다. 기존의 전형적인 IT 시스템에서는 하나의 조직이 컴퓨팅 자원의 전체 스택에 대한 통제권을 갖고 시스템의 전체 생명주기에 대한 책임을 진다. 하지만 클라우드에서는 클라우드 제공자와 소비자들이 협력하에 클라우드 기반 시스템을 설계, 구축, 배치, 운영한다. 제어의 분리는 클라우드 기반 시스템에 적절한 보안을 제공하는 책임을 공유한다는 의미가 된다. 보안은 서로 공유해야 하는 책임이자 의무다. 보안 시행 규칙은 어떤 참여 당사자가 해당 구현을 맡아야 하는지 분석해야 할 필요가 있다.

이러한 분석은 클라우드 제공자와 소비자간 제어 수준이 서비스 모델에 따라 달라지기 때문에, 서비스 모델 관점에서도 이뤄져야 한다. 예를 들어, IaaS 시나리오에서 초기 시스템 관리자를 위한 계정 관리 규칙은 일반적으로 IaaS 제공자가 수행하지만, IaaS 환경에 배치된 애플리케이션을 위한 애플리케이션 사용자 계정 관리는 제공자의 책임이 아니다.

4.4.4 개인 정보 보호

클라우드 제공자는 클라우드 내에서 개인 정보와 개인을 식별할 수 있는 정보를 보호할 책임이 있다. 이는 수집, 처리, 교환, 사용, 폐기에 이르는 개인 정보의 전 생명주기에 걸쳐 적절하게 관리해야 할 책임이 있다는 뜻이다.

개인을 식별할 수 있는 정보는 개인의 이름, 주민 번호, 생체 정보처럼 개인의 정체성을 식별하거나 추적하는 데 사용될 수 있는 정보다. 이러한 정보는 악의적인 목적을 위해 독립적으로, 혹은 여러 종류의 정보가 함께 사용될 수 있다. 클라우드 컴퓨팅이 비록 공유 자원, 소프트웨어와 정보에 대해 유연한 솔루션을 제공한다. 하지만, 클라우드를 사용하는 소비자에게 개인 정보 관련 문제가 발생할 수 있다.

4.5 요약

이 장에서는 기본적인 클라우드 아키텍처 설계 원칙을 살펴보고, 주요 설계 고려사항들을 정리했다. 또한, 개념적인 아키텍처 참조 모델을 통해 참여 당사자를 식별하고 주요 요소를 살펴봤다. 이 개념적인 아키텍처 참조 모델에서, 특히 클라우드 서비스 제공자 참조 아키텍처 부분에는 IaaS, PaaS, SaaS를 포괄하는 참조 아키텍처 컴포넌트를 계층화하여 보여 주었다.

5장

고가용성 중심의
아키텍처 설계

클라우드 환경 내에서 고가용성을 달성하기 위한 전략과 전술에 따라, 클라우드 서비스를 위한 고가용성 문제 중심의 아키텍처 설계 패턴, 도구, 기법 등을 살펴본다. 또한 클라우드 개념이 재해 복구 계획과 사이트 운영 방식을 어떻게 바꿔 놓았는지 정리해본다.

일반적으로 고가용성을 달성하는 가장 쉬운 방법은 다음 세 가지 전략을 고려하는 것이다.

- 다중 애플리케이션 서버와 부하 분산
- 데이터베이스 혹은 스토리지 이중화
- 여러 지리적 위치에 대한 서비스 배치

전술적인 측면에서 보면 크게 세 부분으로 나뉠 수 있다.

- **장애 탐지**: 핑, 에코, 핫빗, 예외 사항 등으로 파악
- **복구 준비, 수정, 복원**: 투표 시스템, 활성화된 이중화, 수동적 이중화, 예비 시스템, 섀도 시스템, 복원, 롤백 등
- **방지**: 서비스와 클러스터에서 제거, 트랜잭션화, 프로세스 감시 등

고가용성을 달성하는 전략과 전술에 따른 클라우드 서비스를 위한 고가용성 중심의 아키텍처 설계 패턴, 도구, 기법 등을 살펴보자.

5.1 서비스 부하 분산과 자동 대체 작동

클라우드 컴퓨팅 자원은 하나 이상의 동일한 자원을 여러 개 추가해 클라우드 컴퓨팅 자원의 멤버십을 만들고, 이들 간 워크로드를 균등하게 배분할 수 있는 로드 밸런서load balancer를 통해 수평으로 확장할 수 있다. 이는 일종의 대체 작동Failover 시스템을 활성화된 형태로 구성하는 것으로도 볼 수 있다. 이와 같은 워크로드 분배 아키텍처는 부하 분산 알고리즘을 바탕으로 IT 자원의 과잉 활용과, 활용 부족 문제를 해결해준다. 또한, 멤버십을 형성함으로써 어느 한 멤버에 이상이 생겼을지라도 동시에 활성화돼 있는 다른 멤버는 사용할 수 있기 때문에 사용자 허용 수준의 일시적인 성능저하가 일어날지라도 서비스는 계속된다. 이렇게 활성화된 대체 작동 시스템은 로드 밸런서의 기능으로 구성할 수 있고, 로드 밸런서는 등록된 서버의 장애를 핫빗 등으로 감지하여 자동으로 대체 작동시킬 수 있다.

서비스 부하 분산이란 이러한 워크로드 분배 아키텍처의 일종이라 할 수 있다. 클라우드 서비스의 이중화 배치가 생성될 때는 동적으로 워크로드를 분배하기 위해 부하 분산 시스템, 즉 로드 밸런서가 함께 추가된다. 호스트 서버들이 워크로드 자체의 균형을 이룰 수 있도록 로드 밸런서가 외부, 혹은 내장 컴포넌트로서 위치하고, 이중화된 클라우드 서비스 애플리케이션 서버들이 자원 풀 내에서 조직화된다. 이와 같은 부하 분산은 4장의 고수준 설계 원칙에서 간략하게 다룬 다중 가용 구역에 적용할 수 있다. 클라우드 환경의 가상화 특성을 고려할 때 물리 계층 관점에서 분리된 가용 구역을 기본 단위로 설정하여, 다중 가용 구역에 걸쳐 부하 분산과 자동 대체 작동 아키텍처를 적용하는 것은 이제 클라우드 환경의 고가용성을 위한 필수적인 설계 패턴이 되었다.

나아가, 예상되는 워크로드의 양과 호스트 서버 환경의 처리 용량에 따라 각 클라우드 서비스 애플리케이션 서버의 다중 인스턴스가 자원 풀을 구성하는 멤버십으로 생성될 수 있다. 이는 변동하는 요청량에 훨씬 더 효과적으로 대응할 수 있도록 한다. 이와 같이 탄력적으로 추가 및 확장될 때에는 투표 시스템을 도입해 자동화할 수 있다. 멤버십내의 멤버들이 확장이 필요한지 여부를 투표하는 것이다. 자동으로 축소할 때에도 그 절차는 동일하다.

로드 밸런서는 클라우드 서비스와 그 호스트 서버들에 독립적으로 위치하거나, 혹은 애플리케이션이나 서버 환경의 일부로 내장될 수 있다. 후자의 경우, 주 서버는 부하 분산 로직을 활용하여 워크로드를 분산시키기 위해 이웃 서버들과 통신할 수 있다. 로드 밸런서는 하드웨어 기반 로드 밸런서가 있고, 소프트웨어 기반 로드 밸런서가 있다. 연계하여 작동하는 OSI 계층 측면에서 보면 L2, L3, L4, L7 등의 계층에서 작동하는 다양한 로드 밸런서와 스위치가 있다.

그림 5-1은 이와 같은 로드 밸런서의 개념을 그림으로 나타낸 것이다.

그림 5-1의 (a)는 독립 로드 밸런서를 나타낸다. 로드 밸런서를 통해 부하가 분산된다. 이 로드 밸런서는 웹 프록시 서버와 같이 소프트웨어 기반일 수도 있고, 하드웨어 기반일 수도 있다.

그림 5-1의 (b)는 애플리케이션 서버가 부하 분산 기능도 수행하여, 주 서버와 보조 서버 형태로 구성된다.

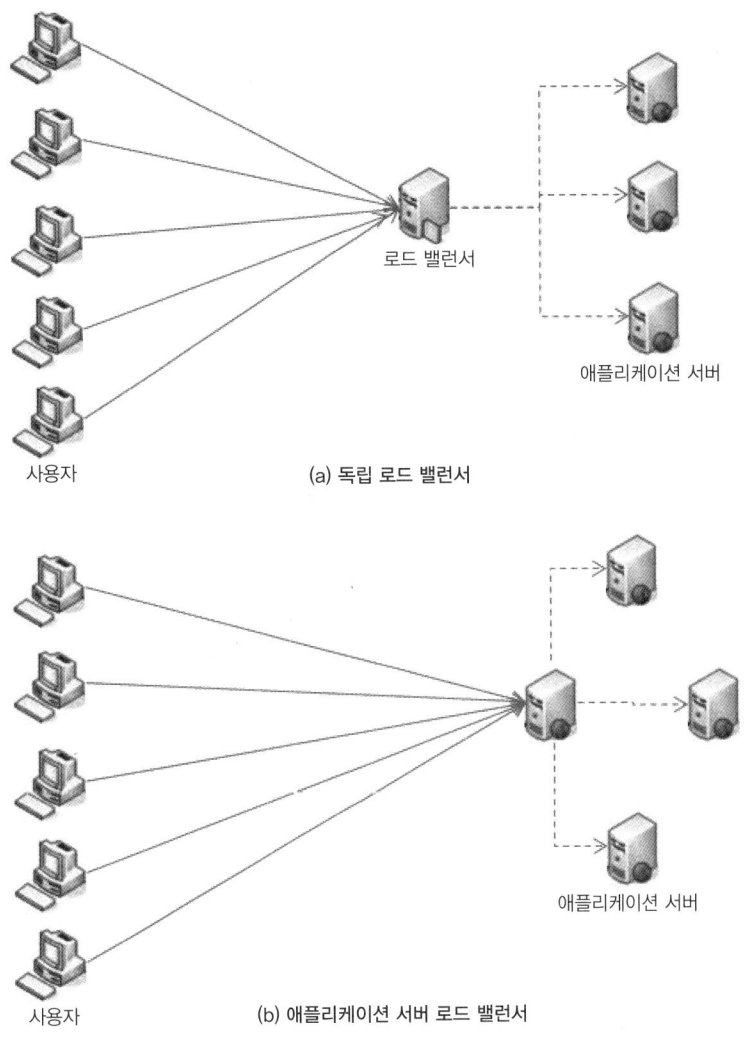

그림 5-1 서비스 부하 분산과 로드 밸런서

5.2 무중단 서비스 재배치와 GSLB

클라우드 서비스 사용자가 보낸 요청은 클라우드 서비스가 사용할 수 없는 상황일 때 처리되지 못하는데, 이는 곧 예외적인 상황을 초래하여 SLA를 만족시키지 못할 수 있다. 클라우드 서비스를 사용할 수 없는 상황에는 다음과 같은 예가 있다.

- 런타임 사용자 수요가 처리 용량을 초과하며, 확장이 일어날 수 없는 경우
- 일시적인 다운타임이 필요한 유지보수 작업을 수행하는 경우
- 다중 구역에 걸쳐 구성한 서버에 전부 장애가 일어나 서비스를 전혀 처리할 수 없는 경우

무중단 서비스 재배치 아키텍처는 선정의된 이벤트 발생 시, 자동으로 런타임에 클라우드 서비스를 복제, 또는 이관하여 다운타임을 방지하는 시스템을 구성한다. 이는 비용이나 다양한 이유로 인해 재해 복구 센터를 따로 마련할 수 없는 경우에 유용하게 사용된다. 이는 이중화된 서버를 활용하여 클라우드 서비스를 확장 혹은 축소하는 대신에, 일시적으로 신규 호스트에 복제된 애플리케이션을 배치함으로써 클라우드 서비스 활동이 런타임에 또 다른 호스팅 환경으로 우회될 수 있다.

이 아키텍처의 핵심적인 특성은 기존의 클라우드 서비스가 비활성화되거나 제거되기 전에 신규 클라우드 서비스가 클라우드 서비스 소비자의 요청을 성공적으로 수용하거나 대응할 수 있도록 보장한다는 것이다. 일반적인 접근방법은 클라우드 서비스를 제공하는 전체 가상 서버 인스턴스를 실시간 VM 이관 프로그램이 이관하도록 하는 것이다.

이와 같이 이관이 일어나 서비스가 재배치될 때, 로드 밸런서나 프록시 웹 서버를 통해 일시적으로 클라우드 서비스 사용자의 요청을 재전송할 수 있다.

전혀 다른 지역에 있는 범 클라우드 서비스 규모의 재배치가 일어날 때는 글로벌 서버 로드 밸런서GSLB를 사용할 수도 있다. 글로벌 서버 로드 밸런서는 다중 데이터 센터를 구성하여 DNS 기반으로 부하 분산 기능을 제공하는 트래픽 제어 장치다. 다중 데이터 센터를 구성할 때 두 번째, 세 번째 데이터 센터는 지리적인 이유로 실시간 VM 이관을 실행할 시간적, 물리적 여건이 부족해 백업이나 대기 클라우드 서비스 사이트로 미리 예비할 수도 있다. DNS에 등록된 물리 서버의 주소 갱신에 걸리는 시간은 글로벌 가용성을 기준으로 최대 하루 정도 걸린다. 다음 그림은 다양한 지리적 위치에 있는 데이터 센터를 잇는 GSLB를 나타낸 것이다.

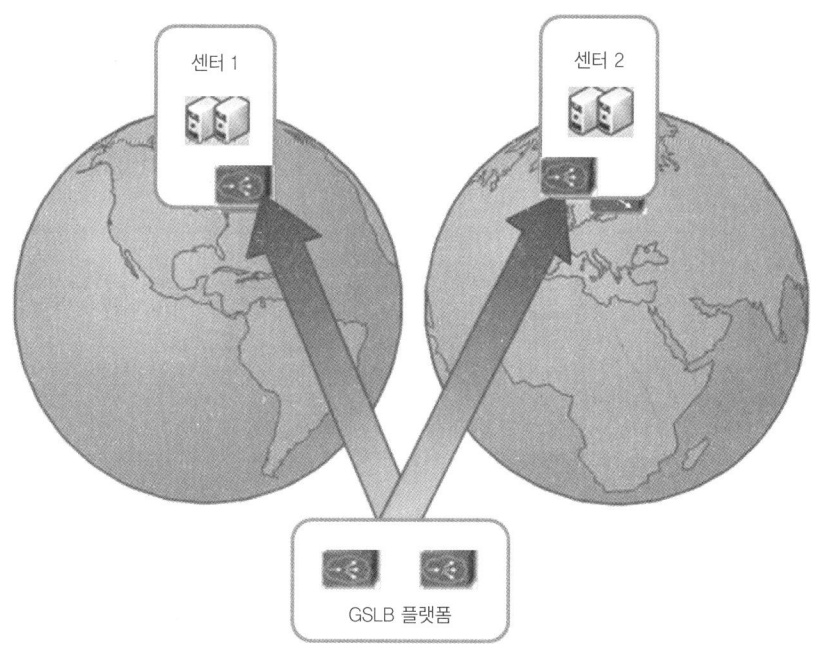

그림 5-2 GSLB 플랫폼

5.3 동적 확장

동적 확장 아키텍처는 변동하는 수요에 대응하여 자원 풀의 멤버십에 자동으로 신규 클라우드 컴퓨팅 자원을 추가하는 아키텍처 설계 패턴이다. 동적 할당은 사용 수요 변화에 따라 할당되는 사용 용량이 달라지도록 하며, 이는 사람의 수동적인 개입 없이도 불필요한 컴퓨팅 자원은 자동으로 회수되고, 필요한 컴퓨팅 자원은 자동으로 할당될 수 있어야 하기 때문이다.

이러한 동적 확장은 수평으로, 또는 수직으로 일어날 수 있고, 용량이 다른 가진 호스트에 재배치될 수도 있다. 자동 확장을 위해 멤버십 내에서 앞서 5.1절에서 언급한 투표 시스템을 형성할 수도 있다.

- **동적 수평 확장**: 사용 요청을 감시하다 처리 용량을 초과하는 경우에는 자원 복제를 시작하여 자원 풀에 멤버를 하나 추가하고, 로드 밸런서에 등록한다.
- **동적 수직 확장**: 단일 컴퓨팅 자원, 단일 머신의 처리 용량을 수정해야 할 필요가 있을 때, 해당 머신의 메모리를 동적으로 추가하거나 프로세스 코어를 동적으로 추가할 수 있다.
- **동적 재배치**: 컴퓨팅 자원이 더 큰 용량을 가진 호스트에 재배치된다.

그림 5-3은 동적 수평 확장의 절차를 나타낸 것이다.

자동 확장이 필요한지 여부를 감시하는 자동 확장 리스너가 사용자의 요청을 감시하고 있다가, 사용자의 요청이 처리 용량 임계치에 도달하면 동적으로 신규 컴퓨팅 자원을 복제하여 자원 풀 멤버십에 추가하고, 이를 로드 밸런서에 등록한다.

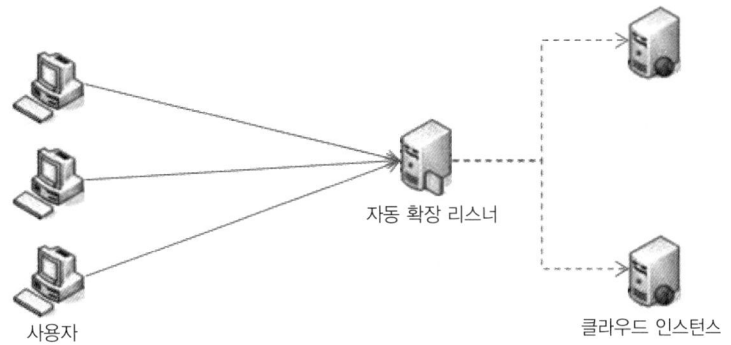

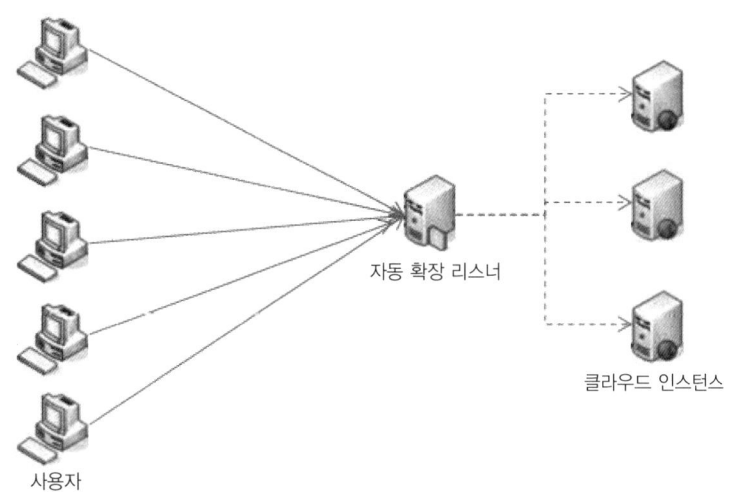

그림 5-3 동적 수평 확장 절차

이와 같은 동적 확장 아키텍처를 기반으로 탄력적인 용량 관리가 이뤄져야 한다. 탄력적인 용량 관리에 대한 자세한 내용은 3장 클라우드 자원 용량 관리에서 다뤘으므로 이 절에서는 생략한다.

5.4 이중화 스토리지

클라우드 스토리지 장치는 네트워크 연결상의 문제, 컨트롤러나 일반 하드웨어의 장애, 보안 사고에 의해 발생한 장애와 중단에 영향을 받는다. 클라우드 스토리지 장치의 신뢰성이 무너지면, 해당 스토리지 장치에 그 가용성을 의존하고 있는 클라우드내 모든 서비스, 애플리케이션과 인프라 컴포넌트에 파급 효과를 보이며 장애의 영향을 미칠 수 있다.

이중화 스토리지 아키텍처는 주 클라우드 스토리지 장치내 데이터와 데이터를 동기화하는 대체 작동failover 시스템의 일부로 제2의 복제 클라우드 스토리지 장치를 형성한다. 스토리지 서비스 게이트웨이는 주 장치가 중단될 경우 클라우드 소비자의 요청을 보조 장치로 전달한다.

스토리지 서비스 게이트웨이는 클라우드 스토리지 서비스에 외부 인터페이스로 작용하는 컴포넌트이며, 요청 데이터의 위치가 변경될 때 클라우드 소비자의 요청을 자동으로 재전송할 수 있다. 클라우드 아키텍처는 주 클라우드 스토리지 장치를 복제된 보조 클라우드 스토리지 장치와 동기화하는 스토리지 복제 시스템에 의존한다.

클라우드 서비스 제공자는 일반적으로 보조 클라우드 스토리지 장치를 주 클라우드 스토리지 장치와 다른 지리적 위치에 설치할 수 있는데, 이런 경우 몇 가지 데이터 종류에 법적인 고려사항이 있다. 일부 복제 전송 프로토콜에 거리적 제약이 있기 때문에, 보조 클라우드 스토리지 장치의 위치가 동기화에 사용되는 프로토콜과 방식을 결정할 수 있다. 스토리지 복제는 주 스토리지 장치와 이중화된 스토리지 장치 사이의 동기화를 유지하는 데 사용된다.

일부 클라우드 서비스 제공자들은 장치 예비율을 높이기 위해 이중화된 어레이와 스토리지 컨트롤러로 구성된 스토리지 장치를 사용하고, 보조 스토리지 장치를 클라우드 밸런싱과 재해 복구 목적으로 물리적으로 다른 위치에 배치한다. 이 경우, 클라우드 서비스 제공자들은 두 장치 사이의 복제 메커니즘을 확립하기 위해 제3의 클라우드 서비스 제공자를 통해 네트워크 연결을 빌릴 필요도 있다.

다음 그림 5-4는 이중화된 클라우드 스토리지에서 대체 작동이 일어나는 과정이다.

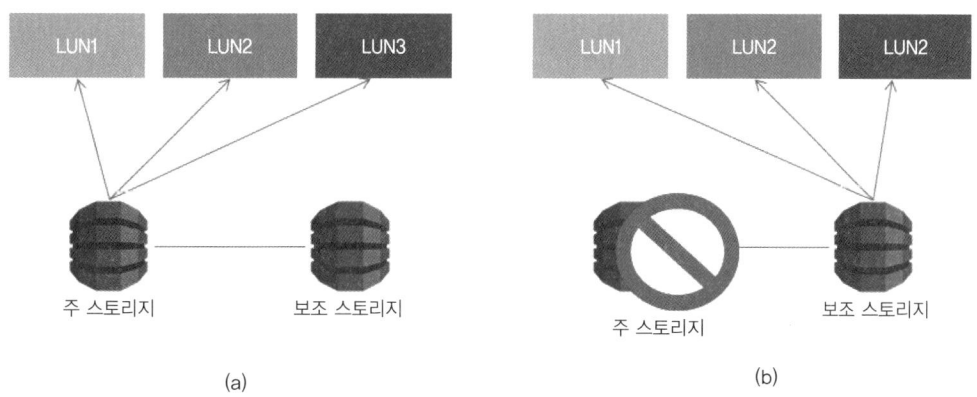

그림 5-4 이중화된 클라우드 스토리지에서의 대체 작동 과정

그림 5-4에서 주 스토리지 장치에 장애가 일어나는 경우(a), 스토리지 서비스 게이트웨이는 보조 스토리지 장치에 LUN을 이관하여 서비스가 계속될 수 있도록 한다(b).

5.5 클라우드 버스트

클라우드 버스트 아키텍처는 선 정의된 용량 임계치에 도달할 때 온 프레미스 컴퓨팅 자원들을 확장하거나, 원격지에 있는 예비 클라우드 서비스로 요청을 재전송하여 '버스트 아웃'하는 동적 확장 형태를 확립한다. 이에 상응하는 클라우드 기반 컴퓨팅 자원은 클라우드 버스트가 유발될 때까지 미리 이중화되어 배치되지만 비활성화된 수동적 상태다. 이 클라우드 기반 컴퓨팅 자원이 더 이상 필요하지 않을 때는 회수되어 아키텍처가 온 프레미스 환경에 다시 '버스트 인'된다.

클라우드 버스트는 클라우드 소비자들이 임계치 이상의 높은 사용 수요가 있을 때에만 이에 대응하여 클라우드 기반 IT 자원을 활용할 수 있는 옵션을 제공하는 유연한 확장 아키텍처다. 이 아키텍처 모델의 토대는 수요를 감시하기 위한 자동 확장 리스너와 자원 복제 메커니즘에 바탕을 두고 있다.

자동 확장 리스너가 언제 클라우드 기반 컴퓨팅 자원에 요청을 재전송할지를 결정하고, 자원 복제가 상태 정보와 관련하여 온 프레미스와 클라우드 기반 컴퓨팅 자원 간의 동시성을 유지하는 데 사용된다.

그림 5-5는 클라우드 버스트 개념을 알기 쉽게 표시한 것이다.

온 프레미스와 클라우드 사이트 사이에 VPN 등을 통해 컴퓨팅 자원 간 데이터 통신의 보안성을 확보하고, 온 프레미스 컴퓨팅 자원과 클라우드상 컴퓨팅 자원과의 주기적인 동기화와 복제를 통해 예기치 못한 수요 증가에 대비할 수 있다.

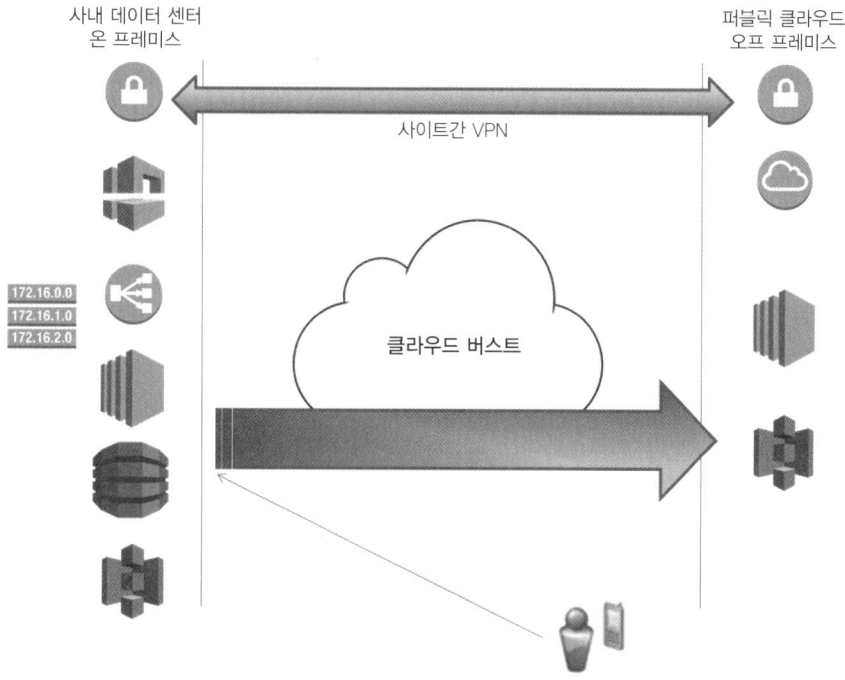

그림 5-5 클라우드 버스트

5.6 요약

지금까지 클라우드 서비스를 위한 고가용성 중심의 아키텍처 설계 패턴, 도구, 기법 등을 살펴봤다. 여기에는 서비스 부하 분산과 자동 대체 작동 시스템, 무중단 서비스 재배치와 GSLB, 동적 확장과 이중화 스토리지, 클라우드 버스트 아키텍처 등이 포함된다.

이와 같은 클라우드 개념은 고가용성 이슈와 관련하여 변동하는 수요에 즉각적으로 대처하는 용량 관리 측면에서뿐 아니라, 기존의 재해 복구 계획과 사이트 운영 방식을 완전히 바꿔 놓았다. 기존의 재해 복구 계획은 조직의 인프라 내부에서 방지할 수 없는 외적인 재해에 대비하여 지리적으로 멀리 떨어진 곳에 재해 복구 센터를 구축하고, 체크리스트와 복구 계획을 작성해 숙지한 후 재해가 발생했을 때에도 서비스를 지속적으로 제공하기 위한 것이었다. 재해 복구 센터는 재해 복구 발생률과 발생 시 그 위험 영향도, 재해 복구 센터 구축에 드는 비용을 모두 고려했을 때, IT 서비스를 연속적으로 제공하는 것이 비즈니스에 절대적이지 않은 경우에는 구축이 진행되지 않거나, 비용을 절감할 수 있는 다양한 방법을 채택하여 서비스 연속성 및 가용성을 어느 정도 포기하는, 타협적인 방안을 취하는 것이 일반적이었다.

클라우드 고가용성 아키텍처는 재해가 발생하지 않았을 경우, 즉 정상적인 경우에도 지속적으로 재해 복구 센터를 유지할 필요 없이, 신속한 프로비저닝 기능을 이용해 즉각적으로 민첩하게 클라우드에 재해 복구 센터를 구축할 수 있도록 한다. 즉, 재해 복구 측면에서도 서비스 가용성과 연속성을 해치지 않으면서 규모의 경제를 실현할 수 있도록 하는 것이다.

6장
고성능 중심의 아키텍처 설계

성능을 극대화시키는 아키텍처 중에서도, 특히 클라우드 환경에서 중요한 고려사항은 캐싱과 복제, 네트워크 가속 및 최적화와 파티셔닝, 비동기 방식 활용과 자동화, 성능 모니터링이다.
이 장에서는 성능 최대화를 위해 필요한 고려사항을 해결할 수 있는 설계 패턴과 도구를 살펴본다.

성능을 극대화하기 위한 아키텍처는 기본적으로 다음 원칙을 고려해야 한다.

- 컴퓨팅 자원 친화도(CPU, 메모리, 캐시, 네트워크, 스토리지 특성)
- 큐잉 이론에 따른 스케줄링과 병렬처리
- 파티셔닝
- 비동기 방식의 사용
- 자동화
- 성능과 맞물린 확장성, 가용성, 사용 편의성, 상호 운용성 등 기타 비기능 요건과 보안성의 해결

6.1 캐싱과 복제

클라우드 환경에서 고성능을 확보하는 가장 쉬운 방법은 처리할 데이터를 항상 로컬에 두고, 최대한 빨리 이를 활용할 수 있도록 캐싱하는 것이다. 성능 극대화를 위해서 캐시를 사용할 때에는, 다양한 원격지에 위치한 고객이 동시에 캐시에 접근하는 경우 동기화되지 않은 데이터에 접근할 수 있으므로, 읽기 일관성 문제를 해결해야 한다는 점에 유의한다. 이를 위해 분산 캐시와 복제 메커니즘이 함께 활용돼, 데이터베이스와 스토리지에 저장될 때 캐시에도 동시에 저장되거나 복제된다.

특히 원격 클라우드 스토리지의 성능을 극대화하려면 캐싱과 복제 메커니즘을 적절히 조합하여 활용하는 것이 매우 효과적이다. 캐시에는 CPU 캐시, 디스크 캐시, 메모리 캐시, 웹 캐시 등이 있으나 이 절에서는 클라우드 환경에서 유용하게 활용할 수 있는 분산 메모리 캐시 풀에 대해서 살펴본다.

분산 메모리 캐시 풀에는 멤캐시^{memcached}가 기반이 되는 멤베이스^{membase} 서버 풀과, 5장 아키텍처 설계 원칙에서 예로 든 오라클 코히런스^{Coherence} 풀, 구글 레디스^{Redis} 등이 있다. 이들은 중앙 집중형 분산 캐시로 구성할 수 있고 복구 기능도 있다. 오라클 코히런스의 경우 웹 세션 캐시로 사용할 때에는 애플리케이션에 직접 CRUD 관련 캐시 명령어를 코딩하지 않아도 된다. 분산 캐시 플랫폼에 대한 전반적인 설명은 이미 5장 아키텍처 설계 부분에서 다룬 바 있다.

캐시의 기능은 기본적으로 CRUD와 데이터베이스와의 동기화, 간단한 조회 기능이 주가 된다. 기능 구현이 간단할수록 성능이 최대화된다는 점에 주목하자.

다음 그림은 리눅스 저널에 발표된 레디스 2.0.0과 멤캐시 1.4.5의 성능을 비교한 간단히 표다. 레디스가 20% 정도 앞선 성능을 보이고 있으나, 레디스도 마찬가지로 소비자 스레드가 늘어나고 분산 구성되는 인스턴스가 늘어날수록 이러한 성능은 점점 저하될 것이다. 이러한 벤치마크 결과는 업무 성격과 비즈니스 요건, 인프라 환경에 따라 다르게 나타날 것이므로 직접 다양한 제품을 가지고 수행해보는 것을 권한다.

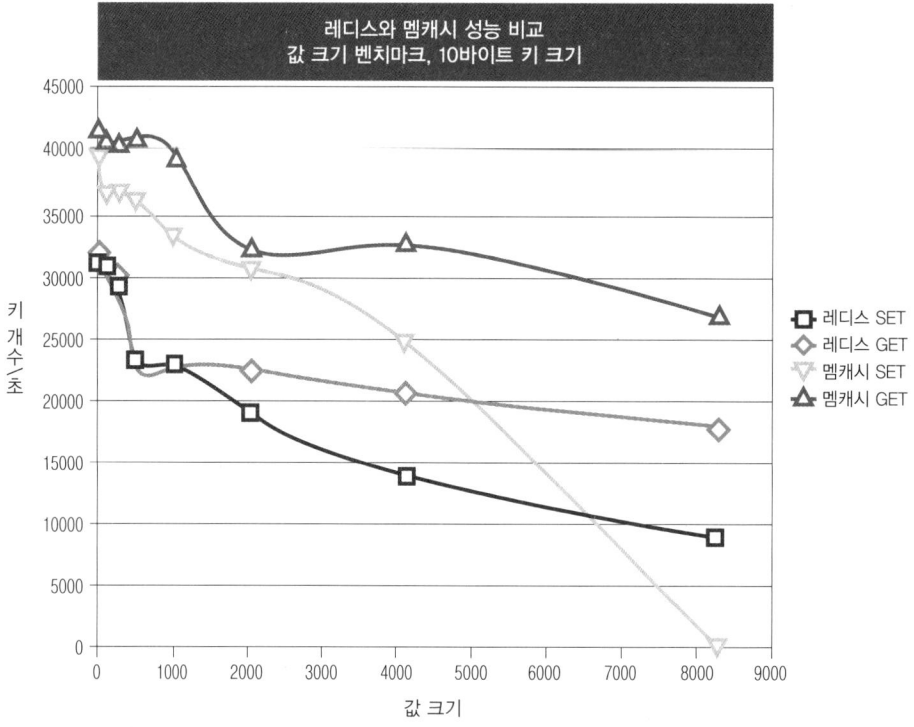

그림 6-1 레디스와 멤캐시의 성능 비교

> 📌 **참고** 이러한 제품들에 대한 상세 설명은 이 책의 범위에서 벗어나므로 생략한다. 멤베이스에 대한 상세 설명은 에이콘 출판사의 『클라우드 컴퓨팅 구현 기술』(2010)을 참고한다. 추가 리소스는 부록 B에서 확인한다.

6.2 네트워크 가속과 최적화

최근 데이터센터의 네트워크는 클라우드 컴퓨팅을 위해 최적화되고 있다. 전반적인 성능 향상을 위해 데이터 I/O를 위한 최적화뿐 아니라 네트워크 프로세싱을 위한 최적화도 함께 이뤄지고 있다. 일반적으로 네트워크 가상화는 다음 표와 같이 데이터 부Data Plane, 제어 부Control Plane, 관리 부Management Plane 세 가지 부문에서 이뤄진다.

표 6-1 네트워크 가상화 부문

네트워크 가상화 부문	상세 내용	예시
데이터 부	데이터 흐름에 대한 I/O 가상화	VLAN, MPLS, VRF
제어 부	네트워크 프로세싱에 대한 가상화	ARP, RARP, 라우팅 프로세스 등
관리 부	네트워크 장비 관리를 위한 가상화	Config, syslog, SNMP 등

이러한 네트워크 가상화 기술을 기반으로 다양한 최적화와 가속 기법이 출현했다. FCoEFiber Channel over Ethernet나 통합된 동적 네트워크 서비스를 위한 OTVOverlay Transport Virtualization, WAN 가속, GSLB 최적화, 압축, CDNContents Delivery Network 등이 가속 기법에 해당한다.

클라우드 제공자의 기간 서비스를 활용하여 클라우드 서비스를 제공하는 고객 입장에서는, 자신의 네트워크 토폴로지를 파악하고 서비스 품질을 높이는 다양한 최적화 기술을 활용할 필요가 있다. 특히, 클라우드를 활용하는 고객 입장에서 네트워크 가속과 최적화에 기여할 수 있는 일반적인 해법은 CDN을 활용하는 것이다. CDN 기술을 이해하려면 네트워크 병목 현상과 그 해법부터 이해해야 한다.

하나의 패킷이 해외 인터넷 구간을 왕복하는 시간은 웹 서버와 사용자 간의 거리에 비례한다. 따라서 거리가 멀수록 전체 웹 페이지를 모두 전송하는 데 소요되는 응답시간은 더 길어진다. 나아가, 해외 인터넷 구간은 환승 공항이라 할 수 있는 대륙간, 국가간, ISP간의 인터넷 환승 구간Internet Exchange에서 트래픽이 집중돼 병목 현상이 자주 발생하기 때문에 응답시간이 더 길어진다. 따라서 네트워크 속도 문제를 해결하려면 이러한 병목현상이 일어나는 미들 마일 구간(웹 서버에서 첫 번째 ISP까지의 구간인 퍼스트 마일과 사용자로부터 첫 번째 ISP까지의 구간인 라스트 마일을 제외한)의 응답시간을 최대한 줄여야 한다.

다음 그림은 이와 같은 병목 구간을 개념화하여 표현한 것이다.

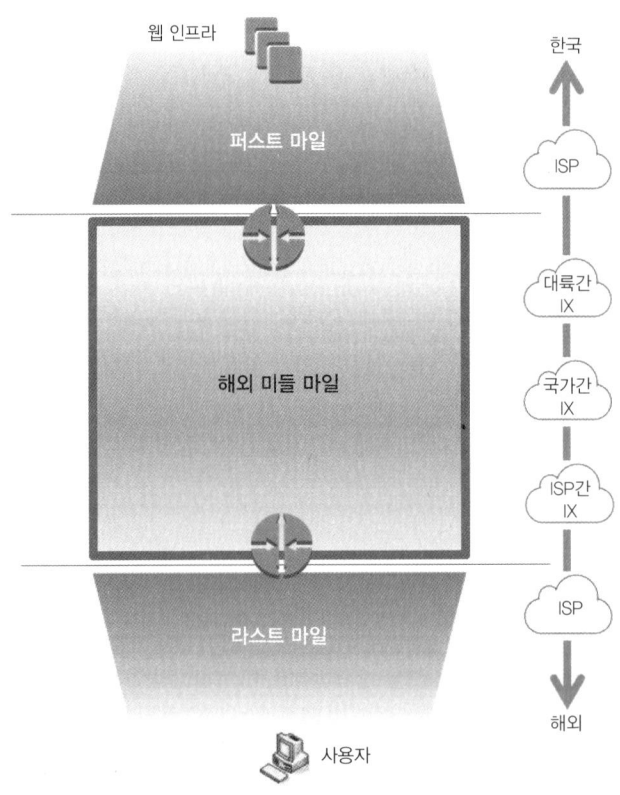

그림 6-2 인터넷 병목 구간

이러한 거리적 제약을 최소화하기 위해 정적 콘텐츠를 미들 마일 구간에서 캐싱하는 정적 CDN 기술과, 브라우저와 서버간 일정량의 TCP 연결을 미리 맺어놓고 유지, 재활용하며 최대 크기 세그먼트수로 전송하여 RTT$^{Round\ Trip\ Time}$와 RTN$^{Rount\ Trip\ Number}$을 최소화하는 동적 콘텐츠 가속 CDN 기술이 최근 대중화되고 있다.

예를 들어 아마존 웹 서비스의 CDN 서비스인 클라우드 프론트는 정적 콘텐츠 캐싱 기술을 지원하는데, 아직 SSL 미지원 등 기능이 미흡한 부분이 많지만 서울에도 캐시 서버 엣지를 추가하는 등 다양한 혜택을 제공하고 있다. 국내 업체로는 CD네트웍스 등이 있다.

6.3 파티셔닝

일반적으로 고성능 컴퓨팅을 위한 확장 및 처리 단위는 작은 셀, 또는 파티션이라 볼 수 있다. 즉, 작게 나눌 수 없다면 확장도 불가능하다. 성능을 극대화하기 위해서는 작게 나눠 필요할 때 손쉽게 확장 혹은 축소하고, 각 파티션 단위의 처리 성능을 높이며, 이들을 병렬로 처리할 필요가 있다.

파티셔닝 시에는 시스템 계층 구조적으로 볼 때 변경이 잦은 프론트엔드 부분뿐 아니라 핵심 서비스 부분의 미들웨어 계층, 데이터베이스 계층이 모두 그 대상이 된다. 그림 6-3은 일반적인 클라우드 서비스 구조를 서비스 부분과 프론트엔드 부분으로 조명해본 것이다.

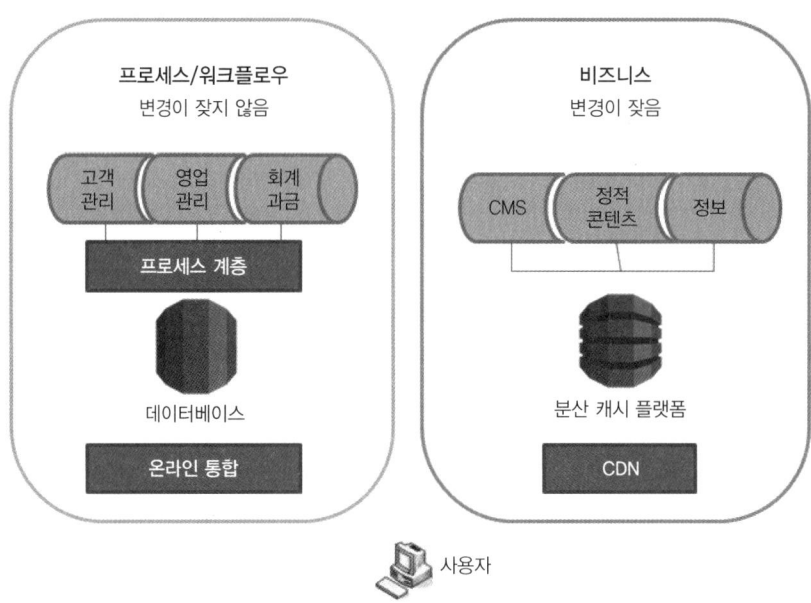

그림 6-3 일반적인 클라우드 서비스 구조

고성능 아키텍처를 설계하기 위한 파티셔닝의 원칙은 모든 처리 대상이 되는 문제를 데이터별로, 또는 사용 패턴에 따라 관리할 수 있는 작은 단위로 나누는 것이다. 이를 통해 얻을 수 있는 장점은 확장성 측면에 있어서는 처리 용량이 늘어나야 할 때 수평적, 독립적으로 손쉽게 늘어나게 할 수 있다는 점이다. 가용성 측면에서는 문제가 발생하는 범위를 제한하거나 분리시킬 수 있다. 또한 다양한 부분과 기능적 영역을 고립화시켜 관리 용이성을 높이며, 하드웨어 비용을 절감할 수 있다.

이렇게 분산 클라우드 환경에 적합한 파티셔닝 설계 패턴은 기능적 세분화와 수평적 동등 분할이라 할 수 있다.

이를 데이터베이스 계층에 적용해보면 우선 논리, 가상화된 데이터베이스 서버군에 수평적 동등 분할의 예라 할 수 있는 샤딩Sharding 및 복제 구조를 적용하기 위해 데이터 모델링 기술을 사용하여 데이터를 그룹화하고, 기능 영역에 따라 세분화한다.

다음 그림은 MongoDB와 MySQL 등 분산 데이터베이스 시스템의 샤딩 구조를 나타낸 것이다.

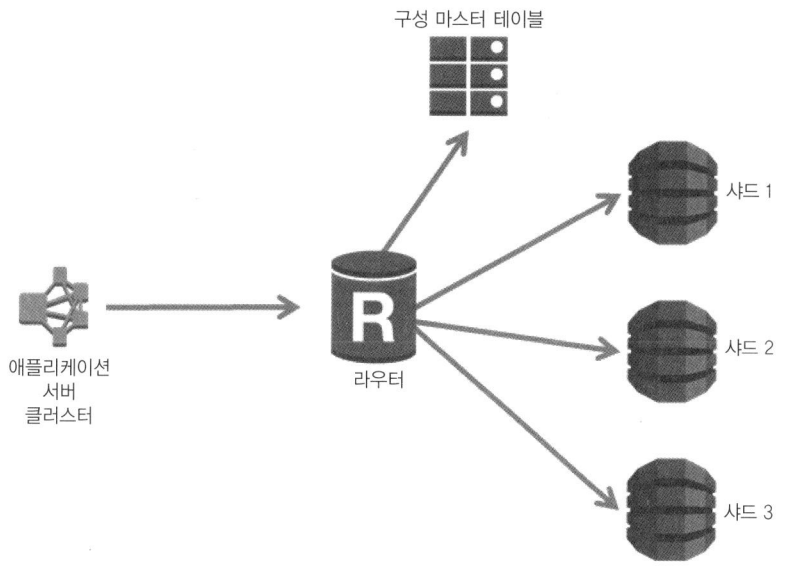

그림 6-4 분산 데이터베이스 시스템의 샤딩 구조

데이터 모델링 기술은 논리적인 관계 중심으로 적용할 수도 있고, 사용 패턴이나 최적화 요건에 맞게 물리적인 특성에 따라 적용할 수도 있다. 예를 들어 데이터를 기능에 따라 세분화해보면 관계형 데이터베이스 스키마로 유명한 TPC-C 스키마의 테이블 요소를 다음과 같이 그려볼 수 있다.

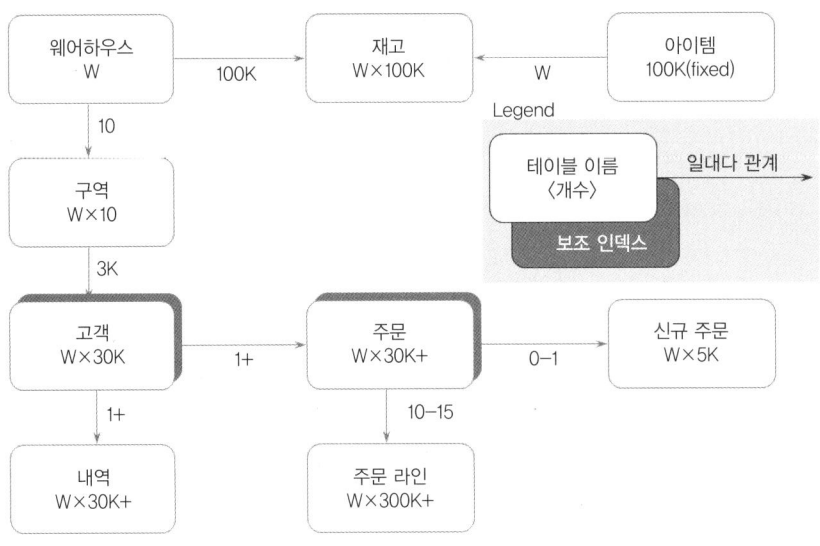

그림 6-5 TPC-C 스키마 논리 모델

그리고 다양한 용례와 패턴에 따라 주 접근 경로 중심으로 수평 동등 분할을 수행한다. 이때 키 값 등을 검색하기 쉽게 분할 구성하는데, 집계와 검색 경로 라우팅은 추상화된 데이터 접근 계층에서 처리한다.

또한, 많은 수의 동시 접속자 혹은 동시 사용자의 데이터를 한꺼번에 처리해야 하는 경우 성능을 높이려면 데이터베이스 트랜잭션을 피해야 한다. 이는 흔히 알려진 CAP 이론에서 가용성을 강조한 모델이다. 트랜잭션이 꼭 필요하다면 되도록 분산형 2단계 커밋이나 클라이언트측 트랜잭션을 피하고, 자동 커밋을 사용한다. 긴 트랜잭션은 단일 데이터베이스 서버에 대해 서버단 프로시저 등을 통해 수행한다. 트랜잭션을 사용하지 않는 경우는 데이터베이스 작업의 순서가 중요하며, 비동기 작업의 특성을 고려하여 주의 깊게 구현해야 한다. 또한, 동시제어를 위한 락 등의 작업에 드는 비용을 최소화하기 위해 가상머신이 에뮬레이션하는 하드웨어 특성을 고려한 다양한 메모리 작업을 활용할 수 있다.

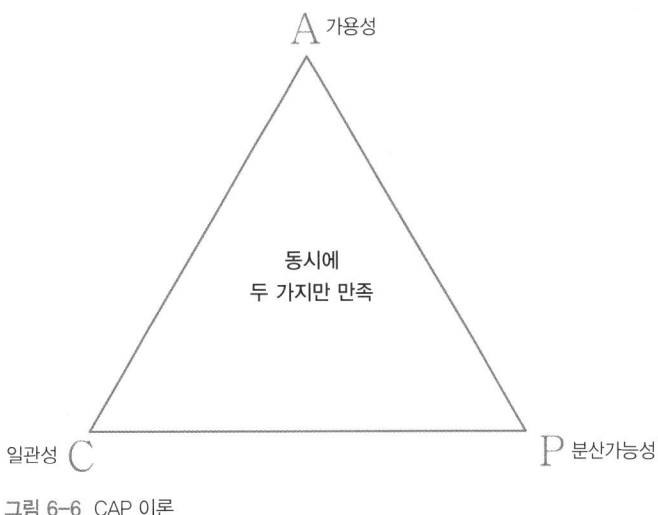

그림 6-6 CAP 이론

> **참고 CAP 이론**
>
> 데이터 저장소는 CAP 이론의 세 가지 꼭지 중 두 가지만을 동시에 적용할 수 있다.
> - 일관성(Consistency): 모든 사용자에게 같은 시간에는 동일한 데이터를 보여줘야 한다.
> - 가용성(Availability): 모든 사용자가 읽기와 쓰기가 항상 가능해야 한다. 하나의 노드에 장애가 일어나더라도, 다른 노드에는 영향을 미치면 안 된다.
> - 분산가능성(Partition Tolerance): 물리 네트워크 분산 환경에서 시스템 동작이 원활하게 이뤄져야 한다. 네트워크 전송 중 데이터 유실이 발생해도 시스템은 정상적으로 동작해야 한다.

다음으로 애플리케이션 서버 계층에서는 별개의 애플리케이션 풀을 구성하여 기능 영역을 분할하고, 병렬 개발, 배치와 모니터링을 가능하게 한다. 또한, 데이터베이스 계층과 기타 자원에 대한 의존도를 최소화시켜 분리/고립화 정책을 고수한다.

앞서 생성한 애플리케이션 풀 내에서는 모든 애플리케이션 서버가 동등한 수준으로 생성돼야 하며, 표준적인 로드 밸런서를 통해 부하 분산이 이뤄져야 한다. 이러한 동등한 서버들 사이에는 단계적인 배치, 갱신, 서비스 활성화가 가능해야 한다.

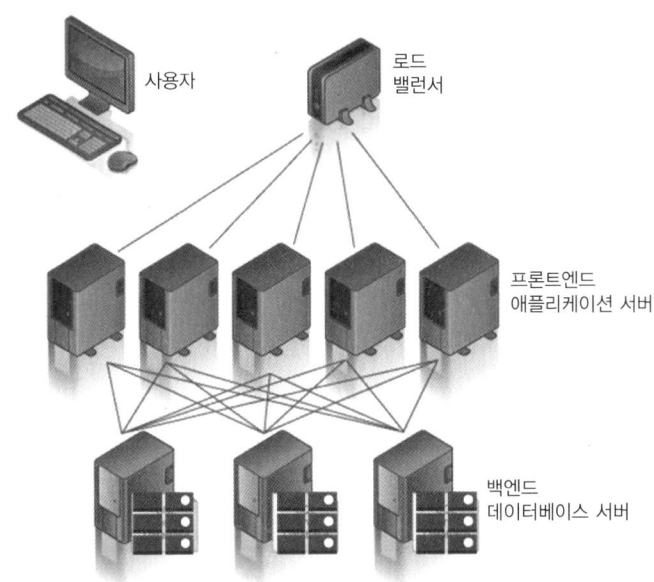

그림 6-7 애플리케이션 서버의 동등 분할과 로드 밸런서

클라우드 환경에서 이러한 애플리케이션 서버를 구성할 때 유의할 점은 세션 상태를 활용하는 모든 비즈니스 로직과 웹 트랜잭션을 피하라는 것이다. 사용자 세션은 여러 개의 다중 풀을 거치면서 많은 컴퓨팅 자원을 필요해진다. 나아가, 이러한 세션을 저장할 때 애플리케이션 서버가 동등분할된 경우에는 세션 상태 정보를 각 동등 분할 서버에 복제하거나, 세션 클러스터링을 맺어 로드 밸런서를 통해 다시 애플리케이션 서버에 접근할 때 어느 서버로 가든지 동일한 세션 상태 정보가 있어야 하는 요건이 생긴다. 물론,

단기적인 상태 정보는 쿠키나 URL, 데이터베이스 등을 활용하여 저장할 수 있으나 쿠키와 같은 것들은 보안에 취약하기 때문의 주의하여 사용해야 한다. 1장에서 살펴본 REST 기반 웹 서비스가 클라우드 환경에 적합한 이유가 여기에 있다.

6.4 비동기식 처리

클라우드 환경에서 고성능을 확보하기 위한 세 번째 원칙은 비동기식으로 처리하라는 것이다. 가능한 한 모든 처리 로직을 비동기로 구성하며, 별도의 컴포넌트들을 비동기식으로 통합한다. 이를 통해 확장성 측면에서는 각 컴포넌트들을 독립적으로 확장할 수 있다. 또한 가용성 측면에서는 가용성 상태와 특성을 각 컴포넌트별로 분리하고, 작업을 재수행할 수 있다. 사용자 경험 측면에서는 응답 속도가 개선되고, 처리 작업에 사용자가 기다릴 수 있는 시간보다 더 긴 시간을 할당할 수 있다. 또한, 더 중요하게는 피크타임의 부하를 동시에 처리하는 것이 아니라 일정한 타임 박스 내에 분배하여 처리하도록 할 수 있다.

이렇게 분산 클라우드 환경에서 고성능을 확보하기에 적합한 비동기식 설계 패턴은 메시지 분배와 주기적 배치 패턴이라 할 수 있다.

메시지 분배 패턴은 이벤트를 생성하는 용례에 주로 사용된다. 이벤트는 보통 주 테이블에 삽입, 혹은 갱신하는 작업을 수행하는 경우에 생성된다. 잘 알려진 생산자, 소비자 구조 형태에서 소비자는 생성된 이벤트를 구독한다. 이런 방식의 설계 구조에서는 여러 소비자들이 각각 이벤트를 독립적으로 처리하며, 각 소비자들은 단일 소비자 인스턴스로 구성된다. 이벤트의 순서는 보장되지 않지만 소비자 인스턴스에 분배된 이벤트 작업은 모두 처리된다. 이때 시간에 따른 일관된 동시성을 제어하기 위해 주의해야 할 점은, 동일한 이벤트를 몇 번을 처리하든 동일한 결과를 내야 한다는 멱등idempotency의 원칙과, 최신 데이터베이스 버전에 대한 읽기 일관성의 원칙이 지켜져야 한다는 것이다. 또한, 메시지를 교환할 때 멀티캐스트 방식은 클라우드 환경에서 보안상 허용되지 않으니 주의한다.

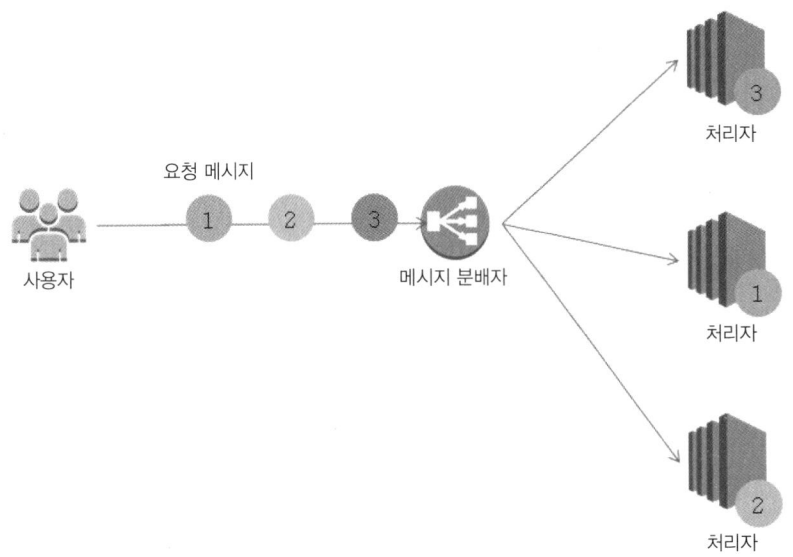

그림 6-8 메시지 분배 패턴

주기적 배치 작업 패턴은 미리 예정된 오프라인 배치 작업을 주기적으로 수행하는 형태인데, 자주 수행되지 않거나 주기적인 작업을 수행할 때, 그리고 점증적으로 일어나는 계산 작업이 아닐 때 적절하다. 요즘 온라인 쇼핑몰에서 유행하는 사용자 프로파일에 대한 상품 추천을 생성하거나, 데이터를 임포트하거나, 데이터 분석 작업을 수행하거나, 데이터를 아카이빙하는 등의 작업이 이러한 배치 작업의 예가 될 수 있다. 다음 그림은 웹 로그를 수집하여 데이터 분석 리포트를 작성하기까지의 데이터 흐름을 나타낸다. 웹 로그 수집 및 분석은 배치 작업을 주기적으로 수행하는 형태로 진행된다. 이러한 웹 로그 분석기에는 구글 애널리틱스 등이 있다.

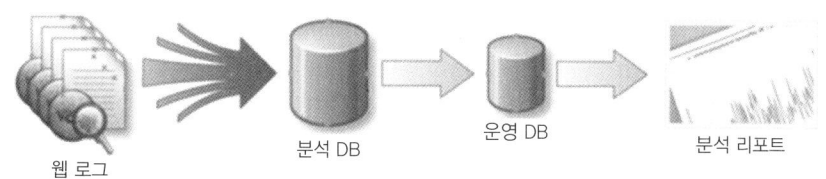

그림 6-9 웹 로그에서 데이터 분석 리포트까지

6.5 자동화

클라우드 환경에서 고성능을 확보하기 위한 네 번째 원칙은 최대한 자동화하라는 것이다. 자동화라는 키워드를 믿지 않는다고 말하는 사람도 있지만, 단계적으로라도 자동화된다면 훨씬 일이 수월해지고 성능도 나아지며, 인적 오류와 같은 잠재적인 장애 발생 가능성을 줄여준다. 이론적인 장점을 정리해보면 확장성 측면에서는 사람이 개입할 필요 없이 스스로 확장할 수 있도록 해주고, 변화하는 환경에 훨씬 신속하게 적응할 수 있다. 또한 수동 작업 없이 시간이 지남에 따라 스스로 학습하여 진화하는 시스템을 만들 수 있고, 기능상으로도 더 다양한 요인들을 고려하여 의사결정을 할 수 있도록 한다.

이러한 자동화를 위한 설계 패턴에는 적응형 구성과 머신 러닝 방식이 있다.

적응형 구성은 오늘날 시스코CISCO 등의 업체에서 제작하는 제품에 기본적으로 탑재되는 기능이기도 하다. 우선 주어진 이벤트 소비자들에게 대응하는 서비스 수준 규약을 정의하는 것에서 시작한다. 이렇게 서비스 수준 규약을 정의하고 나면 이벤트 소비자들은 최소한의 자원을 활용하여 이러한 서비스 수준을 충족시키도록 이벤트 폴링 크기나 폴링 빈도 등을 조정하며 프로세서 수 등을 튜닝한다. 또한 부하, 이벤트 처리 시간, 소비자 인스턴스의 수 변화 등에 자동으로 맞춰 변화하게 된다.

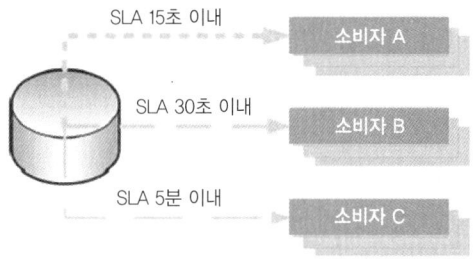

그림 6-10 적응형 구성 패턴

다음으로 머신 러닝 기법은 최근 2013년 구글 I/O에서 발표돼 화두가 되고 있는 기법이다. 데이터를 쌓아 기계가 스스로 생각, 판단할 수 있게 하는 방법이다. 예를 들어 스팸 메일과 정상적인 메일을 사람들이 구분해주다 보니 이제 기계적으로 학습이 돼 스스로 스팸과 정상 메일을 구분할 수 있게 한다. 실제로 구글의 지메일에는 '스팸신고'란이 있는데 지메일 이용자들이 스팸을 신고하다보니 이 데이터가 쌓여 구글의 엔진이 스팸과 정상적인 메일을 구분할 수 있게 됐다.

데이터 마이닝이 기존의 데이터를 추출하고 분석하는 일이라고 한다면 머신 러닝은 훈련된 데이터, 예를 들어 스팸과 정상 메일 구분 등을 바탕으로 예측하는 것이라고 보면 이해하기 쉬울 것 같다. 이와 같이 학습을 통해 사용자와 컨텍스트를 식별하고, 다양한 요인을 고려해 맞춤 정보를 제공하는 것이다.

이를 위해서는 피드백 루프가 시스템으로 하여금 시간이 지남에 따라 진화하도록 만들어 주는데, 사용자의 행동을 수집하고, 이를 집계하여 오프라인에서 분석한 후, 갱신된 메타데이터를 배치하여 적절한 사용자 경험을 보여준다.

다음 그림은 이러한 머신 러닝 피드백 루프의 개념도다.

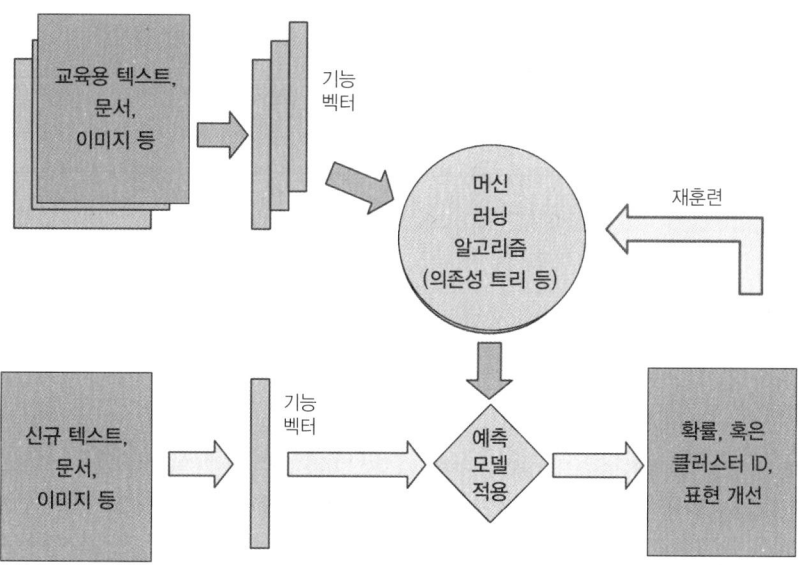

그림 6-11 자동화된 머신 러닝 피드백 루프 개념도

6.6 성능 모니터링

클라우드 환경에서 고성능을 확보하기 위한 다섯 번째 원칙은 종합적인 성능 모니터링이 필수적이라는 것이다. 모든 것은 실패하거나 장애를 일으킬 위험을 수반하고 있다. 특히, 클라우드는 최첨단 기술의 총체로서 다양한 컴포넌트들이 존재하기 때문에, 예를 들면 기존과 같이 제니퍼 화면만을 보듯 특정 컴포넌트만을 집중적으로 모니터링하는 것으로는 한계가 있다. 클라우드 환경에서는 특히 외부 업체의 컴퓨팅 자원을 활용하기 때문에 장애가 발생했을 때 스스로 처리할 수 있는 영역이 줄어든다. 때로는 서로 장애에 대한 책임을 지지 않거나 원인이 규명되지 않아 단순히 네트워크 문제로 일단락되기도 한다. 더구나, 클라우드 환경에서는 데브옵스가 보편화되고 관리와 운영의 자동화가 보편화되면서 한 사람이 수백 대의 서버를 관리하는 것이 관행이 되어가고 있다. 따라서 성능 모니터링 시 훨씬 전체적이고 포괄적인 시야와 가시화가 요구될 뿐 아니라, SLA와 같은 다양한 계약적 장치와 커뮤니케이션 채널이 필요하다.

클라우드 성능 모니터링 시에는 자동화된 방식으로 구동 중인 가상머신을 일일이 동적으로 식별해주고, 이에 대한 토폴로지를 직관적으로 이해할 수 있게 해야 한다. 또 다양한 파라메터를 수집해 대시보드에서 임계치를 지정하고 관련 경보나 자동화 작업을 수행할 수 있도록 해야 한다. 즉, 개별적인 애플리케이션과 계층별 성능 감시뿐 아니라, 전체적이고 종합적인 가시화를 통해 전체 시스템을 직관적으로 이해할 수 있도록 해야 하며 자원 관리와 용량 관리 모델의 자동화와 연계될 수 있어야 한다. 또한, 트러블슈팅을 위해 주어진 특정 시간대에 어느 애플리케이션이 가상 자원과 물리 자원을 사용했는지에 관한 정보를 동적으로 파악하고 리포트를 생성할 수 있어야 한다.

이와 같은 요구사항에 맞는 다양한 클라우드 기반 서비스와 도구들이 현재 출현하고 있는데, 셰프Chef, 나지오스Nagios, 퍼펫Puppet 등이 그러한 제품화된 도구의 예다. 퍼펫과 같은 도구는 라이트스케일 같은 다양한 클라우드 기반 관리 서비스와 통합되기도 한다. 이러한 도구는 상용 라이선스가 있을 수 있으며 각 고객의 요구사항에 맞게 파라메터를 정의하고, 추가 모니터링 스크립트를 맞춤 제작할 수 있도록 구성되어 있다.

운영 최적화와 관련한 이러한 성능 관리 툴의 사용에 대해서는 10장 데브옵스와 클라우드 운영 최적화에서 더 자세히 다룬다.

6.7 요약

지금까지 클라우드 환경에서 성능을 극대화하기 위한 설계 원칙과 패턴, 도구들을 살펴보았다. 먼저 캐싱과 복제를 위한 분산 캐시 풀을 살펴보고, 네트워크 가속과 최적화를 위한 네트워크 가상화와 CDN 활용에 대해서 알아 보았다. 다음으로 파티셔닝 원칙과 비동기식 처리, 자동화의 중요성과 그 설계 패턴에 대해서 알아보았고, 이러한 성능을 지속적으로 모니터링하기 위한 요건과 도구들을 알아보았다.

7장

보안 중심의
아키텍처 설계

클라우드 서비스를 위한 정보 보호와 보안 요구사항은 크게 여섯 가지로 나눌 수 있다. 접근 제어, 네트워크와 경계 보안, 기밀성과 데이터 암호화, 가상화를 포함한 애플리케이션 보안 기술, 클라우드 감사, 가용성과 복구를 위한 사고 대응 프로세스와 체크리스트가 그것이다.

이 장에서는 위 요구사항에 따른 참조 아키텍처 모델과 대응 방안, 기반 기술에 대해서 설명한다.

7.1 접근 제어

클라우드 컴퓨팅의 멀티테넌시 특성과 가상화 기술로부터 파생되는 취약점 및 위협은, 임의의 잠재 테넌트간 물리 리소스를 공유하게 됨으로써 가상화 기술에 의해 분리된 채널이 아니다. 본래 물리 리소스와 직접적으로 연결된 2차적인 채널을 통한 공격이 가능하며, 비인가된 정보가 흐를 수 있다는 것이다.

더구나, 점차 하이브리드 모델이나 멀티클라우드 모델의 채택이 증가하고 있으며, 클라우드 사업자는 일반적으로 리스크를 최소화하기 위해 단일 솔루션을 사용하지 않고 심층방호 defence-in-depth 모델에 따라 다양한 솔루션과 계층화를 통해 클라우드 인프라를 구현한다. 이에 따라 분산 환경, 이기종 환경에서 다양한 경로를 통한 접근을 적절하게 통제하고 구성할 필요성이 증대하게 되었다.

이처럼 클라우드 보안 서비스 시장이 발달하면서, 분산 시스템이 구성된 클라우드 환경상의 접근 제어 아키텍처에 관한 활발한 논의가 이뤄지고 있으며, 다양한 아키텍처가 제시되고 있다.

이 절에서는 클라우드 환경에서 필요한 접근 제어 기술 요소들을 살펴본다.

7.1.1 접근 제어 개념

대상 객체의 기밀성, 가용성, 무결성을 보장하는 접근 제어에는 세 가지 원칙이 있다. 그 원칙은 다음 표 7.1과 같다.

표 7-1 접근 제어 원칙

접근 제어 원칙	내용
Need to know	업무 수행을 위해 필요한 권한만을 부여
Least Privileges	최소한의 권한만을 허용해 권한 남용 방지
Separation of Duty	업무가 한 사람에 의해 처리되지 않도록 직무를 분리

위와 같은 원칙을 기반으로, 접근 제어는 그림 7-1과 같은 단계를 통해 이뤄진다.

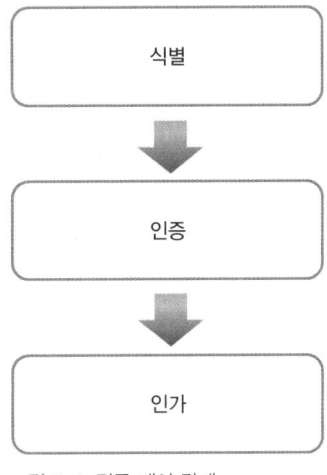

그림 7-1 접근 제어 단계

- **식별**Identification: 사용자가 시스템에 본인이 누구라는 것을 밝히는 행위
- **인증**Authentication: 사용자 정보가 유효함을 시스템이 확인
- **인가**Authorization: 적절한 접근 권한을 부여

그림 7-1의 접근 제어 단계 중 강조되는 것은 인증Authentication이며, 특히 클라우드의 멀티테넌시 가상화 환경에서는 강력한 인증Strong Authentication이 필요하다.

7.1.2 접근 제어 방식

접근 통제 방식은 일반성에 따라 다음 세 가지 유형으로 크게 나눌 수 있다.

- 강제 접근 MAC, Mandatory Access Control
- 임의 접근 DAC, Discretionary Access Control
- 역할 기반 접근 RBAC, Role-based Access Control

강제 접근

객체에 대한 접근이 주체의 기밀성 레이블 Clearance Label과 객체의 민감성 레이블 Sensitivity Label에 따라 지정되는 방식이다. 데이터에 대한 접근을 규칙에 따라 시스템이 결정하며, 데이터 소유자가 자원에 대한 권한이나 카테고리를 변경하거나 이전할 수 없고 모든 변경 권한은 시스템 관리자에게 있다.

MAC 방식은 안전하고 중앙 집중 관리가 가능하여 미국방성이나 FBI 등 보안 요구사항이 높은 정부 조직이나 방화벽 등에서 사용된다.

임의 접근

객체의 소유자가 직접 권한을 부여할 수 있으며, 사용자의 신분에 따라 임의로 접근을 제어하는 방식이다. 유연성이 뛰어나고 구현이 쉬워 UNIX 등의 상용 OS나 데이터베이스 제품 등에서 많이 구현되어 있다. ACL Access Control List을 활용한다.

역할 기반 접근

주체의 역할에 따라서 접근할 수 있는 객체를 지정하는 방식으로, 조직내 개인의 역할 변경이 잦거나, 기타 조직 특성에 밀접하게 연관되어 유연하게 적용할 수 있는 접근 통제 방식이다. 중앙 관리자에 의해 접근 규칙과 역할 분류가 지정되며 사용자별 접근 규칙을 설정할 필요가 없다. 관리가 용이하여 HIPAA 등에 적용된다.

7.1.3 멀티클라우드 모델의 신원 증명서 페더레이션과 SSO

멀티클라우드 환경에서 접근 제어 정책은 고객의 신원 증명서credential를 서비스와 자원에 접근하기 위해 다양한 계층으로 전송하는 메커니즘을 지원해야 한다. 특히, 이러한 고객의 신원 증명서는 멀티클라우드 환경에서 통용되어야 할 필요가 있는데, 이를 위해 필요한 것이 ID와 신용 증명서 페더레이션credential federation이다. ID와 신용 증명서 페더레이션은 사용자 계정을 시스템, 네트워크, 도메인 간에 안전하게 확장해서 사용할 수 있도록 해주는 비즈니스 및 기술 요소들의 조합이다. 이는 우리가 세계의 여러 나라를 여행할 때 여권을 이용해서 자신이 누구인지 증명하는 것과 유사하다 할 수 있다. 페더레이션의 핵심은 계정의 정보를 이기종 시스템이나 계정 관리 시스템들 간에 공유할 수 있다는 점이다. 이렇게 공유된 정보를 바탕으로, 한 번만 로그인하여 사용할 수 있도록 분산 접근 제어가 가능한 SSOsingle sign on를 구현하여 멀티클라우드에서의 인증과 권한 부여가 일관성 있게 유지되도록 한다.

SSO는 본래 다수의 서비스를 한 번의 로그인으로 기업의 업무 시스템이나 인터넷 서비스에 접속할 수 있도록 해주는 보안 시스템이다. 보안성이 우수하고 사용자 편의성이 높으며, 패스워드 분실에 따른 관리자의 부담을 감소시켜 준다.

싱글 사인온 프로세스의 동작을 이해하기 위해서 다음 그림을 살펴보자.

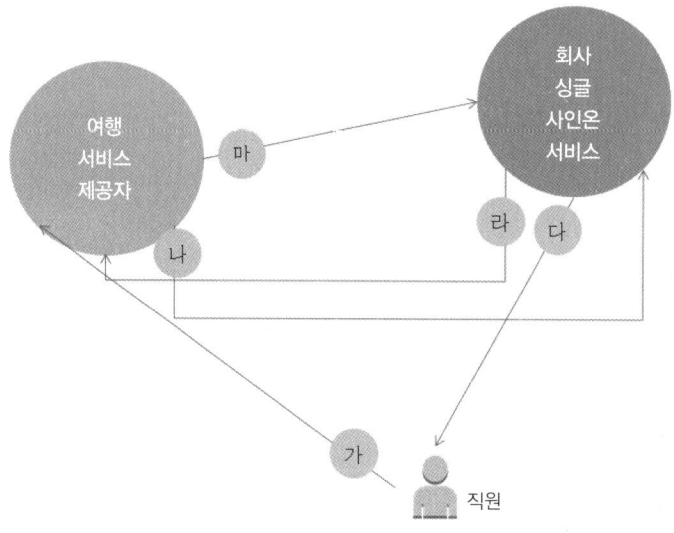

(가) 직원이 여행사 서비스 사용을 시도한다.
(나) 여행사 서비스는 서명한 인증 요청을 만들고 직원을 회사의 싱글 사인온 서비스로 보낸다.
(다) 회사의 싱글 사인온 서비스는 직원을 인증하고 여행사 서비스를 위해 페더레이션된 아이디를 획득한다.
(라) 회사의 싱글 사인온 서비스는 다시 여행사 서비스에 직원이 인증을 받았다는 정보를 전달한다.
(마) 여행사 서비스는 페더레이션된 아이디를 가져와 싱글 사인온이 완료되고 직원에게 특화된 서비스를 제공한다.

그림 7-2 싱글 사인 온 프로세스의 동작

위 그림과 같이 싱글 사인 온 프로세스의 동작이 원활하게 이뤄지려면 ID와 신원증명서를 안전하게 저장할 저장소가 필요하다. 그 저장소로 보통은 선 원 디렉토리 서버와 같은 디렉토리 서버 등이 사용된다.

7.1.4 강력한 인증

강력한 인증Strong Authentication은 멀티요소 인증 방식multi-factor authentication과 혼동되기 쉽다. 그러나 강력한 인증은 꼭 멀티요소 인증 방식이 될 필요는 없다. 검증 자체가 패스워드 전송 없이 이뤄지거나, 한 가지 요소만을 사용하더라도 다중 응답을 포함하는 경우에 역시 강력한 인증이 될 수 있다. 분산 시스템이 구성된 클라우드 환경에서 특히 강력한 인증 방식은 필수적이다.

멀티요소 인증 방식은 FFIEC Federal Financial Institution Examination Council에 따르면 다음과 같은 요소들 중 두 가지 이상을 함께 사용하여 각 요소에 대한 인증을 동기화한 것이다.

유형 I, 사용자가 인지하고 있는 것

사용자가 인지하고 있는 것something you know을 확인하여 인증하는 방식이다. 사례로는 패스워드나 PIN을 들 수 있다. 패스워드 확인만으로 강력한 인증을 구현하기 위해서는 다중 응답을 포함하는 인지적 패스워드cognitive password 방식이나, OTP One-time password를 활용하는 것이 좋다. 특히 OTP 방식은 전자 도청, 스니핑, 재생공격, 패스워드 추측 공격 등에 안전하도록 OTP 생성 매체에 의해 필요한 시점에 발생되고 매번 다른 번호로 사용되는 일회성 비밀번호를 사용한다.

유형 II, 사용자가 소지하고 있는 것

사용자가 소지하고 있는 것something you have을 확인하여 인증하는 방식이다. 사례로는 토큰, 전자 배지, 스마트 카드, USB 등을 들 수 있다.

유형 Ⅲ, 사용자의 생체적 특징

사용자의 생체적 특징 something you are 을 확인하여 인증하는 방식이다. 지문, 얼굴, 망막, 홍채, 정맥 등의 존재 특징을 활용하여 검증하는 기술이다. 망막 인증이 가장 오인식률이 낮고 보안성이 높으나, 사용자 거부감 때문에 저비용으로 안전한 지문 인식이 일반적으로 활용되고 있다.

유형 Ⅳ, 사용자가 하는 행위

사용자가 하는 행위 something you do 를 확인하여 인증하는 방식이다. 입력 패턴, 즉 서명이나 키 누름 동작을 통해 인증하거나 음성 인식 등의 예가 있다.

또한, 중앙 집중형으로 원격 연결을 통해 접근을 통제하거나 관리할 수 있는데, 이를 위해 사용되는 프로토콜은 TACACS+와 RADIUS가 있다.

> **참고 TACACS+와 RADIUS란?**
> 네트워크에 적용되는 인증 프로토콜로서, 주어진 시스템에 대해 접근을 허용할 것인지 결정하기 위해 원격 접속 서버가 사용자의 로그인 패스워드를 인증 서버에 전달할 수 있게 해 준다. TACACS+는 TCP를 사용하며, RADIUS는 UDP를 사용한다.
> 일부 관리자들은 TCP가 더 안정적인 프로토콜이라는 이유를 들어, TACACS+를 사용할 것을 권고한다. RADIUS가 인증과 허가를 하나의 사용자 프로필 내에 모두 가지고 있는 데 반하여, TACACS+는 두 개의 작업으로 나눈다.

7.2 네트워크와 경계 보안

네트워크 보안 역시 심층방호^{defence-in-depth} 방법론을 사용하여 OSI 7계층을 이루는 각 계층에 특화된 보안 요소와 솔루션을 구현하게 된다. 이 장에서는 OSI 7계층에 대응하는 보안 기술 요소와 그 주요 내용을 살펴보고, 강화된 클라우드 보안 서비스를 위해 강조되는 요소와 다양한 솔루션과 사례를 알아본다.

다음 표는 OSI 7계층과, 그에 대응하는 보안 요소 및 주요 내용이다.

표 7-2 OSI 7계층과 그에 대응하는 보안 기술 요소

OSI 계층	보안 기술 요소	계층별 보안 주요 내용
L7 애플리케이션	SSH, PGP, SET	인증
L6 표현	SSL, TLS	암호화, 인코딩
L5 세션		부인 방지, 동기화
L4 전송		데이터 무결성
L3 네트워크	IPSec	접근 제어, 기밀성
L2 데이터 링크	PPTP, L2TP, WEP, WPA	서비스 보장, 에러처리
L1 물리		공증

네트워크와 네트워크 사이를 잇는 경계 보안^{perimeter security}을 이루는 요소는 크게 방화벽과 IDS/IPS로 나눌 수 있다. 방화벽과 IDS/IPS는 하드웨어와 소프트웨어적으로 구현될 수 있으며, OSI 7계층을 넘나들며 요구되는 보안 정책과 규칙에 맞게 다양하게 구성된다.

끝으로, 클라우드 네트워크 보안은 클라우드 서비스 제공자와 고객이 동시에 책임을 분담하는 구조로 물리적인 보안 기술 구현과, 서비스/플랫폼 레벨 논리적 보안 기술 구현은 클라우드 서비스 제공자의 책임이며, 고객은 자신의 고유 요구사항에 맞게 논리적인 보안 기술 구현을 담당한다.

7.2.1 방화벽

방화벽이라는 용어는 1990년대부터 사용돼 오늘날 일반인들이 가장 널리 사용하는 보안 기술 요소 중 하나다. 이는 사설 네트워크의 경계 보안을 강화하는 설비로, 비인가 접근을 통제하는 데 사용된다. 즉, 외부의 불법 침입으로부터 내부의 정보 자산을 보호하고, 외부의 유해 정보 유입을 차단하는 정책과 이를 지원하는 하드웨어와 소프트웨어를 총칭한다.

방화벽의 기능은 다음과 같이 요약할 수 있다.

- 접근 제어
- 인증
- 로깅과 감사 로그 추적
- 정보 무결성 보장
- 트래픽의 암호화

방화벽의 종류는 아키텍처 관점에서 패킷 필터링 방화벽^{packet filtering firewall}, 이중 홈 게이트웨이^{dual homed gateway}, 차폐 호스트 방화벽^{screened host}, 차폐 서브넷 방화벽^{screened subnet}, DMZ 형태로 나눌 수 있다. 발전 단계와 출현 시기에 따라 5세대로 나눌 수 있다.

이 책에서는 아키텍처 관점의 분류를 살펴본다.

패킷 필터링 방화벽packet filtering firewall, screening router은 가장 기본적인 방화벽 형태다. 한 포트는 내부 네트워크에, 다른 포트는 외부 네트워크에 연결되어 있고 관리자가 작성한 규칙에 따라 두 네트워크 사이를 통과하는 패킷의 전달 여부를 결정한다. 내부 네트워크로 유입되는 패킷의 전달 여부ingress filtering와, 외부 네트워크로 유출되는 패킷의 전달 여부egress fitering에 대한 규칙을 정의하여 방화벽 정책으로 확립한다. 이때 패킷 헤더에 포함된 송신 측의 IP 주소와 포트 번호, 수신 측의 IP 주소와 포트 번호, 프로토콜의 종류 등에 대한 정보를 바탕으로 패킷에 대한 접근 제어를 수행한다. 패킷 필터링 방화벽은 배스천 호스트가 내부에 있는 형태이며, ACL Access Control List을 활용하여 접근 제어를 강화하기도 한다.

패킷 필터링 방화벽의 장점은 애플리케이션에 독립적이며 성능과 확장성이 가장 우수하다는 것이다. 그러나 보안성은 가장 낮으며 네트워크 계층까지의 보안만을 제공한다는 단점이 있다.

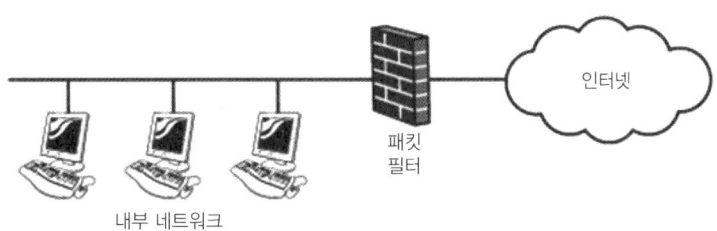

그림 7-3 패킷 필터링 방화벽

이중 홈 게이트웨이는 두 개의 네트워크 인터페이스(NIC)를 하나의 호스트에 갖고 있으며, 한 개는 외부 네트워크와 연결하고 다른 한 개는 내부 네트워크와 연결한 형태다. 따라서 물리적인 네트워크 경계 연결 보안 설비로 작용하며 두 네트워크 인터페이스 사이에서 패킷 필터링을 한다. 배스천 호스트가 인터넷과 내부 네트워크 사이에 위치하면서 프록시 서버를 이용하여 패킷 필터링과 서비스 대행 및 연결 관리 기능을 제공하고 내부 네트워크를 보호한다.

서킷 레벨 게이트웨이circuit level gateway 방식과 애플리케이션 레벨 게이트웨이application level gateway 방식을 혼용한 형태로서 다양하고 세부적인 정책 설정과 세션 감시가 가능하다. 물리적으로 네트워크가 분리되어 설치 및 유지 보수가 쉽다는 장점이 있으나, 단일 패킷 필터링 방화벽보다 속도가 느리고 확장시 프록시 서버도 함께 확장해야 한다는 단점이 있다.

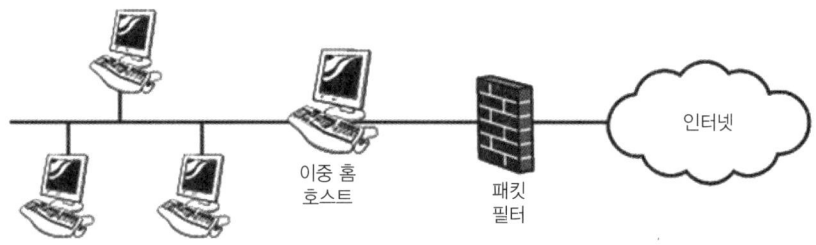

그림 7-4 이중 홈 게이트웨이

차폐 호스트 방화벽screened host gateway은 패킷 필터링 방화벽과 배스천 호스트를 혼합하여 구성하는 방식이다. 외부 네트워크에서 내부 네트워크로 유입되는 트래픽에 대하여 패킷 필터링 라우터는 정해진 규칙에 따라 허용 네트워크 주소와 서비스 포트를 검사하고, 허용되지 않은 패킷을 1차적으로 폐기한다. 허용된 패킷은 배스천 호스트에 전달되며, 배스천 호스트에 정의된 프록시 서비스를 활용하여 2차적으로 내부 네트워크 접근을 차단한다.

반대로, 내부에서 외부 네트워크로 유출되는 트래픽은 먼저 배스천 호스트를 거쳐 패킷 필터링 라우터로 나가면서 제어 규칙에 따라 패킷 전달 여부를 결정짓는다. 패킷 필터링 라우터에서 내부 네트워크에 대한 라우팅 정보는 모두 배스천 호스트를 가리켜야 하며, 내부에서 외부 네트워크로 나가는 라우팅 정보는 모두 배스천 호스트를 가리키도록 구성해야 한다.

이러한 구성은 모든 트래픽에 대해 네트워크와 전송 계층에서 1차 방어를 하고, 애플리케이션 계층에서 2차로 방어한다는 점에서 매우 안전하며 해커가 공격하기 어려워진다는 장점이 있다. 하지만 패킷 필터링 라우터에 대한 의존 및 부담이 커지고 구축 비용도 증가한다는 단점이 있다.

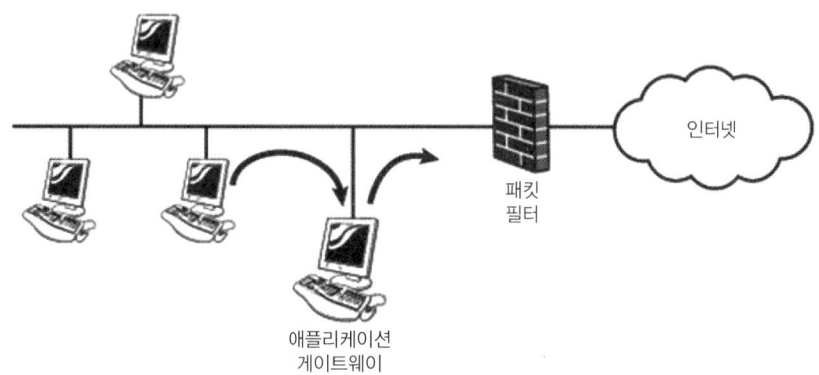

그림 7-5 차폐 호스트 방화벽

마지막으로 차폐 서브넷 방화벽 screened subnet firewall은 정책적으로 방화벽 시스템을 통해 인터넷과 같은 외부 네트워크에서 유입되는 트래픽을 제어해야 할 뿐 아니라, 내부 네트워크의 정보를 공개해야 할 필요가 있는 경우 내부 네트워크와 공개용 네트워크를 구분해야 할 때 사용된다. 이러한 경우는 외부 네트워크에 연결된 패킷 필터링 라우터와, 내부 네트워크에 연결된 패킷 필터링 라우터 사이에 별도의 서브넷을 형성하여 외부와 내부 네트워크 사이의 트래픽을 감시하는 DMZ 구역을 둔다. 이러한 차폐 서브넷에는 공개용 서버들이 위치하고, 배스천 호스트들이 설치돼 내부 네트워크로 접근이 허용된 서비스에 대해 게이트웨이 역할을 담당한다.

결국 외부에서 내부로의 접근은 외부 관문에 놓인 패킷 필터링 라우터의 필터 규칙에 따라 차폐 서브넷상의 공개 서버와 배스천 호스트로 전달되며, 내부 패킷 필터링 라우터는 배스천 호스트와 배스천 호스트에서 허용하는 서비스에 대해서만 내부 네트워크로의 접근을 허용한다. 설사, 배스천 호스트가 외부 침입자에 의해 손상되었다 할지라도, 명백히 허용된 서버와 서비스에 대해서만 내부 네트워크와 연결된 내부 패킷 필터링 라우터를 통해 트래픽이 유입되므로 보다 안전해진다.

다중 보안 시스템을 통과해야 하므로 침입이 어렵고 다양한 보안 정책 구현이 가능하여 유연성이 뛰어나다는 장점이 있으나, 설치와 관리가 어렵고 시스템 구축 비용이 높다는 점과 서비스 속도가 느리다는 단점이 있다.

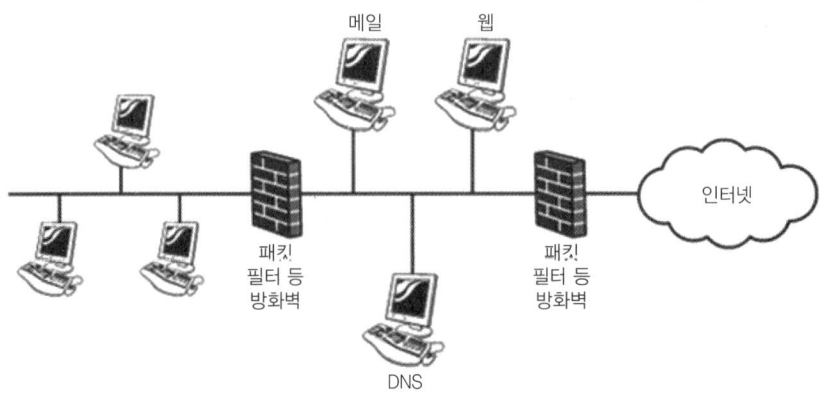

그림 7-6 차폐 서브넷 방화벽

> **참고 배스천 호스트**
>
> 배스천 호스트(Bastion Host)는 외부와 내부 네트워크를 방어하는 요새 역할을 담당하는 호스트다. 악의적인 외부 침입자의 시스템 악용을 방지하기 위해 불필요한 사용자 계정과 유틸리티, 서비스, 명령 등을 삭제하고 라우팅 기능을 비활성화하여 보안성을 강화한다. 또한, 사용자 인증 기능을 강화하며 모든 사용자에 대한 접근 및 모니터링 기능이 있어야 한다. 내부·외부 네트워크로의 접근은 배스천 호스트를 통하며, 이 호스트의 인증 과정을 거쳐 통신하게 된다. 배스천 호스트는 패킷 필터링 라우터와 달리 애플리케이션 계층에서 작동한다.

클라우드 서비스에서 제공하는 방화벽은 서비스 제공자에 따라 다양한 솔루션을 활용하여 위에서 언급한 아키텍처로 구성된다. 하지만, 일반적으로 퍼블릭 클라우드 서비스가 고객에게 제공하는 방화벽 솔루션은 가상화 환경 위에서 작동하는 소프트웨어 기반의 방화벽이며, 프라이빗 클라우드 서비스의 경우 하드웨어 장비를 좀더 강화하거나 맞춤 사용할 수 있다. 또 해당 하드웨어 장비에 장착되거나, 또는 서비스 호스트에 장착되는 소프트웨어 기반의 방화벽도 활용할 수 있다.

일례로 AWS에서 제공하는 시큐리티 그룹^{Security Group}은 기본적인 소프트웨어 기반 패킷 필터링 방화벽 형태로 트래픽을 IP, 포트, 프로토콜별로 제어할 수 있다. 이러한 기본적인 패킷 필터링 방화벽이 고객의 보안 정책이나 기준에 맞지 않는 경우, 위 아키텍처를 활용하여 다양하게 필요에 따라 고객이 직접 구현할 수 있다.

7.2.2 IDS/IPS

침입 탐지 시스템IDS, Intrusion Detenction System, 그리고 나아가 더 발전된 형태인 침입 방지 시스템IPS, Intrusion Protection System은 네트워크 트래픽을 감시하고 호스트 감사 로그를 모니터링하여, 보안 정책을 위반하는 일이 발생하는지 관제해 주는 기능을 가지고 있다. IDS는 방화벽 뒤 LAN에서 발생하거나 방화벽을 뚫고 들어오는 침입 시도들을 탐지해낸다. IPS는 이러한 침입 시도를 탐지할 뿐 아니라 즉각적인 능동적 대응을 위한 확장된 몇 가지 기능을 더 가지고 있다. 대부분 조직의 보안 정책은 이러한 IDS 및 IPS를 활용하여 네트워크 관리자와 대응 팀들로 하여금 침입에 대응하도록 규제한다. 좀 더 정확히 개념을 이해하기 위해서 방화벽, IDS, IPS의 차이점을 살펴보자.

방화벽과 IDS를 비교하기 위해, 빌딩을 출입할 때 1층 의자에 앉아 있는 경비아저씨를 떠올려보자. 경비원들은 출입자의 짐이나 방문 목적을 일일이 확인할 수 없기 때문에 일단은 외모를 보고 판단한다. 일반적인 방화벽도 마찬가지로, 내부 패킷까지 확인하지 못하고 무조건 송신지와 수신지 TCP/IP 주소, 포트 번호로 판단하기 때문에 위장할 경우 쉽게 침입할 수 있다.

IDS를 설치하면 외부와 내부 출입자의 패킷을 검사할 수 있고, 내부 사용자가 승인되지 않은 서버에 접속하고 있다는 사실도 파악할 수 있다. 방화벽은 선정의된 정책과 규칙에 따라 패킷을 단순한 기준을 토대로 검사하여 통과 여부를 결정한다. 하지만, IDS는 네트워크를 출입하는 모든 패킷을 검사하고, 데이터를 제공하는 소스나 침입 모델에 따른 데이터베이스를 가지고 다양한 분석 도구를 사용하여 좀더 진화된 패킷 처리 및 분석을 통한 침입 탐지 프로세스를 수행한다. IPS는 방화벽과 IDS의 단점을 보완하여 능동적으로 침입에 대응하기 위해 외부로부터 침입과 보안 위협 요소를 사전에 탐지해 차단하고, 지능화된 각종 공격과 유해 트래픽에 대한 자동화된 보안 대응 기술을 구체화한 것이라 볼 수 있다. 새로운 애플리케이션과 서비스의 출현 등으로 복잡해진 네트워크 환경의 변화에 따라 공격기법 자체도 급속히 진화하고 있기 때문에 이러한 장치가 필수적이 되었다. 예를 들어 IPS는 공격 시그니처를 찾아내고, 네트워크 트래픽을 관찰해 수상한 활동을 하는 패킷에 조치를 취할 수 있다. 서버가 비정상적인 행동을 할 경우에는 자동으로 실행을 중단시킨다. 또한, 기존 시스템의 오탐지가 발생하는 것을 피할 수 있도록 정확하게 침입을 구별하고 패킷을 감시하도록 하며, IDS에 비해 성능도 최적화됐다. 이러한 IPS를 통해 우리는 알려지지 않은 공격이나 이상 트래픽 등에도 대처할 수 있다. 오탐지를 최대한 방지하기 위해 패킷 기반과 세션 기반 탐지 기법을 제공하고, 네트워크 베이스라인을 기반으로 한 이상 징후 탐지$^{Anomaly\ Detection}$ 기법도 제공한다.

이러한 IDS/IPS는 하드웨어를 포함한 어플라이언스 등으로 제공되는 형태가 일반적이다. 대다수 클라우드 사업자들이 기본석으로 자신의 클라우드에 장착하여 해커의 온상이 될 수 있는 클라우드를 보호한다. 클라우드 사업자와의 책임 공유 모델로 만족하지 못하고 고객 입장에서 자신의 보안 정책을 준수하기 위해 추가로 이러한 IDS/IPS를 설치해야 할 필요가 있다면, 가상머신에 소프트웨어 기반 IDS/IPS를 설치하는 것이 일반적인 해법이다.

7.2.3 네트워크 채널 암호화

다음 그림은 가장 높은 수준의 보안을 제공하는 국내 사이트 중 하나인 K 은행의 웹 사이트다. TLS 1.0이 적용된 연결을 사용하고 있다.

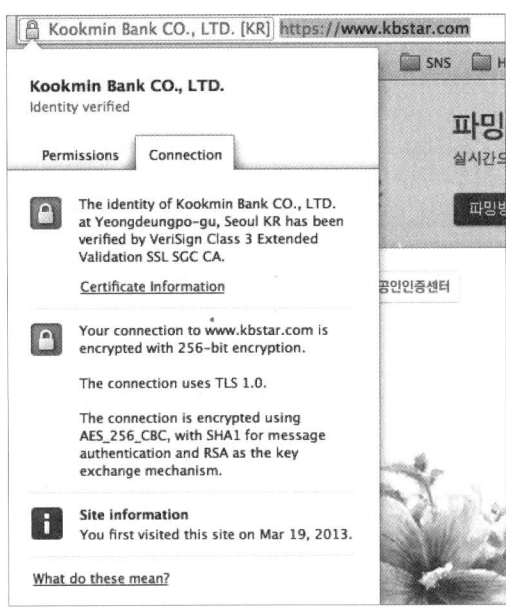

그림 7-7 국내 K 은행 사이트의 TLS 연결

TLS^{Transport Layer Security}는 Secure Sockets Layer에서 발전된 것으로, 인터넷상의 통신 보안을 제공하는 암호화 프로토콜이다. TLS는 비대칭 암호화 기술을 사용하여 키 교환의 인증을 구현하고, 메시지의 데이터 무결성과 기밀성을 보장하기 위해 메시지 인증 코드에 대칭 암호화 기술을 사용한다. 사례로 든 위 사이트에서는 AES 256비트 알고리즘을 사용하고, 메시지 인증에는 SHA1, 키 교환에는 RSA를 사용한다. 이 TLS 프로토콜은 몇 가지 버전이 존재하며 웹 브라우징, 이메일, 인터넷 팩스, 인스턴트 메시징과 VoIP 등 다양하게 활용된다.

OSI 계층화 모델에서 보면 TLS와 SSL은 L5 세션 계층에서 초기화되어 L6 표현 계층에서 동작하도록 설계되어 있다. 먼저 세션 계층은 암호화 설정을 성립시키기 위해 비대칭 암호를 사용한 핸드셰이크를 만들고 해당 세션에 대한 공유 키를 갖는다. 그 후 표현 계층은 통신의 나머지 부분을 대칭 암호화와 그 세션 키를 사용하여 암호화한다.

TLS는 IETF 표준 트랙 프로토콜로 1999년 처음 정의되었고, 최근 RFC 5246(2008년 8월), RFC 6176(2011년 3월)에 갱신되었다. 이는 기존의 SSL 명세에 기반하여 네스케이프 사에서 개발한 것으로 SSL과 호환이 되지는 않는다. TLS와 SSL을 사용하려면 서버에 TLS 및 SSL 서비스용 인증서를 설치해야 하며, 인증서는 테스트용으로 직접 만들 수도 있고 VeriSign 등 신뢰받는 기관에서 상용으로 발급받을 수도 있다.

대부분의 클라우드 서비스에서 호스트와 로드 밸런서의 TLS 및 SSL 적용을 지원한다. 하지만 연동하여 사용하는 서비스, 예를 들어 클라우드 기반 CDN이 TLS 및 SSL을 지원하는지의 여부 등을 주의해서 살펴봐야 한다.

7.3 기밀성과 데이터 암호화

암호화는 메시지나 정보를 악의적인 해커나 탈취자는 읽을 수 없고, 인가받은 당사자만 읽을 수 있는 방식으로 인코딩하는 프로세스를 뜻한다. 암호화 메커니즘에서 평문으로 구성된 메시지나 정보는 암호화 알고리즘을 활용하여 해독할 수 없는 암호문으로 암호화된다. 이는 암호화 키를 통해 이뤄지는데, 이렇게 암호화된 암호문은 복호화 키로 복호화 알고리즘을 활용하여 다시 평문으로 복호화된다.

데이터 암호화 방식 역시 다양하게 분류해볼 수 있는데, 여기서는 알고리즘 자체의 특성과 용도에 따라 다음과 같이 세 가지로 나눠본다.

- 해싱 Hashing
- 대칭 암호화 symmetric encryption
- 비대칭 암호화 asymmetric encryption

이러한 암호화 방식은 기본적으로 데이터 무결성, 인증, 기밀성 등을 특징으로 하며, 각 방식은 서로 구분되는 특장점을 갖고 서로 다른 용도로 사용된다. 또한, 이러한 암호화 방식을 기반으로 디지털 서명 Digital Signature, 공개 키 기반 구조 PKI, Public Key Infrastructure 가 구성된다.

이 장에서는 이러한 암호화 방식을 국제 ISO 표준으로 비준된 알고리즘과 함께 살펴본다.

7.3.1 해싱

해싱 알고리즘은 '메시지 다이제스트' 혹은 '전자 지문'이라 불리는 해시 코드를 생성한다. 해싱 알고리즘의 중추는 두 개의 고정 길이 데이터 블록을 사용해 해시 코드를 생성하는 수학적 해싱 함수에 있다. 해싱 함수는 데이터를 자르고, 치환하거나, 위치를 바꾸거나, 기수를 변환하는 등 다양한 방법을 사용해 해시 값을 도출해낸다. 해싱 함수는 결정론적으로 동작하여 두 해시 값이 다르다면 그 해시값에 대한 원래 데이터도 달라야 한다.

이 해싱 방식은 데이터 무결성을 검증하는 데 주로 사용되며, 동일한 용도로 사용되는 체크섬보다 훨씬 신뢰성이 있다. 디지털 서명시 메시지 다이제스트를 만드는 데 활용된다.

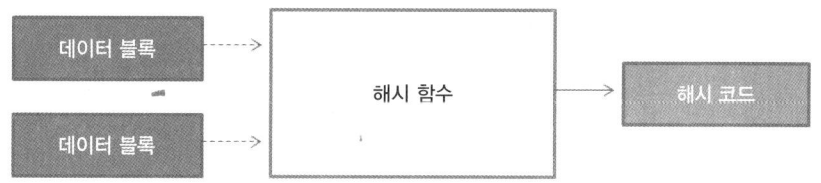

그림 7-8 해시 함수 동작 과정

아래 표는 가장 일반적으로 쓰이는 해싱 알고리즘을 나열하였다. 오늘날 일반적으로 사용되는 해싱 알고리즘은 대부분 32비트 머신에 최적화된 성능을 보인다.

표 7-4 가장 일반적인 해싱 알고리즘

알고리즘	입력 블록 크기	메시지 제한	해시 코드 크기
MD5	512비트	2^{64}비트	128비트
SHA-1	512비트	2^{64}비트	160비트

MD5는 512비트의 데이터 블록으로 구성된 임의의 메시지가 해싱 함수에 입력값으로 들어가, 128비트의 해시 코드를 만들어낸다. 해싱 함수에서 충돌이 일어나지 않는 메시지 크기의 제한은 표와 같다. SHA-1을 통해 생성되는 해시 코드의 크기는 MD5보다 조금 더 큰 160비트다.

7.3.2 대칭 암호화

대칭 암호화 방식은 암호화 및 복호화에 동일한 비밀 키private key를 사용하는 암호화 방식이다. 암복호화를 하고자 하는 참여당사자들간 서로 동일한 비밀 키를 하나 가지고 있으며, 메시지를 암복호화할 때 서로 공유한 비밀 키shared secret를 사용한다.

대칭 암호화 방식에는 스트림 방식과 블록 방식이 있으며, 대칭 암호화 알고리즘은 키 생성 알고리즘, 암호화 알고리즘, 복호화 알고리즘으로 나뉜다.

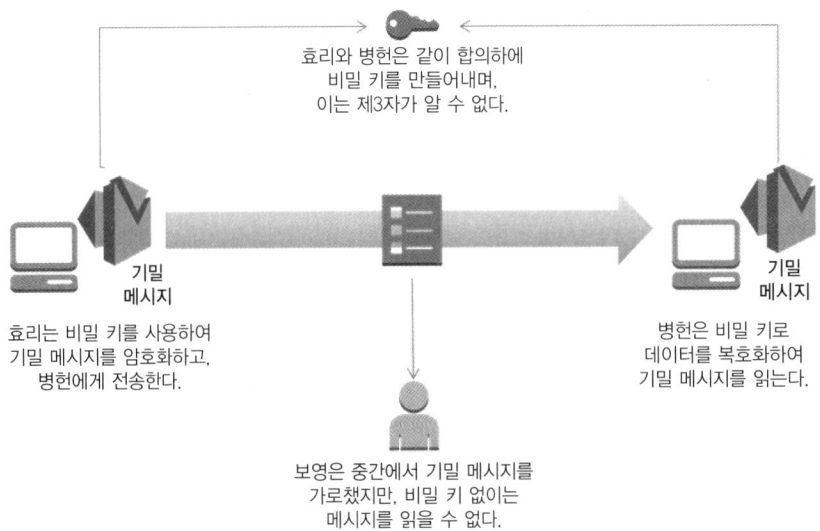

그림 7-9 대칭 암호화 방식

대칭 암호화 방식 중 ISO 표준으로 비준된 블록 암호화 알고리즘의 예는 다음과 같다.

표 7-5 대칭 블록 암호화 알고리즘

알고리즘	블록 크기	키 길이(비트)
DES	64	56
RC2	64	40, 48, 56, 64, 72, 80, 88, 96, 104, 112, 120, 128
3DES	64	2개, 혹은 3개의 56비트 키가 함께 쓰인다.
Rijndael (AES)	128, 192, 256	128, 192, 256
ARIA	128	128, 192, 256
SEED	128	128

위 표에서 ARIA와 SEED는 국내 연구팀이 개발한 것으로 ISO에 등록되었다. SEED의 경우 각종 브라우저에 탑재됐을 뿐 아니라 OpenSSL 등에서도 지원하게 되었다. 그러나 오늘날 세계적으로 주로 쓰이는 대칭 블록 암호화 알고리즘은 AES로, SEED를 지원하지 않는 대부분의 외산 제품들도 모두 AES를 지원한다.

7.3.3 비대칭 암호화

비대칭 암호화Asymmetric Encryption 방식은 암호화 키와 복호화 키가 다르며, 공개 키 기반 구조PKI 암호화 방식으로 채택된 암호화 방식이다.

두 개의 키는 소인수 분해integer factorization와 이산 로그discrete logarithm 등의 방식으로 수학적 관계성을 가진다. 하나의 키가 공개되어 있다 해서 수학적인 연계를 가지는 비밀 키를 유추하는 것은 매우 어렵다.

즉, 공개된 키를 공유하여 송신자가 수신자의 공개 키로 암호화한 메시지를 수신자에게 보내면, 수신자는 수신자의 비밀 키로 복호화하여 메시지를 해독하는 형태다. 다음 그림은 비대칭 암호화 방식의 절차를 나타낸다.

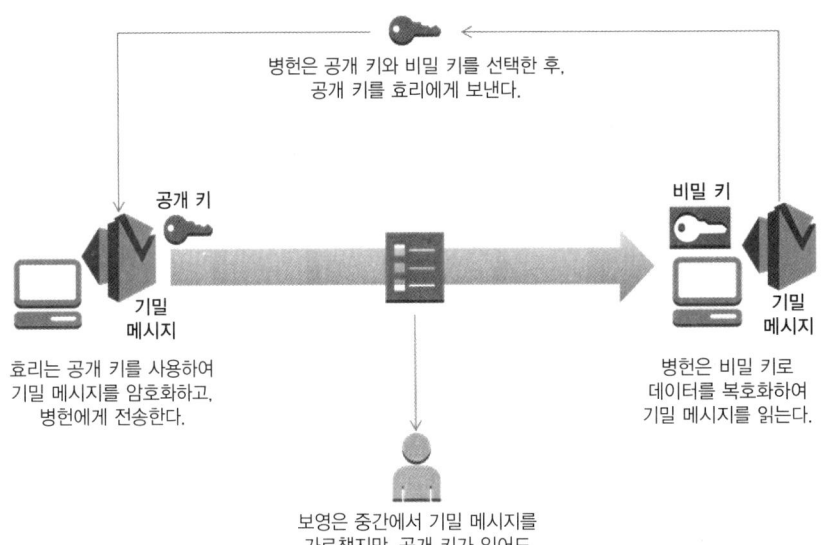

그림 7-10 비대칭 암호화 방식

이러한 비대칭 암호화 방식에는 다양한 알고리즘이 있다. 그 중에서 가장 대표적으로 쓰이는 비대칭 암호화 알고리즘과 그 용도를 표 7-6에 표시하였다.

표 7-6 비대칭 암호화 알고리즘

알고리즘명	주요 내용	용도
Diffie-Hellman	1979년 발표된 이산 대수 기반의 공개 키 암호화 알고리즘	키 교환 프로토콜
DSS(Digital Signature Standard)	NIST에서 제안한 전자 서명 표준안	디지털 서명
El Gamal	RSA의 대안으로 제안된 이산 로그 기반의 공개 키 암호화 알고리즘. 똑같은 키를 이용하더라도 다른 암호문이 생성되는 특징을 가짐	디지털 서명
Elliptic Curve	1985년 제안된 타원곡선 공식 기반의 암호화 알고리즘	스마트 카드(IC 카드) 등 하드웨어
RSA(PKCS#1)	1977년 발표된 소인수분해 기반의 공개 키 암호화 알고리즘	디지털 서명

7.3.4 PKI

공개된 공개 키가 위조나 변조되지 않았음을 보장하는 문제, 즉 공개 키의 무결성을 보장하기 위해 등장한 것이 공개 키 기반구조 PKI, Public Key Infrastructure 이다. 공개 키 기반 구조에서는 공개 키를 공개하는 대신 공개 키와 그 공개 키의 소유자를 연결하여 주는 인증서를 공개한다. 인증서는 신뢰할 수 있는 제3자(인증기관)의 서명문이므로 신뢰객체가 아닌 사람은 그 문서의 내용을 변경할 수 없도록 한다.

PKI를 구성하는 요소는 다음 표와 같다.

표 7-7 PKI 구성요소

구성요소	설명
인증기관(CA, Certification Authority,)	인증 정책을 수립하고, 인증서와 인증서 취소 목록을 관리한다.
등록기관(RA, Registration Authority)	사용자 신분을 확인하고, PKI를 사용하는 애플리케이션과 CA간의 인터페이스를 제공한다.
저장소(Repository)	PKI 관련 정보를 공개한다(인증서, CRL 등).
인증서(Certificate)	서버와 클라이언트의 인증서를 의미하고, 전자 서명과 암호화 등을 통해 보호된다. 사용자의 신원과 공개 키 정보가 서로 결합된다.
인증 정책(Certification Policy)	인증서를 관리하는 절차 등을 기술한다.

7.3.5 일회성 스트림 암호

스트림 암호란 2진법의 평문과 2진법의 비밀 키를 사용하는 블록 암호와 달리 각 비트마다 XOR 연산을 하여 암호문을 얻고, 복호화는 암호문의 각 비트마다 비밀 키의 각 비트를 XOR 연산하여 평문을 구하는 형태의 암호 시스템을 일컫는다. 가장 일반적으로 사용되는 형태는 난수표를 이용해 덧붙이는 비밀 키의 길이가 평문 키의 길이와 같고, 한번 사용한 비밀 키를 다시 사용하지 않는 일회성 스트림 암호를 one time pad(Vernam Cipher)라 한다.

이러한 비밀 키는 송신자와 수신자가 모두 공유해야 할 뿐 아니라, 한번 사용한 비밀 키는 다시 사용해서는 안 된다. 또한 대량의 비밀 키를 안전하게 보내는 것도 상당히 어려운 일이다. 따라서 짧은 키나 메시지를 사용하여 효율적으로 암호화하는 것이 중요하다.

패드^{pad}는 완전히 랜덤하게 생성된 데이터로 구성되어야 하며, 한 번 이상 사용돼서는 안 되고 물리적으로 안전해야 한다. 이렇게 pad가 고유하고 재사용되지 않는 경우, 통계적 분석이나 패턴 매칭 기술로는 one time pad를 해제할 수 없다. 이처럼 일회성 스트림 암호에서 중요한 특성은 임의성이며, 완전한 임의성을 얻기 위한 참조로 방사성 붕괴나 우주 흑체 복사 등을 사용할 수 있다.

7.3.6 키 관리

암호 키는 키 일치 또는 키 전송 기법을 사용하여 개체들 간에 전자적으로 설정된다. 키 일치 과정에서 키는 전송되지 않고 키 계산을 할 수 있게 하는 정보가 교환된다. 키 일치 기법은 비대칭(공개 키) 기술을 사용한다. 키 전송 과정에서는 암호화된 키가 전송된다.

키 전송 기법은 대칭 또는 비대칭 기술들을 이용한다. 키 자체의 안전성뿐 아니라 이와 같은 관리 기법과 그 절차의 안전성도 중요하기 때문에, NIST에서는 키 관리 기법을 정의하고 키 관리를 위한 가이드라인을 정리하여 배포하였다.

이러한 키 관리 절차는 운영 전 단계, 운영 단계, 운영 사후 단계의 세 단계로 나눌 수 있다. 운영 전 단계는 사용자 등록, 초기화, 설치, 키 생성과 배포, 키 등록으로 이뤄져 있다. 운영 단계는 저장 방식, 백업과 복구, 변경 절차 등을 포함한다. 운영 사후 단계는 아카이빙, 등록 해제 및 삭제, 회수 절차를 포함한다. 이러한 키 관리 절차는 암호키가 유실되는 것을 방지하기 위한 것으로 각 조직마다 관련 보안 정책이나 가이드라인을 정립해야 한다. 더 자세한 내용은 이 장의 수록 범위를 벗어나므로 부록의 추가 리소스에서 확인한다.

7.4 애플리케이션 보안 기술

OWASP의 Top 10 프로젝트에 해당하는 2013년 보고서에 따르면 일반적으로 다음과 같은 애플리케이션 보안 취약점이 주를 이룬다.

1. **인젝션**Injection: SQL, OS, LDAP과 같은 인젝션 취약점, 특히 SQL 인젝션 취약점은 웹 애플리케이션에서 매우 흔하다. 인젝션은 사용자가 입력한 데이터가 명령어나 질의문의 일부분으로 인터프리터에 보내질 때 발생한다. 악의적인 공격자가 삽입한 데이터에 대해 인터프리터는 적절한 인가 과정 없이도 의도하지 않은 명령어를 실행하거나 데이터를 변경할 수 있다.

2. **취약한 인증과 세션 관리**Broken Authentication and Session Management: 인증과 세션 관리와 관련된 애플리케이션 함수가 적절히 구현되지 않았을 수 있다. 이러한 취약점을 통해 공격자가 패스워드, 키, 혹은 세션 인증 토큰을 손상시키거나, 다른 사용자의 아이디를 가장하도록 악용할 수 있다.

3. **XSS**Cross-Site Scripting: XSS 취약점은 콘텐츠를 암호화나 검증하는 절차 없이 사용자가 제공하는 데이터를 애플리케이션에서 받아들이거나, 웹 브라우저로 보낼 때마다 발생한다. XSS는 공격자가 희생자의 브라우저 내에서 스크립트를 실행하게 허용함으로써 사용자 세션을 가로채거나, 웹 사이트를 손상하거나 웜을 심는 것 등을 가능하게 할 수 있다.

4. **불안전한 직접 객체 참조**Insecure Direct Object References: 직접 객체 참조는 개발자가 파일, 디렉토리, 데이터베이스 기록 혹은 키 같은 내부 구현 객체에 대한 참조를 URL 혹은 폼 매개변수로 노출시킬 때 발생한다. 공격자는 접근 제어 확인이나 기타 보호 장치가 없는 경우 이러한 참조를 조작해서 승인 없이 다른 객체에 접속할 수 있다.

5. **잘못된 보안 구성**Security Misconfiguration: 강력한 보안은 애플리케이션, 프레임워크, 애플리케이션 서버, 웹 서버, 데이터베이스 서버, 그리고 플랫폼에 안전한 구성이 정의되고 배치될 때 가능하다. 안전한 설정이 정의 및 구현되고 유지되어야 하며, 안전하지 못한 기본 설정은 삭제되거나 변경되어야 한다. 또한, 소프트웨어는 항상 최신 버전으로 유지해야 한다.

6. **민감한 데이터 유출**Sensitive Data Exposure: 많은 웹 애플리케이션이 신용 카드나 세금 아이디 정보, 인증 증명서와 같은 민감한 정보를 적절하게 보호하지 못한다. 이러한 취약점을 이용해 악의적인 공격자가 신용 카드 범죄나 아이디 도용, 또는 다른 사이버 범죄를 저지르는 데 이렇게 유출되거나 변경된 데이터를 사용할 수 있다. 민감한 정보는 저장할 때뿐 아니라 교환, 통신될 때에도 암호화하는 등 추가적인 강화된 보호 장치와 주의가 필요하다.

7. **함수 수준의 접근 제어 미비**: 대부분의 웹 애플리케이션은 사용자 인터페이스내에 표시되기 이전에 함수 수준의 접근 권한을 검증하게 된다. 하지만, 이와 동일한 접근 제어 검사를 각 함수가 접근될 때에도 서버상에서 수행할 필요가 있다. 요청이 검증되지 않는 경우, 악의적인 공격자가 적절한 인가 없이 해당 함수의 기능에 접근하기 위해 요청을 변조할 수 있다.

8. **크로스 사이트 요청 변조**CSRF, Cross-Site Request Forgery: CSRF 공격은 로그온 한 희생자의 브라우저가 사전 승인된 요청을 취약한 웹 애플리케이션에 보내도록 함으로써 희생자의 브라우저가 공격자에게 이득이 되는 악의적인 행동을 수행하도록 한다. 희생자의 브라우저가 생성한 요청은 취약한 애플리케이션이 이러한 요청이 적합한 것으로 판단하도록 한다. CSRF는 자신이 공격하는 웹 애플리케이션이 강력하면 할수록 강력해진다.

9. **취약점이 공개된 컴포넌트의 사용**Using Components with Known Vulnerabilities: 라이브러리, 프레임워크, 기타 소프트웨어 모듈과 같은 컴포넌트들은 거의 항상 관리자 권한으로 실행되곤 한다. 취약한 컴포넌트가 노출되는 경우, 이를 이용한 공격은 심각한 데이터 손실이나 서버 도용 및 탈취 등의 결과를 유발할 수 있다. 취약점이 공개된 컴포넌트를 사용하는 애플리케이션은 애플리케이션의 보안 수준을 떨어뜨리고 광범위한 잠재적인 공격의 위험과 그 영향에 애플리케이션을 노출시킨다.

10. **유효성을 검증하지 않은 리디렉션과 포워딩**Unvalidated Redirects and Forwards: 웹 애플리케이션은 여러 다른 웹 페이지나 웹 사이트로 사용자를 리디렉션시키거나 포워딩하며, 신뢰성이 낮은 데이터를 사용하여 목적지 페이지를 결정하곤 한다. 적절한 유효성 검사 없이는 공격자가 사용자를 피싱이나 악의적인 사이트로 리디렉션시킬 수 있고, 또한 비인가된 페이지로 접근하도록 포워딩할 수 있다.

클라우드 인프라를 사용하여 배치한 웹 애플리케이션과 데이터베이스 역시 동일한 보안 취약점에 노출되어 있다. 애플리케이션 차원에서 인젝션을 방지하고 매개변수 등 입력값의 유효성을 검사하는 것은 필수적인 일이다. 크로스 사이트 스크립팅과 크로스 사이트 요청 변조 또한 최근 매우 흔해진 악의적 공격 기법으로 다양한 코드 기반 탐지 솔루션이 시장에 나와 있으며 가이드라인이 소개되었다. OWASP 사이트는 이러한 문제를 해결하기 위한 가이드라인과, 안전한 코딩 모범 사례, 개발, 코드 리뷰 및 테스팅 가이드라인 등을 포함하고 있다. 더 자세한 내용은 이 장의 수록 범위를 벗어나므로 부록의 추가 리소스에서 확인하도록 한다.

7.5 감사

감사는 리스크 관리 관점에서 정보 시스템에 대한 통제를 검토하고, 정보 시스템 및 관련 프로젝트의 효율성, 효과성을 점검하는 일련의 활동을 일컫는다. 감사의 목적은 독립적이고 전문적인 감사 과정을 통해 대상 객체에 대한 적격성 인증^{certificate}과 경영진의 승인 및 수용^{accreditation}을 얻는 것이다. 결과적으로 이는 정보 시스템과 프로젝트가 비즈니스 목적과 부합하는지를 검토한다.

클라우드 서비스의 경우 제3업체의 인프라를 빌려 쓰는 형태가 되는데, 이러한 아웃소싱 계약의 경우 계약 대상에 대한 감사 기능은 상당히 제한적일 수 있다. 클라우드 서비스 업체는 정형화된 계약서 조항을 갖고 있으며, 대부분 계약서 내 감사 권한을 인정하기보다는 요청 시 SAS70 리포트로 대체한다.

이 절에서는 감사의 개념에 대하여 간략히 살펴보고 클라우드 서비스를 감사할 때 어떤 점에 중점을 두어야 하는지, 그 요소는 어떠한 것들이 있는지 살펴본다.

7.5.1 정보 시스템 감사 개요

오늘날 기업 내 정보 시스템의 중요도와 의존도가 점차 증가하고 투자 규모가 확대되면서, 정보 시스템을 통한 경영 혁신을 달성할 뿐 아니라 정보 시스템 관련 프로젝트가 신규 시장과 수익을 창출하는 시대가 되었다. 이에 따라 정보 시스템에 대한 위험 관리의 필요성이 대두됐다. 이제 사이버 침해와 범죄의 위험에서 고객의 데이터와 기업의 정보 자산이 노출돼 경영 목적에 영향을 미치기 전에 다양한 위협과 취약점을 식별하고, 그러한 위험을 적절한 수준으로 관리할 수 있도록 시스템을 점검하는 감사 활동이 필수적이 되었다.

이러한 정보 시스템 감사의 대상 영역은 다음 표와 같다.

표 7-8 감사 대상 영역

단계	활동
IT 관리와 거버넌스	IT 거버넌스, 프레임워크, 표준 및 가이드라인 정보 시스템의 전략, 정책, 절차 IT 조직 구조, 규칙과 책임 품질 관리 체계 성과 평가 계약 관리
정보 시스템 인수, 개발, 구현	시스템 아키텍처 프로젝트 관리 정보 시스템 개발과 테스트 정보 시스템 구성 관리 서비스 이행과 설치 구현 후 검토
정보 서비스 운영과 유지보수	서비스 수준 관리 서비스 지원: 서비스 데스크, 사건과 문제 관리, 구성 관리, 변경 관리 서비스 이행: 용량과 성능의 관리, 비즈니스 연속성과 재해 복구 계획
정보 자산의 보호	보안 통제의 설계, 구현, 모니터링 위험 모니터링과 대응 논리, 물리, 관리적 접근 통제

7.5.2 정보 시스템 감사 프로세스

정보 시스템 감사 프로세스란 정보 시스템을 보호하고 통제하는 것을 지원할 수 있도록 감사 표준에 따라 감사 서비스를 제공하는 데 필요한 지식을 갖추도록 하는 절차와 통제 활동이다.

정보 시스템 감사 프로세스는 감사 헌장에서부터 출발하여 감사 계획을 세우고 이를 수행한 후 리포팅하는 일련의 절차를 나타낸다. 이를 효과적으로 수행하기 위해서는 가용성, 기밀성, 무결성 등 정보 시스템의 요구사항뿐 아니라 비즈니스의 목적과 목표, 기업내 프로세스에 대한 이해가 필수적이다. 감사 프로세스에는 기업의 환경적 특성과 요인이 큰 영향을 미친다. 기업 내부 정책과 가이드라인, 절차, 조직 구조, 자원 제약 요소부터 파악해야 한다. 또한, 위험 분석을 바탕으로 전략을 수립하여 감사 프로젝트를 진행해야 한다.

감사 프로세스에는 아홉 가지 단계가 있다.

1. 감사 헌장 승인
2. 사전 준비
3. 리스크 평가
4. 감사 실행 가능성 평가
5. 증거 수집
6. 준거 테스트 Compliance Test 수행
7. 실증 테스트 Substantive Test 수행
8. 리포팅 및 감사자 의견 제출
9. 사후 절차 수행

감사 헌장 승인

감사 헌장이란 감사 작업 및 프로세스가 시작되기 위해 꼭 승인받아야 하는 문건으로 감사 권한, 의무, 책임성, 외부 독립 감사시 협약 문서engagement letter 등으로 구성된다. 감사 헌장에서 감사의 범위와 목적 등을 정의하고 권한을 부여한다. 이는 감사 위원회나 이사회 등에서 승인 절차를 거친다.

사전 준비

감사 목표 달성에 필요한 활동과 작업을 결정하는 단계로서, 전문적인 감사 표준, 법적 가이드라인 등의 세트를 만든다. 각 조직은 매년 사전 준비 절차를 재정비해야 하며, 감사자는 비즈니스에 감사가 미치는 영향을 이해해야 한다. 비즈니스에 영향을 미칠 수 있는 요인들은 다음과 같다.

1. **비즈니스 운영**: 업계 규범, 조직 프로세스, 비즈니스/리포팅 사이클
2. **전략적 목표**: 정보 시스템 계획 및 목표, WIP
3. **재무적 목표**: ROI, 비용 할당, 예산 작업 및 예측, 자산관리
4. **내부 통제 운영 목표**: 감사 종류, 인사 계획, 네트워크 통신 규범, 복구 계획, 성능 평가 지표, 시스템 관리

리스크 평가

리스크 평가 단계에서는 감사 대상의 잠재 리스크를 식별하여 문서화한다. 평가 대상은 다음과 같다.

- 보호 대상 자산
- 자산에 대한 잠재적인 위협
- 자산의 리스크 노출 정도
- 위협의 가능한 출처(내, 외부 모두)
- 미해결 보안 이슈

잠재 리스크를 파악한 경우 8.5.3절에서 설명할 회피, 전가, 완화, 수용 등의 대응 전략을 적절히 선택한다.

감사 실행 가능성 평가

고객과 제3업체가 아웃소싱 계약을 맺은 경우 특히 감사 실행 가능성의 평가가 중요하다. 아웃소싱한 경우에도 모든 보안 이슈의 법적 책임이 고객에게 있으므로, 제3업체가 감사에 협조할 수 있도록 감사 협조 조항을 계약서에 포함하는 것이 좋다. 클라우드 서비스 제공자의 경우는 보통 SAS-70 리포트를 보내는데, 잘못된 정보가 있을 수 있고 용도에 따라 왜곡의 소지가 다분하므로 잘못된 정보가 없는지 확인해야 한다. 제3업체가 연계된 경우 고객과 감사자는 긴밀히 협조해야 한다.

증거 수집

감사자의 결론이나 의견에 대한 증거를 수집한다. 증거의 주요 범주에는 문서화된 직접적인 증거와, 알려진 진실에 의거한 합리적인 추정에 따른 간접적인 증거가 있다. 증거는 신뢰성, 적합성, 유용성, 충분성 등의 요건을 만족해야 한다. 이와 같은 증거를 수집하는 기법에는 인터뷰, 관찰 및 설문 조사, 문서 조사, 워크샵, 워크스루 등이 있다.

준거 테스트 수행

특정 준거 규칙이 있는지, 절차가 제대로 구현됐는지, 접근 권한이나 시스템 감사 로그 기록과 같은 규칙이 있는지와 같이, 조직이 통제 절차를 준수하는지를 평가하는 단계다. 이러한 준거 테스트(Compliance Test)를 수행하는 방법에는 샘플링 기법과 컴퓨터를 이용한 감사 기법(CAATs)이 있다. 샘플링이란 시간이나 비용을 고려해 표본 조사를 수행하여 모집단의 특성을 추정하는 기법이며, 컴퓨터를 이용한 감사 기법은 정보 시스템에서 정보를 수집할 수 있도록 하는 도구를 사용하여 지속적인 온라인 감사를 통해 효율성을 향상시킨 기법이다.

실증 테스트 수행

실증 테스트Substantive Test는 증거와 감사자 의견이 관리자의 의견과 일치하거나, 목적에 적합한지, 개별 트랜잭션이나 데이터 등 정보의 무결성을 평가하는 단계다. 이러한 실증 테스트를 수행하는 방법에는 준거 테스트 수행시와 같이 샘플링 기법과 컴퓨터를 이용한 감사 기법 등이 있다. 부정 행위 적발 시에는 경영진과 감사인, 감사 위원회에 보고해야 하며 그 책임은 경영진이 진다.

리포팅과 감사자 의견 제출

증거 및 테스트 결과를 각각 용도에 맞게 분리하고, 리포트를 작성한 후 감사자의 의견 및 권고 사항을 포함하여 제출한다. 이때, 감사자의 권고사항을 구현할 방법에 대하여 피감사자와 감사자가 함께 논의하여 사후 절차 일정 및 방식에 대한 합의를 가진다. 이러한 사후 관리 계획은 지속적인 감사 프로세스로 인식하여 시정조치를 확인하고 경영진에 통보해야 한다.

사후 절차 수행

감사 후 발생하는 문제를 해결하는 단계다. 감사 후 발생할 수 있는 문제는 대차대조표 기일 이전에 발견되는 1형(TYPE 1) 이슈와 이후에 발견되는 2형(TYPE 2) 이슈가 있다.

7.5.3 리스크 분석

여기서 리스크는 주어진 위협이 시스템이나 자산의 취약성을 이용해 조직에 해를 끼칠 잠재성이자, 정보 시스템 및 기술을 활용하고, 소유하며, 운영 및 도입하는 활동과 관련된 비즈니스 리스크를 의미한다. 리스크 분석은 감사 계획 수립과정의 일부로서 위험과 취약성을 식별하여 영향도를 분석하고, 위험을 감소시키는 데 필요한 통제 규칙을 결정한다.

다음 그림은 리스크 분석의 절차를 나타낸 것이다.

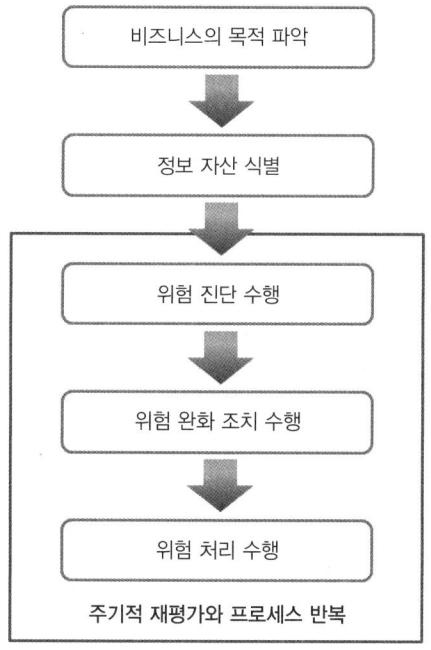

그림 7-11 리스크 분석 절차

준비 단계에서는 비즈니스 목적을 파악하고, 정보 자산 식별 단계에서는 각 비즈니스 목적을 지원하는 정보 자산을 식별한다. 리스크 진단 시에는 위협 요소와 시스템 및 자산의 취약성, 리스크 발생 가능성 및 그 영향도에 대한 진단을 수행한다.

이렇게 진단 분석이 끝나면 리스크 요소에 대응하는 통제 규칙을 매핑하여 리스크 완화 조치를 취한다. 리스크 완화 조치에도 불구하고 잔존하는 리스크는 마지막 단계에서 처리한다.

리스크 처리 방식은 표 7-9와 같이 수용, 완화, 전가, 무시 등이 있다.

표 7-9 리스크 처리 방식

리스크 처리 방식	내용
리스크 전가(Transference)	보험, 아웃소싱, SLA 등 계약으로 해결한다.
리스크 완화(Reduction, Mitigation)	보안 대책 비용이 손실 비용보다 작을 때 다양한 완화 목적의 내부 통제를 구현한다.
리스크 수용(Acceptance)	보안 대책 비용이 자산 손실 확률에 따른 예상 피해액보다 클 때 리스크를 그대로 수용한다.
리스크 무시(Rejection)	예상 피해액과 발생 가능성이 낮을 때 리스크 무시한다.

이러한 리스크 분석 절차는 주기적으로 반복 수행해야 한다.

7.5.4 내부 통제

내부 통제란 리스크를 완화하기 위해 이행되는 정책, 절차, 가이드라인, 실무 관행을 뜻하며 조직 구조도 포함한다. 비즈니스 목표를 달성하기 위해 이를 잠재적으로 저해할 수 있는 리스크를 경영진이 수립한 방책이나 표준 법규, 규칙에 근거하여 예방, 적발 및 교정할 수 있도록 하는 대응책이다.

정보 시스템 측면에서 내부 통제의 목적은 크게 관리적 측면과 재무적 측면으로 나눌 수 있다. 관리적 측면에서는 경영 목표를 달성하고 그에 따른 정책을 준수하며 정보 자산을 효과적으로 보호하고 운영하는 것, 또한 법적, 제도적 요구사항을 준수하고 리스크 발생을 방지하며 이를 탐지하는 것이 목적이다. 재무적 측면에서는 정보 자산을 보호하고 백업 및 복구를 효율적으로 수행하며 신뢰성을 확보하여 비용을 절감하고, 정보 시스템 및 서비스에 대한 정확성과 완전성, 무결성 및 가용성을 확보하여 프로세스 및 경영 혁신으로 이끄는 것이 목적이다.

내부 통제를 분류해 보면 다음 표 7-10과 같다.

표 7-10 내부 통제 유형

구분	기능	통제 방안
예방 통제	• 문제 발생 전에 오류, 누락, 악의적 행위 등을 예방 • 잠재적 리스크 발발 전 예측, 조정 • 운영, 입력 모니터링	• 고용자 적격성 확인 • 직무 분리 및 물리적 시설 접근 통제 • 트랜잭션 승인 절차 • 자동 편집 검사(programmed edit check) • 논리적 접근 통제(S/W 사용)
적발 통제	• 프로세스 실행 중 발생한 오류와 누락 여부 확인 및 적발 • 악의적 행위 탐지와 보고	• 해시 합계 • 실행 작업 점검(internal audit function) • 계산 결과 중복 점검 • 지급 기일 경과 매출 채권 보고서 등 회계 감사
교정 통제	• 발생한 위협의 영향을 최소화 • 적발된 문제를 교정 • 원인 파악, 진단, 분석 후 오류 교정	• 비상 계획(BCP/DR) 수립 • 백업 절차 수립 • 재수행 절차 수립

위와 같은 내부 통제 유형을 포괄하는 내부 통제 프레임워크는 다양한 모델이 있으나 정보 시스템 관점에서 전 세계적으로 일반화된 것으로 COBIT Control Objectives for Information and related Technology이 있다.

COBIT은 IT 거버넌스를 위한 프레임워크로 ISACA, ITGI에서 1992년 처음 발표한 것이다. 현재 버전은 2012년 발표된 COBIT 5이다. COBIT5는 COBIT 4.1, VAL IT 2.0, RISK IT, ITIL, 관련 ISO를 총망라하고 있다. COBIT5 전문가 가이드는 구현, 정보 보안, 보장, 리스크 부문으로 나뉜다.

> 📌 참고
> - VAL IT: IT 투자를 통해 비즈니스 가치를 실현하는 것을 측정, 감시, 최적화할 수 있는 구조를 제공하기 위한 프레임워크다. 비즈니스와 재무관점에서 COBIT을 보완하여 가치 거버넌스, 포트폴리오 관리, 투자 관리 프로세스 등을 제시한다.
> - RISK IT: IT 리스크 관리 범위를 확장하여 IT 리스크 평가 및 관리를 전사 리스크 관리 체계와 통합하기 위한 프레임워크다.

특히, 2002년 미국에서 사베인 옥슬리법이 제정되면서 이를 준수하기 위해 사용되는 프레임워크로 COBIT을 꼽을 수 있다.

COBIT은 계획과 조직, 도입과 구축, 운영과 지원, 모니터링과 평가 등 4개의 업무 영역으로 나뉘며 각각을 이루는 34개의 프로세스와 215개의 내부 통제 목표가 존재한다. COBIT 프레임워크가 다루는 대상은 정보와 IT 자원이며, 정보의 효과성, 효용성, 기밀성, 무결성, 가용성, 준거성, 신뢰성을 보장하고 데이터, 인력, 시스템, 기술, 물리적 시설 등의 IT 자원을 효과적으로 운영하고 보호한다.

COBIT 프레임워크의 구성은 그림 7-12와 같다.

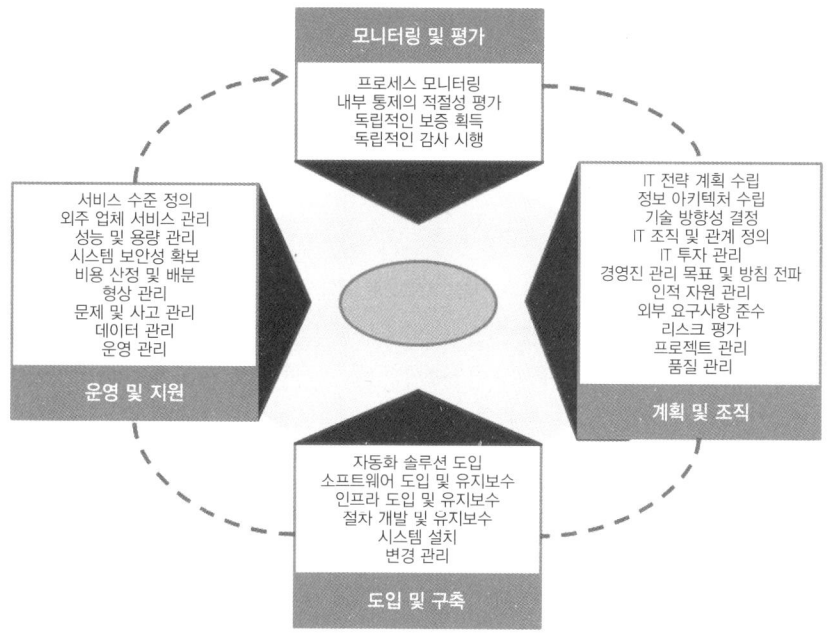

그림 7-12 COBIT 프레임워크의 구성

7.5.5 클라우드 서비스 감사 수행과 리포팅

클라우드 서비스를 활용하면, 특히 클라우드 서비스 제공자와 인프라, 플랫폼 등에 대한 아웃소싱 및 서브스크립션 계약을 맺는 형태가 된다. 따라서 리스크 최소화를 위한 내부 통제에 대한 실증과, 법규상의 요구사항 준수, 정보 자원의 기밀성, 무결성, 신뢰성, 가용성 등의 확인이 필요하다. 특히 세계적으로 대형 통신사 등과 클라우드를 기반으로 한 서비스를 사업적 협약으로 맺는 경우, 대형 통신사의 가용성 기준을 해당 클라우드 서비스가 만족하지 못할 수 있다. 이러한 경우 감사자는 다양한 권고사항을 제시할 수 있다. 아키텍처적 리스크 완화 조치라든지, 계약을 통한 리스크 전가 방법, 또는 해당 클라우드 서비스 제공자와의 B2B, 혹은 사이트 계약 등의 해결 방안이 있다.

이와 같은 권고 사항을 최종 리포트와 함께 보고하기 위해서는 다양한 CAATs^Computer-Aided Audit Tools & Techniques 등의 도구를 이용해 준거 테스트와 실증 테스트를 수행해야 한다.

7.6 사고 대응 프로세스와 체크리스트

보안 관리는 리스크 기반의 예방적인 대책이 주를 이뤄야 하나, 리스크에 대한 1차적인 조치를 취하더라도 잔존 리스크가 존재할 수 있다. 또 침해 사고를 완벽히 예방할 수 있다는 보증을 하기는 어려운 일이다. 따라서 침해 사고에 적절히 대응해 시정하거나 복구 조치를 최대한 빨리 시행하는 것도 중요하다.

다음 그림은 NIST에서 정의한 침해 사고 대응 생명주기를 나타낸 것이다.

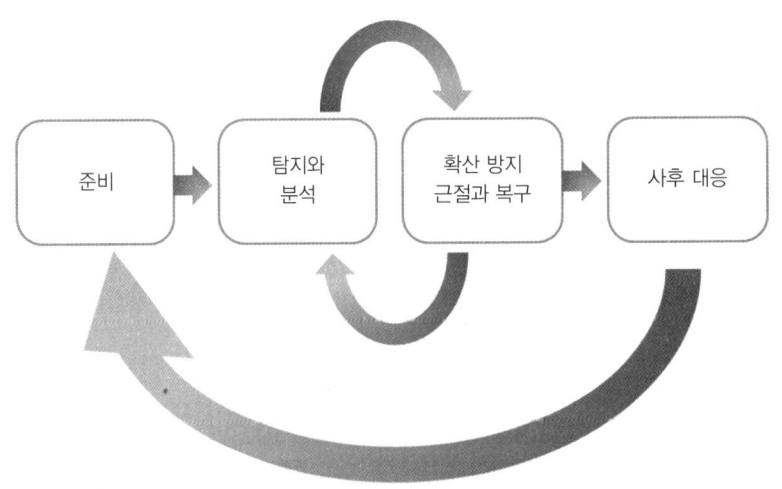

그림 7-13 사고 대응 생명주기

위 생명주기에서 볼 수 있듯 침해 사고 대응 절차는 준비, 탐지와 분석, 확산 방지, 근절 및 복구, 사후 대응 활동의 네 단계로 나뉜다.

침해 사고 대응 방법론은 위 생명주기 중에서도 일반적으로 준비 단계를 가장 강조한다. 침해 사고 대응 조직 체계와 연락 체계를 세워 침해 사고를 예방하고 대응할 수 있도록 시스템, 네트워크, 애플리케이션 등을 안전하게 준비하는 것이 중요하다.

아래 리스트는 사고 대응시 필요할 수 있는 도구와 리소스의 사례를 보여준다. 이 리스트가 각 조직의 침해 사고 대응 체계와 클라우드 모델을 사용하는 경우 공동으로 침해 사고에 대응하는 프로세스와 협업 모델을 만들 때 시작점이 될 수 있을 것이다. 조직은 별개의 다양한 커뮤니케이션 채널과 협업 메커니즘을 가지고 단일 메커니즘에 문제가 발생했을 때 대응할 수 있어야 한다.

★ 사고 대응 커뮤니케이션과 설비 체크리스트의 예 ★

- 조직내 외부의 관련자들과 팀원의 연락처(주 연락처 및 2차 연락처)가 필요하다. 이는 법적 규제에 따라 전화 번호, 이메일 주소, 공개 키, 연락처 인증을 위한 절차 등을 포함할 수 있다.
- 에스칼레이션 정보를 포함한 조직내 다른 팀을 위한 전화상의 정보가 필요하다.
- 전화 번호, 이메일 주소, 온라인 양식이나 안전한 인스턴트 메시징 시스템과 같은 사고 보고 메커니즘 중 적어도 한 가지는 익명으로 보고할 수 있도록 해야 한다.
- 사고 정보와 상태 등을 파악할 수 있는 이슈 추적 시스템이 필요하다.
- 시간 외 지원 및 온 사이트 커뮤니케이션을 위해 팀원들이 사용하는 스마트폰 정보를 공유할 수 있다.
- 팀 멤버간, 조직내 외부의 커뮤니케이션을 위해 암호화 소프트웨어가 사용될 수 있다. 미국의 경우는 FIPS 인증 암호화를 요구하지만, 한국의 경우 공공부문에서 TTA와 정보통신진흥원 등에서 인증된 암호화를 요구할 수 있다.
- 중앙 커뮤니케이션과 협업 제어를 위한 작전실(War room)이 필요하다. 작전실을 유지하기 어려운 경우 임시로 마련하는 절차도 필요하다.
- 증거나 기타 민감한 자료들을 확보 및 보관하기 위한 안전한 저장소가 필요하다.

이와 같은 시작점에서 출발하여, 사고 대응 절차를 체크리스트로 만들면 조직화된 팀과 함께 사고 발생시 단계적으로 순발력 있게 대응할 수 있다. 사고 대응 절차에 대한 체크리스트의 예는 다음 표 7-11과 같다.

표 7-11 사고 대응 절차에 대한 체크리스트

	활동	완료 여부
탐지 및 분석		
1	사고 발생 여부를 파악한다.	
1.1	원인, 지표 등을 분석한다.	
1.2	관련 정보를 탐색한다.	
1.3	검색 엔진이나 지식 기반 등을 통해 조사를 진행한다.	
1.4	사고가 발생했다는 사실을 파악하는 즉시 문서화와 증거 수집을 시작한다.	
2	기능적 영향, 복구 활동 등 관련 요인을 토대로 사고 대응 활동에 우선순위를 할당한다.	
3	내·외부 관계자에게 사고 발생을 보고한다.	
확산 방지, 근절 및 복구		
4	증거를 수집, 보존, 확보, 문서화한다.	
5	사고의 영향이 커지는 것을 방지한다.	
6	사고를 근절한다.	
6.1	침해당한 모든 취약점을 식별하고 완화한다.	
6.2	악의적인 소프트웨어를 제거하고 부적절한 자료와 구성요소를 근절한다.	
6.3	영향을 받은 호스트가 더 발견될 경우 1.1, 1.2 단계를 다시 수행하고, 5단계, 6단계를 다시 수행하여 관련 호스트를 모두 제거한다.	

(이어짐)

	활동	완료 여부
7	사고 영향으로부터 정상 상태로 복구한다.	
7.1	사고에 영향을 받은 호스트를 정상 운영 상태로 되돌린다.	
7.2	정상적으로 운영되고 있음을 확인한다.	
7.3	필요한 경우 추가 관련 작업을 위해 모니터링을 구현한다.	
사후 활동		
8	사후 신고 보고서를 작성한다.	
9	교훈(lesson learned) 미팅을 갖고 해당 교훈을 자산화한다.	

7.7 요약

지금까지 클라우드 서비스를 위한 접근 제어, 네트워크와 경계 보안, 암호화, 애플리케이션 보안 기술, 클라우드 감사, 가용성과 복구를 위한 사고 대응 프로세스와 체크리스트에 대해서 살펴보았다. 이와 같은 정보 보호 요구사항은 클라우드 환경에서 필수적으로 고려하고 구현해야 할 사항으로, 클라우드 서비스 제공자가 다양한 전문적인 보안 서비스를 제공한다고 할지라도, 책임 공유 모델을 제시하기 때문에 고객 입장에서는 반드시 대응 정책과 관련 장치를 마련해야 한다.

8장

구현과 테스트

앞서 살펴본 클라우드 아키텍처 원칙에 맞춰 논리, 물리적인 시스템 구성도에 대한 설계가 끝났다면, 실제 클라우드 서비스를 완성하기 위한 소프트웨어를 구현하고 테스트하는 과정을 거쳐야 할 것이다. 8장 부분은 기존 애플리케이션을 이관하거나 구현을 아웃소싱하는 경우에는 포팅을 위한 사전 작업이나 프로젝트 관리의 이슈가 될 것이다.

범용적 목적의 소프트웨어 구현과 테스트 과정은 이 책의 내용과는 전혀 다른 범위의 또 다른 깊이 있는 이야기가 필요하기 때문에 여기서는 소프트웨어 개발의 생명주기와 구현, 테스트 도구에 대한 이론적인 내용을 간략히 되짚어보고, 실제 클라우드 서비스 개발에 활용할 수 있는 클라우드 IDE 등 다양한 클라우드 서비스를 소개하고자 한다.

8.1 소프트웨어 개발 생명주기 모형

소프트웨어 개발 생명주기는 개발 타당성 분석 평가부터, 개발, 유지보수 단계까지 모든 과정을 하나의 생명주기로 보고 단계적으로 공정을 체계화시켜 놓은 것이다. 이러한 소프트웨어 개발 생명주기 표준 프로세스는 ISO 12207과 15288에 정의되어 있다. 간략히 정리하면 다음 표와 같다.

표 8-1 소프트웨어 개발 생명주기 표준 프로세스

절차	설명
계획	• 요구사항을 만족시키는 대안을 분석하고 타당성을 평가한다. • 시스템 구현에 따른 생산성 향상과 비용 절감 등 기대 효과와 ROI를 분석한다.
요구사항 분석	• 타당성 검토 시 선택된 시스템 개발에 대한 요구사항을 식별하고 상세화한다.
분석/설계	• 고객의 요구사항에 기초하여 프로그램을 위한 명세를 작성한다. • 요구사항 엔지니어링을 위한 공식적인 변경 관리를 수행한다.
개발	• 프로그램을 작성한다.
시험	• 테스트 환경에서 개발 결과에 대한 유효성 검사와 검증 작업을 수행한다.
설치/이행	• 운영 환경을 구축하고 사용자 인수 테스트를 수행한다. • 향후 수행할 다른 프로젝트를 위해 프로젝트 자산이 되는 문서화 작업을 수행한다.
유지보수	• 인수 활동 사후에 일어나는 모든 변경 및 관리 활동이다.
폐기	• 새로운 시스템 개발이나 비즈니스 요건 변화로 인한 시스템을 폐기한다.

이러한 표준 프로세스가 제정되어 있기는 하지만 개발 과정에는 상황에 따른 순발력과 판단력, 창의력 등이 필요해 프로세스의 자동화는 힘들다. 하지만 가능한 범위까지는 간소화 및 자동화되어야 한다.

위 절차에 대한 미국방성에서 정리한 전체적 개념도는 다음 그림과 같다.

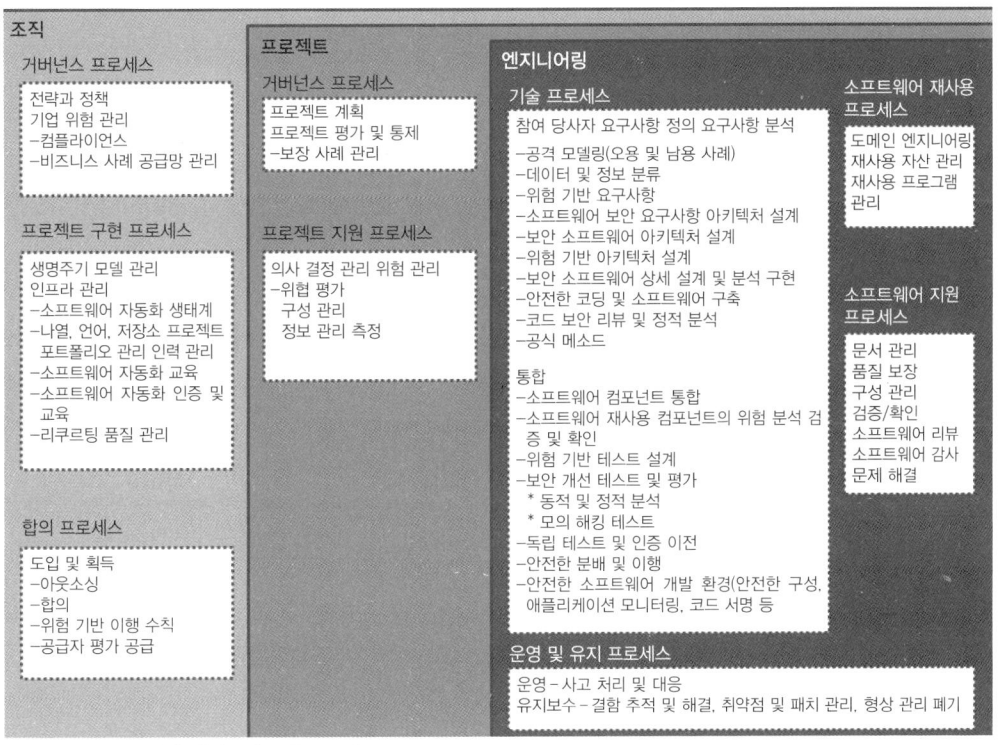

그림 8-1 소프트웨어 생명주기 표준 프로세스

8.2 대표적 소프트웨어 프로세스 모형

대표적인 소프트웨어 프로세스 모형은 크게 네 가지로 나눌 수 있는데, 이는 폭포수 모형, 프로토타입 모형, 나선형 모형, 반복직 모형이 그것이다. 이러한 모형을 채택할 때에는 소프트웨어 특성과 프로젝트의 특성을 우선적으로 고려해야 한다. 비즈니스 측면에서는 개발 업무의 특성, 규모, 성격, 범위에 따라 예산과 납기, 품질 요건등을 준수하여야 하고, 기술 측면에서는 자원과 기술력, 보유한 소프트웨어 도구 등 다양한 프로젝트 자산을 염두에 두어야 한다.

다음 표는 소프트웨어 개발 생명주기 모형을 나타낸 것이다.

표 8-2 대표적 소프트웨어 개발 생명주기 모형

모형	상세 설명	장점	단점
폭포수 모형 (Waterfall)	명세(Specification), 설계(Design) 등 각 단계별 작업이 분리되어 있으며, 검토 및 승인을 거쳐 순차적으로 개발이 진행된다.	• 직관적 • 단계별 검증과 관리가 쉬움	• 요구사항 등의 변경에 유연하지 못함 • 설계/구현/테스트 등에 지연 발생 가능 • 문제 자체를 식별하는 데 오래 걸림
프로토타입 모형 (Prototype)	핵심적인 기능을 먼저 만들어 고객에게 시연 후 구현하는 점진적 개발 모형	• 요구사항 도출 용이 • 쉽게 시스템을 이해 • 의사소통 향상	• 사용자가 프로토타입을 완제품으로 오해할 수 있음 • 비용이나 시간이 단축된다는 선입견이 있음
나선형 모형 (Spiral)	위험 관리 기반 접근법으로 폭포수와 프로토타입 모형의 장점을 결합한 모델	• 점증적으로 개발 • 실패 위험 최소화 • 테스트가 쉬움	• 관리 요소가 많고 복잡함 • 나선형 모형 관리 그래프 등을 직관적으로 이해하기 어려움
반복 모형 (Iterative)	시스템의 기능을 작은 단위로 쪼개거나 단계별로 나누어 릴리스하는 방법	• 실패 위험을 조기 발견할 수 있고 최소화가 가능 • 변경관리가 쉬움	• 관리가 어려움 • 국내 관련 경험이 부족

8.3 대표적 개발 방법론

개발 방법론이란 소프트웨어 공학의 원리를 소프트웨어 개발 생명주기에 적용한 개념으로서, 정보 시스템을 개발하기 위한 활동, 절차, 기법, 산출물 등을 체계화한 것이다. 개발 경험을 축적하고 이를 프로젝트 자산으로 활용하여 개발 생산성을 향상시키는 데 기여하며, 특히 정형화된 절차와 용어를 정립하여 다양한 참여 당사자간의 의사소통을 원활하게 한다.

개발 방법론은 1970년대 출현한 기능 중심의 구조적 기법에서, 1980년대 자료 중심의 정보공학 기법, 1990년대 객체 중심의 객체지향 기법, 2000년대 컴포넌트 중심의 CBD(Component Based Software Development) 기법으로 발전해왔다. 이러한 개발 방법론은 업무의 성격과 프로젝트 특성, 고객 요구사항이나 납기, 예산, 조직의 규모에 적합한 것으로 선택해야 한다. 오늘날 널리 사용되는 개발 방법을 정리해보면 다음과 같다.

- MDA(Model Driven Architecture): 소프트웨어가 구동되는 특정 인프라나 플랫폼에 한정되지 않고 개발될 수 있도록 UML을 기반으로 한 플랫폼 독립적인 모델을 만들고 이를 원하는 특정 플랫폼에 맞게 자동 변환해서 사용하는 차세대 소프트웨어 개발 기술이다. OMG가 그동안 만들어낸 플랫폼 기술과 표준 모델링 언어(UML)를 이용하여 구현한 여러 산업의 표준안을 결합한 모델 방식의 SW 아키텍처다.
- RUP(Rational Unified Process): IBM의 래셔널 소프트웨어 부서에서 만든 객체지향 개발 방법론이다. RUP는 하나로 고정되어 쓰인 프로세스가 아니라, 적응이 가능한 프로세스 프레임워크다. 개발 조직과 소프트웨어 프로젝트 팀이 필요한 바에 따라서 프로세스의 요소들을 선택하여 조절할 수 있도록 설계할 수 있다.

- PLE^{Product Line Engineering}: 소프트웨어를 개발할 때 체계적인 재사용 기법을 적용함으로써 동일 영역에서 다양하게 특화된 소프트웨어를 신속하게 개발할 수 있는 효과적인 메커니즘을 제공하는 접근 방법이다. 컴포넌트가 플러그인 될 수 있는 프레임워크를 제공하는 아키텍처를 기반으로 필요한 컴포넌트를 선택적으로 조립함으로써 시장의 요구사항에 맞는 시스템을 생산하는 방식이다. 핵심 자산 개발 과정과 애플리케이션 엔지니어링 과정, 관리 활동 등으로 구성된다.
- XP^{eXtreme Programming}: 켄트 백 등이 제안한 소프트웨어 개발 방법으로 요구사항이 변동이 심한 경우 적합한 경량 개발 방법이다. 12가지 실천 항목을 정의하고 코딩 시 테스트 코드도 동시에 작성하여 테스트 기반으로 프로젝트를 완성하며, 개발 주기가 짧다.
- Agile Process: 절차보다는 사람 중심의 변화에 유연하고 신속하게 적응하는 개발 방법이다. 경험적 프로세스 제어 모델로 반복적인 개발을 촉진한다.
- TDD^{Test Driven Developemnt}: 매우 짧은 개발 사이클을 반복하는 소프트웨어 개발 프로세스다. 자동화된 테스트 케이스 작성으로 요구사항 검증과 설계를 고도화한다. 각 테스트 케이스를 통과하기 위한 최소한의 양의 코드를 생성한다.

8.4 소프트웨어 테스트

테스트 작업은 프로그램이 의도하는 것을 수행하는지 보여주기 위한 것이다. 또한 프로그램이 사용되기 전에 프로그램의 결함을 찾아내기 위한 방법이다.

테스트 작업의 결과를 통해 프로그램의 오류, 이상, 또는 비기능적 속성에 대해 알아낼 수 있다. 테스트를 통해 프로그램에 오류가 없다는 것을 증명할 수는 없다. 단지 오류를 찾아낼 수 있을 뿐이다.

테스트 작업은 일종의 공격적인 프로세스로 테스트 할 때에는 대상 소프트웨어에 오류의 존재가 가정되어 있어야 한다. 이렇게 테스트에 대한 시각과 참여 당사자의 목적에 따라 소프트웨어 테스트의 종류를 크게 검증Verification과 확인Validation으로 나눌 수 있는데, 검증이란 올바르게 제품을 생산하고 있는지 그 과정을 확인하는 방법(Are we building the product right?)이며, 확인이란 만들어진 제품이 제대로 동작하는지, 요구사항을 그대로 반영하는지를 확인하는 방법(Are we building the right product?)이다.

소프트웨어 테스트 방법은 그 단계와 대상, 공격적 프로세스의 목적에 따라 다음 같이 구분할 수 있다.

표 8-3 테스트 단계에 따른 소프트웨어 테스트 방법

테스트 방법	설명
단위 테스트	• 모듈의 독립성을 평가하기 위해 단위 모듈의 레벨을 테스트하며, 대부분 자동화된다.
통합 테스트	• 모듈 간의 인터페이스가 제대로 되는지, 결함은 없는지 테스트한다. • 빅뱅 방식, 하향식, 상향식, 복합 방식 등이 있다.
시스템 테스트	• 전체 시스템의 기능 수행이 완전하고 결함이 없는지 테스트한다.
릴리스 테스트	• 시스템의 완성된 버전이 출시되기 전, 별도의 팀에 의해 수행된다. 시스템이 요구사항을 만족하는지 검사한다.
인수 테스트	• 사용자 요구사항을 만족하는지 테스트한다. • GA(Generally Available) 전 거치는 알파, 베타 테스트
설치 테스트	• 사용자 환경을 확인하여 완벽하게 동작하는 데 적합한지 테스트한다.

표 8-4 테스트 대상에 따른 소프트웨어 테스트 방법

테스트 방법	설명
블랙 박스 테스트	• 요구사항을 검증하기 위해 기능 테스트하는 데 쓰이며, 테스트 케이스는 소프트웨어 명세로부터 얻는다. • 동치 분할, 경계 값 분석, 원인 결과 그래프 방법 등이 있다.
화이트 박스 테스트	• 프로그램의 내부 구조로부터 테스트 케이스를 얻는다. • 적절한 테스트 커버리지를 정하여 논리적 복잡도를 측정한 후 수행 경로의 집합을 정의해 루프 구조 등을 테스트한다.

표 8-5 테스트 목적에 따른 소프트웨어 테스트 방법

테스트 방법	설명
복구 테스트 (Recovery Test)	고의적인 실패나 장애 케이스를 유도하여 이를 복구하는 테스트를 수행한다.
안전성 테스트 (Security Test)	불법적인 소프트웨어는 없는지 라이선스 관계를 확인한다.
강도 테스트(Stress Test)	과다 정보량을 부과하여 얼마나 잘 견디는지를 테스트한다.
성능 테스트 (Performance Test)	응답시간, 처리량, 속도 등을 테스트한다.
구조 테스트 (Structure Test)	내부 논리적인 경로, 복잡도 등을 평가한다.
회귀 테스트 (Regression Test)	변경 또는 교정이 기존 코드에 새로운 오류를 발생시키지 않는다는 것을 확인한다.
병행 테스트(Parallel Test)	변경된 시스템과 기존 시스템에 동일한 데이터로 테스트를 수행하여 결과를 비교한다.

8.5 클라우드 서비스 개발 도구

애플리케이션 개발자들은 오늘날 대부분 다음과 같은 문제를 해결해야 하는 상황에 직면해 있다.

- 탄력적인 인프라를 기반으로 자동으로 확장 또는 축소되는 애플리케이션 구축 방법
- 많은 기업에서 공유하는 개별 멀티테넌트 애플리케이션 생성 및 관리 방법
- 퍼블릭 클라우드와 다른 퍼블릭 클라우드간 또는 내부 데이터 센터 사이에서 실행되는 애플리케이션을 통합하는 방법

이러한 방법을 고안해 내기 위해서는 다양한 툴을 사용할 수 있으나 애플리케이션 개발자들이 필요로 하는 것은 인프라에 주의를 분산시키지 않고 애플리케이션 개발 자체에 집중하여 생산성을 향상시킬 수 있도록 하는 것이다. 이를 위해 기존의 CASE 툴뿐 아니라 다양한 개발 플랫폼인 일반 개발용 PaaS, APaaS, Cloud IDE 등을 활용할 수 있다.

여기서는 한글 IT 비즈니스 협회의 국외 다양한 클라우드 사업 모델, 사업자 현황 분석 및 국내대응전략 연구에서 발췌한 다양한 도구들을 인지도 기준으로 골라 설명한다.

8.5.1 일반 개발용 PaaS

일반 개발용 PaaS는 개발자와 비즈니스 기획자 등이 사용할 수 있는 일반 개발 플랫폼을 의미한다. 애플리케이션 서비스의 개발과 배포 환경을 제공하는 클라우드 서비스다.

이를 통해 하드웨어와 소프트웨어를 관리하는 시간을 줄이고 더 많은 시간을 개발에 할애할 수 있다. 또한, 사용하지 않는 추가 호스팅 용량에 대한 투자를 줄임으로써 비용을 절감하고 필요에 따라 자원을 사용할 수 있게 하며, 하드웨어와 소프트웨어 관리 비용을 절감할 수 있다.

이와 같은 일반 개발용 PaaS에는 다음과 같은 것들이 있다.

CloudBees (http://www.cloudbees.com/)

- 자바와 다른 언어를 위한 개발 및 실행 서비스를 제공하는 상용 PaaS
- IT 운영이나 미들웨어를 설치할 필요가 없기 때문에 자바 개발자들의 비용을 절감
- 지속적인 배포, 전 생명주기 관리, 신속한 개발에 초점을 맞추고 있음
- 자바, JRuby, Grails, 스칼라Scala, 그루비Groovy, 스프링 프레임워크를 포함한 JVM 기반 언어 지원
- 자바스크립트, node.js, PHP, Erlang 또한 지원

OpenShift Online (http://openshift.redhat.com)

- 애플리케이션의 프로비저닝, 관리, 확장을 자동화하는 신축성 있고 여러 언어를 지원하는 PaaS 아키텍처를 제공함으로써 개발을 가속
- 개발자는 코드 작성에만 집중
- 레드햇의 오픈쉬프트 기업용 프라이빗 PaaS를 강화해주는 오픈쉬프트 오픈소스 프로젝트와 연계를 지원
- 자바(EE6), 루비, Node.js, 파이썬, PHP, 펄을 포함한 다양한 프로그래밍 언어 지원

AppFog (https://www.appfog.com)

- PHP와 다른 애플리케이션을 위한 즉시 설치 및 N계층 배포 제공
- 드루팔이나 워드프레스 같은 툴을 한번 클릭으로 설치 가능
- PHP 애플리케이션을 배포하는 데 있어서의 고통을 제거함으로써 간단 명료함에 초점을 맞추고 있음
- AppFog가 클라우드 서버, 데이터베이스, 스토리지의 모든 수정 및 관리를 담당
- 깃Git, 머큐리얼Mercurial, 서브버전Subversion 같은 버전 관리 시스템과 호환

Clever Cloud (http://www.clever-cloud.com)

- PHP, 자바, 스칼라, 파이썬, node.js를 포함한 많은 프로그래밍 언어 실행 가능
- 대용량의 트래픽에서도 애플리케이션이 이용가능하고 바로 응답가능하도록 하는 자동 확장이 특징
- 기존 활동과 잘 통합되고 용이하게 관리 가능함으로써 사용자들이 쉽고 빠르게 애플리케이션이나 웹 사이트를 호스팅할 수 있음

Heroku (https://www.heroku.com)

- 개발자들은 개발에 집중하게 하고 Heroku는 서버 및 시스템 관리를 제공하는 다중 언어 PaaS
- 루비, Node.js, Clojure, 자바, 파이썬, 스칼라를 이용하여 클라우드 애플리케이션을 개발, 배포, 실행 가능
- 확장성 있고 무장애인 실행환경과 부가 서비스 시스템을 제공하는 플랫폼을 제공 및 관리
- 개방형 스택으로 종속성이 없음

Google App Engine (https://developers.google.com/appengine)

- 애플리케이션을 생성, 테스트, 실행, 수정하기 위한 도구들 제공
- 초기에 제공된 PaaS 서비스 중의 하나
- 신뢰성 있는 확장, 로드밸런싱과 일반적인 웹기술에 대한 지원 제공
- 웹 사이트, 강한 SLA를 가진 비즈니스 애플리케이션, 모바일 애플리케이션을 구축하는 데 적합
- 보안을 위한 애플리케이션은 샌드박스화 됨

Engine Yard (http://www.engineyard.com)

- Ruby on Rails, PHP, Node.js 애플리케이션 지원
- 소규모의 웹 애플리케이션에서 대규모의 기업 애플리케이션까지 실행
- 오픈소스 기술을 이용하며 고객들로 하여금 애플리케이션의 설정, 배포, 관리를 커스터마이징할 수 있는 다양한 옵션을 제공

8.5.2 APaaS

APaaS$^{Application\ Platform\ as\ a\ Service}$란 일반 개발용 PaaS에 속하지만 그와 같은 수준의 유연성을 제공하지는 않는다. 개발자 도구 기반의 독자적인 프레임워크상에서 구축된다. 사용이 극도로 용이하며 신속한 개발 프로세스가 가능하고, 사용자가 개발자라기보다는 수요자가 된다. APaaS의 가장 큰 장점은 소프트웨어 개발 환경을 제서하고 비기술자인 업무에 종사하는 직원들이 애플리케이션을 만들 수 있는 것이며, SaaS 서비스인 Salesforce.com의 생태계인 Force.com이 그런 예 중의 하나다.

다음은 이러한 APaaS의 예다.

Rollbase (http://www.rollbase.com)

- 일반 웹 브라우저에서 포인트앤클릭, 드래그앤드롭으로 SaaS 비즈니스 애플리케이션 생성
- 최소한의 프로그래밍 능력을 요구하며 아주 사용하기 쉬움
- 필요시 쉽게 적용이 가능하도록 백엔드는 자바스크립트와 SQL로 프로그램되어 있음

WorkXpress (http://www.workxpress.com)

- 신속한 애플리케이션 개발을 제공하는 강력하고 빠른 PaaS
- 처음부터 끝까지 비주얼한 시스템 관리와 소프트웨어 개발 환경을 제공함으로써 사용자 친화적이며 코딩이 아닌 클릭만으로 비즈니스를 가능하게 함

Xuropa (http://www.xuropa.com)

- 클라우드 기반 데스크탑 환경을 위한 프로비저닝 시스템을 제공
- 시연, PoC, 상호작용, 제품 평가, 고객지원, 교육을 포함한 고객 계약을 위한 단계를 제공
- 사용자 들은 SSO, 원격 애플리케이션 실행, 클라이언트로의 다운로드 및 설치를 이용하는 클라우드 안에서 소프트웨어 접근 가능

8.5.3 클라우드 IDE

데스크톱에서 제대로 된 소프트웨어를 유지관리해야 하는 번거로움을 없앨수 있는 브라우저 기반의 캘린더, 이메일 클라이언트, 워드 프로세서와 스프레드시트가 확산되면서 빠른 속도로 클라우드로 전환되고 있다. 그러나 이러한 혁신의 시대에도 프로그래머들은 코딩 습관과 간편함, 속도를 이유로 명령줄과 데스크톱 IDE를 고수하는 경우가 많다.

자바스크립트 기반 편집기가 코드 빌드, 디버그, 심지어 배포까지 아우르는 완전한 통합 환경을 갖추고 최고급 데스크톱 도구와 대등한 기능을 제공하는 지금, 프로그래머를 위한 브라우저 기반 도구들이 보편화되는 추세다.

이런 상황에서 출현한 Cloud IDE는 웹브라우저만 있으면 언제 어디서나 개발 가능하고, 별도의 설치 과정이 불필요하며, 온라인 실시간 협업을 지원하고, 빌드/디버깅을 지원한다. 그 뿐 아니라, 다양한 프로그래밍 언어를 지원한다. 아직까지는 웹 서비스를 개발하는 개발자들에게 가장 편리한 개발 환경을 제공해주고 있으며 자바, 루비 등이 완벽한 생태계를 갖추기까지는 시간이 걸릴 것으로 보인다.

다음은 브라우저 기반 클라우드 IDE 서비스를 정리한 것이다.

Eclipse Orion (http://www.eclipse.org/orion)
- 이클립스 IDE 프로젝트
- 이클립스 오리온은 파일 편집을 위한 기본적인 도구다. 데스크톱 IDE에서 그랬듯이 플러그인 아키텍처를 통해 풍부한 기능이 제공될 것으로 보인다.
- 코드 색 지정과 아웃라이닝을 위한 플러그인 등 이미 십여 가지의 유용한 플러그인이 나와 있다.

Cloud9 IDE (https://c9.io)

- 웹 사이트와 웹 앱을 만들기 위한 모든 도구를 제공한다.
- 최대의 장점은 페이지 하단에 위치한 SSH 터미널이다. 여기서 셸 명령을 실행하거나 Node.js 코드의 실행 결과를 볼 수 있다.
- 쓰기-테스트-디버그 루프가 이미 완비되어 있다.

Codenvy (http://codenvy.com)

- 모든 기능을 갖춘 도구 집합으로 코드 빌드와 배포를 위한 클라우드 파운드리 Cloud Foundry와 완전히 통합된다.
- 루비, 자바, PHP, 파이썬을 지원하며 오픈소셜 OpenSocial 도구도 사용할 수 있다.
- 코덴비 클라우드에서 프로젝트를 빌드/실행하고, 문제 없이 실행되면 클라우드에 있는 사용자 서버로 프로젝트를 옮긴다.

Python Fiddle (http://pythonfiddle.com)

- 파이썬 실험과 코드 스케치용으로 개발되어 프로젝트를 개발하고 공유하는 기능을 포함한 완전한 IDE로 발전했다.
- 파이썬 피들의 예제를 포함한 온라인 강좌도 많다.

jsFiddle (http://jsfiddle.net)

- 역시 자바스크립트 실험용으로 시작되어 발전한 도구다.
- 모든 주요 라이브러리와 통합되며 단순한 정적 콘텐트보다 애플리케이션에 가까운 웹 페이지를 제작하는 데 도움이 되는 문서가 제공된다.
- 또한 유용한 코드 저장소도 있어서 다른 사람들이 이전에 구축한 것을 가져다가 이를 기반으로 자신의 프로젝트를 제작할 수 있다.

8.6 요약

지금까지는 국제 표준으로 제정된 소프트웨어 개발 생명주기 모형을 간략히 살펴보고, 프로섹트에서 채택해야 할 소프트웨어 프로세스 모형과 개발 방법론의 대안들을 살펴보았다. 또한, 소프트웨어 테스트 방법들을 되짚어보고, 이와 같은 구현과 테스트 단계에 있어 단순명료한 인터페이스를 제공하고 개발 생산성을 향상시키기 위해 활용할 수 있는 도구들, 즉 일반 개발용 플랫폼 서비스, APaaS, 클라우드 IDE 등을 살펴보았다. 클라우드로 이관할 프로그램이 이미 존재하거나 아웃소싱하는 경우에는 9장 데이터와 애플리케이션 마이그레이션 부분을 참고한다.

9장

데이터와 애플리케이션 마이그레이션

구현과 테스트 과정이 끝난 후 데이터와 애플리케이션을 이관하는 과정에서 실패 위험을 최소화하는 전략을 살펴본다. 이와 같은 이관을 통해 운영 단계로 전환하려면 거쳐야 하는 프로세스와 도구, 절차 등을 알아본다.

구현 및 테스트 과정이 끝난 후에는 데이터와 애플리케이션을 이관하는 과정을 거쳐야 한다. 이와 같은 이관, 즉 마이그레이션 과정에서 실패 위험을 최소화하기 위해 취할 수 있는 전략은 다음과 같은 것들이 있다.

- 빅뱅 방식보다는 작은 단위의 기능과 주 단위로 이뤄지는 단계적인 이관 방식을 취한다.
- 롤백을 고려해 이관할 데이터는 독립적인 형식으로 구성한다.
- 데이터 백업과 보관 주기 정책을 설정한다.
- 네트워크 토폴로지를 먼저 파악하고 클라우드와 연계하는 인프라 계획을 세운다.

이와 같은 전략 하에 데이터와 애플리케이션을 이관할 때에는 먼저 이관 대상을 지정 및 분석하고, 데이터를 추출하여 내보낸 후, 적절한 변환과 애플리케이션 변경을 거쳐, 데이터와 애플리케이션 및 가상머신 이미지를 이관한 다음, 성능 테스트와 튜닝을 통해 안정화 절차를 거친다. 이와 같은 절차에 따라 클라우드 운영계에 데이터와 애플리케이션을 성공적으로 이관하는 방법에 대해 살펴보자.

9.1 이관 대상 데이터와 애플리케이션 분석 및 계획

이관의 객체가 되는 대상 데이터와 애플리케이션을 지정할 때에는, 현재 상태의 데이터와 애플리케이션의 분석뿐만 아니라 이관 후, 즉 미래 상태의 데이터와 애플리케이션도 분석해야 한다. 특히, 관계형 모델의 데이터베이스를 클라우드로 이관하는 경우 데이터베이스 솔루션이 달라짐에 따라 여러 데이터를 통합하거나 물리 모델을 변경해야 할 수도 있고, 관계형 모델이 아닌 NoSQL 솔루션을 사용하거나 파일 시스템 기반 스토리지를 채택함에 따라 데이터 모델 자체를 변경해야 할 수도 있다. 이러한 경우 다양한 ETL(Extract, Transform, Load) 제품을 활용하거나 직접 프로그램을 작성해 이관할 데이터를 새로운 형식으로 변경한다.

ETL은 전통적인 아키텍처에서 데이터베이스 솔루션을 변경 혹은 갱신하거나, 정형 및 비정형 데이터를 다차원 분석용 데이터로 변환하는 데 주로 사용되어 왔다. 클라우드 환경에서는 오픈소스 소프트웨어 스택이 주로 사용되기 때문에 기존의 강력한 상용 관계형 데이터베이스를 사용하던 조직들이 오픈소스 기반의 데이터 관리 솔루션을 도입하려 할 때 처리 능력의 품질이 떨어지거나, 데이터 타입과 물리 모델이 다르고, 유지보수가 힘들어 난관에 부딪치는 경우가 많다. 따라서 적절한 분석 과정을 거쳐 이관 전략을 세우고 단계적으로 이관해 나가는 것이 안전하다.

특히 대용량 데이터를 분산처리하기 위해 NoSQL 솔루션을 도입하는 경우에, 기존에 사용하던 SQL 질의문을 버리고 그에 대응하는 애플리케이션을 작성해야 한다. 범용적인 공통 모듈 형식으로 기본적인 데이터 접근과 처리 계층을 새롭게 생성해야 하는 노력이 필요할 수 있다. NoSQL 솔루션은 보통 기본적인 CRUD 작업을 기반으로 키값에 대한 색인 정도를 생성할 수 있으며, 복잡한 관계형 처리가 필요한 경우에는 적합하지 않다. 반면, 빅데이터 분석용 플랫폼으로 각광받고 있는 하둡 엔진은 관계형 처리가 가능한 하이브Hive 등이 출시되면서 그 활용 범위가 다양해지고 있다.

데이터와 애플리케이션 이관하는 전체 과정에서 반드시 유지해야 할 것은 무결성과 일관성이다. 이관이 완료된 후에는 반드시 데이터와 애플리케이션 로직의 결과값 검증 절차를 수행해야 한다. 데이터와 애플리케이션의 이관 및 변환은 서로 의존 관계에 있다. 데이터 타입 변환이나 물리 모델을 어떻게 설계했는지에 따라, 애플리케이션을 어떻게 변경해야 할지가 결정된다. 데이터와 애플리케이션과의 연계 방식에 따라서 성능도 달라질 수 있으므로 종합적인 전략과 계획을 세워 이관을 진행해야 한다.

종합적인 이관 절차를 살펴보자. 먼저, 대상 데이터와 애플리케이션을 분석한 후 성능을 고려하여 논리 및 물리 모델을 설계한다. 파티션이나 색인, 샤딩, 병렬처리 등의 전략에 따라 변경될 애플리케이션의 범위를 지정한다. 그런 다음 데이터를 추출하여 클라우드로 다시 적재한 후, 검증 및 성능 최적화와 안정화를 거친다.

다음 그림은 종합적인 이관 절차를 나타낸다.

그림 9-1 데이터 및 애플리케이션 이관 절차

분석과 계획 단계에서는 위와 같은 전체적인 절차를 이해하고, 현재 상태의 데이터 모델과 애플리케이션, 미래 상태의 데이터 모델과 애플리케이션에 대한 다양한 측면의 비교표를 작성해야 한다. 또 단계별 대응 방안과 이행 계획도 함께 세워야 한다.

전체적인 이관 과정에 참여하는 참여 당사자들간 조직도와 역할 분담표도 작성해 둔다. 다음 그림은 데이터와 애플리케이션 이관을 위한 업무 분담표의 예를 나타낸 것이다. 그림을 보면 데이터와 애플리케이션의 이관 과정을 전체적인 클라우드 프로젝트 포트폴리오 내에 존재하는 소규모의 프로젝트로 간주하고, 다양한 지원 체계를 구축한다.

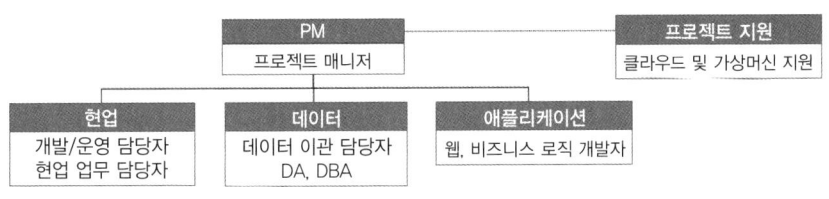

그림 9-2 업무 분담표와 담당자

> **참고** 이 책에서 인력 관리와 조직 관리 부분은 다루지 않으나, 운영 단계로 전환하면서는 다양한 참여 당사자들의 업무 분담과 협업 체계가 점차 더욱 중요해진다.

또한 데이터 모델 비교표 작성의 경우, 예를 들어 오라클 상용 엔터프라이즈 데이터베이스에서 아마존 웹 서비스의 MySQL RDS로 전환한다면, 분석 단계에서 우선 데이터 타입의 변환표를 다음과 같이 작성할 수 있다.

표 9-1 오라클, MySQL 데이터 타입 변환표

데이터 타입 구분	오라클	MySQL
문자형	VARCHAR2, CLOB	TEXT
	CHAR	CHAR
숫자형	NUMBER(19,0)	BIGINT
	FLOAT(24)	DECIMAL DOUBLE DOUBLE PRECISION
	NUMBER(10,0)	INT INTEGER
	NUMBER	NUMERIC
날짜형	DATE	TIME TIMESTAMP DATE DATETIME
비정형	RAW	BIT

다음 그림은 TPC-C의 논리 및 물리 데이터 모델을 도식화한 것이다. 이와 같이 도식화된 데이터 모델을 클라우드로 이관할 때는 변경 부분을 표시하고, 비교 분석표와 주의사항을 달아 둔다.

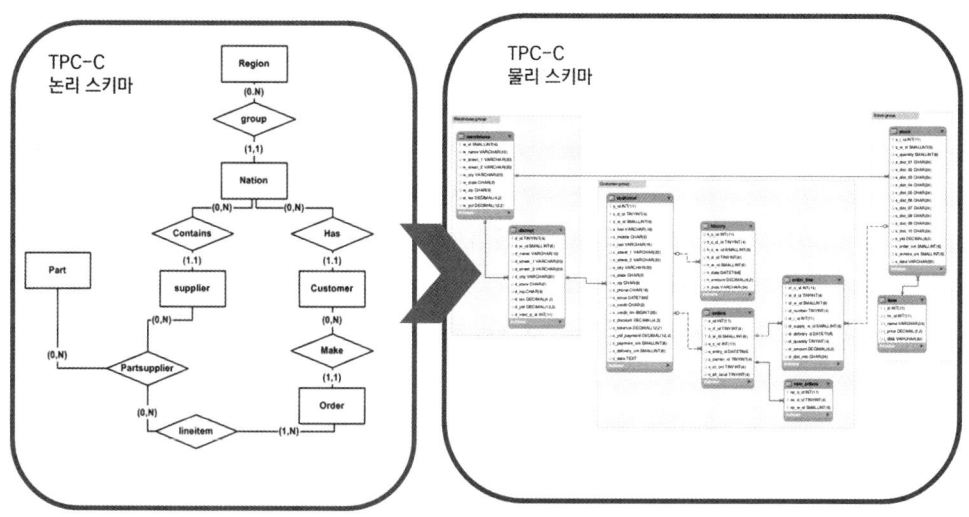

그림 9-3 Salesforce.com의 논리 데이터 모델

각 단계별 대응 방안과 이행 계획을 세울 때는 데이터 모델의 데이터 추출 단계에 대해서는 데이터 추출 방안과 일정, 담당자 등을 표시한다. 데이터 변환 및 애플리케이션 변경 단계에 대해서는 데이터 변환 방안과 활용 도구, 일정, 담당자 등을 정리해야 한다. 데이터 적재와 검증 단계에 대해서는 데이터 적재와 검증 방안과 일정, 담당자 등을 정리해야 한다. 성능 최적화 및 안정화 단계에서는 성능 최적화와 안정화 방안, 일정, 담당자 등을 정리해야 한다.

9.2 데이터 추출 및 변환과 그에 따른 애플리케이션 변경

데이터 추출 단계에서는 이관할 대상 데이터의 범위 등을 지정해 필요한 데이터를 추출한다. 데이터 추출 시에는 추출 데이터의 규모에 따라 저수준 네이터를 바이너리 형태의 파일로 떨어뜨리거나 메모리상에서 바로 변환 과정을 거칠 수도 있다. 이와 같은 전체적인 추출, 변환, 적재 과정은 맵리듀스를 활용할 수도 있고, 직접 작성한 스크립트나 웹 페이지를 사용하거나 ETL 솔루션을 활용할 수도 있다.

그 중에서도 맵리듀스MapReduce는 대용량 데이터를 빠르고 안전하게 처리하기 위한 분산 프로그래밍 모델이다. 함수형 프로그래밍의 맵 단계와 리듀스 단계로 처리 과정을 나눠 작업한다. 이 프레임워크는 구글이 2004년에 발표한 것으로 페타바이트 이상의 대용량 데이터를, 이를 테면 클라우드와 같은 신뢰할 수 없는 컴퓨터로 구성된 클러스터 환경에서 병렬처리를 지원하기 위해 개발되었다. 맵, 리듀스 각 단계에서는 입력과 출력이 있고, 처리 과정은 개발자가 직접 프로그램을 작성한다. 먼저 맵 단계에서는 대규모 데이터를 여러 대의 컴퓨터에 분산해 병렬로 처리해 새로운 형식의 중간 결과 데이터를 만들어낸다. 리듀스 단계에서는 이렇게 생성된 중간 결과물을 결합해 최종적으로 원하는 결과를 생산한다. 리듀스 과정 역시 여러 대의 컴퓨터를 동시에 활용하는 분산처리 방식을 적용한다.

맵리듀스는 하둡이나, 아마존 웹 서비스 맵리듀스와 같은 클라우드 기반 서비스를 통해 쉽게 실무에 활용할 수 있다.

다음 그림은 하둡의 맵리듀스 처리 과정을 개념화하여 나타낸 것이다.

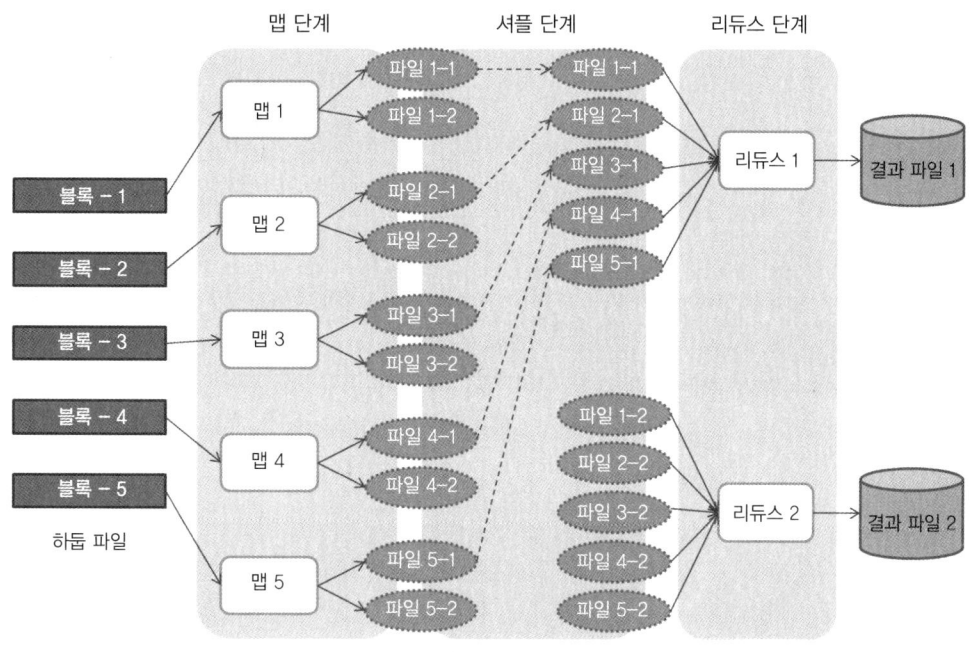

그림 9-4 하둡의 맵리듀스 처리 과정

위 그림에서 보는 바와 같이 중간 결과 데이터를 포함하는 임시 파일은, 맵리듀스를 활용하든, 직접 작성한 스크립트나 웹 페이지, ETL 솔루션을 활용하든 보안성을 유지하기 위해 원본과 목적 데이터 모델과 다른 독립된 형식으로 구성되어야 한다. 물리적으로 유출되더라도 쉽게 알아볼 수 없어야 한다.

추출된 데이터는 적절한 변환 과정을 거쳐 목적지 클라우드의 데이터 모델에 맞는 형식으로 적재될 준비를 거쳐야 한다. 예를 들어 위 그림의 리듀스 과정을 거치면서는 중복된 데이터를 삭제하고 데이터를 통합하는 효과도 얻을 수 있다.

데이터 모델이 달라지면 이를 활용하는 애플리케이션도 달라져야 하기 때문에, 기존 애플리케이션의 환경을 분석하고 신규 애플리케이션의 아키텍처를 도출한 후, 롤백에 대비하여 기존 애플리케이션을 백업하고 변경 범위를 도출하여 변경을 진행해야 한다. 이러한 변경의 범위는 데이터 모델이 얼마나 달라지느냐에 따라 단순한 타입 변환이나 SQL 문법 변경에서부터, 기능 변경, 샤딩 모델의 구현과 데이터 접근 계층 및 공통 처리 모듈의 구현, 신규 애플리케이션의 작성에까지 이를 수 있다.

애플리케이션의 변경 범위와 영향도 산정은 업무별로 이뤄지며, 데이터 중심 접근법에서는 사용자 데이터별 변경 범위와 영향도, 논리 모델 변경에 따른 변경 패턴별 범위와 영향도를 산정할 수 있다.

9.3 데이터 적재와 애플리케이션 이관

데이터 적재 과정에서는 다양한 자동화 스크립트와 프로그램, ETL 솔루션 등을 활용하여 적재 프로세스를 자동화하고 실행 속도를 높일 수 있다. 하지만, 이렇게 데이터를 적재할 때는 적재하는 순간부터 데이터의 가치가 떨어질 수 있다. 또 추후 분석 등을 위해 다양한 형태로 가공되어야 할 수 있다. 따라서 단순히 데이터를 적재하는 데서 끝나는 것이 아니라 자주 사용하는 데이터를 관리하고 사용하지 않는 데이터는 일관된 정책에 의해 별도로 보관하거나 폐기하는 관리 정책이 필요하다. 이를 정보 수명 주기 관리[ILM, Information Life Cycle Management]라 부른다.

실제로 저장된 정보의 90%가 전 세계적으로 데이터 보관 규제에 따라 90일 이후에는 거의 사용되지 않는 비활성 데이터로 변한다고 분석된다. 이와 같이 정보의 가치는 시간이 지남에 따라 변화하며, 이를 비즈니스 가치와 기업의 목표에 일치시킬 필요가 있기 때문에 정보의 적재에서 소멸에 이르는 전 과정에 걸쳐 데이터를 효율적이고 효과적으로 관리할 필요가 있다. 이를 위해 데이터를 분류하고 그에 따라 스토리지를 계층화하여 사용하지 않는 비활성 데이터는 상대적으로 비용이 저렴한 아카이빙용 스토리지에 이관할 수 있다. 스토리지 이관도 다양한 스크립트나 프로그램, ILM 솔루션 등으로 자동화시킬 수 있다.

조직이 보관하고 있는 데이터는 보통 다음 그림과 같이 시스템 파일, 비-비즈니스 파일, 애플리케이션 데이터, 로그 파일, 덤프 파일, 임시 파일, 잘 사용하지 않는 오래된 데이터, 중요 파일 등으로 나뉜다. 이 중에서 삭제하거나 아카이빙해야 할 비활성 데이터는 잘 사용하지 않는 오래된 데이터와 중복 데이터, 비-비즈니스 파일 등이다. 금융권 등의 업계에서는 잘 사용하지 않는 오래된 데이터라도 법적 규제에 따라 몇 년 이상 보관해야 한다. 따라서 보관 주기를 적절히 설정하는 것도 중요하다. 다음으로 높은 접근성을 제공하고 유지관리해야 할 필요가 있는 활성 데이터는 시스템 파일, 애플리케이션 데이터, 로그 파일, 덤프 파일, 임시 파일, 중요 파일 등이다. 이 중에서도 중요 파일의 데이터는 적절히 보호해야 한다.

활성 데이터	시스템 파일
	중요 파일
	애플리케이션 데이터, 로그 파일, 덤프 파일, 임시 파일
비활성 데이터	비 비즈니스 파일, 중복 데이터
	잘 사용하지 않는 오래된 데이터

그림 9-5 데이터의 분류

위와 같은 접근 빈도에 따른 데이터 분류에 따라 데이터를 적절히 적재하고, 보관 주기 정책을 구현하는 작업이 끝난 후에는 적절한 애플리케이션 이관이 필요하다. 변경이 끝난 애플리케이션의 이관은 개발자가 아닌 배포 및 설치 담당자가 수행한다. 애플리케이션의 검증계 배치가 성공적으로 끝난 이후에는 애플리케이션 동작, 데이터 일관성, 항시성을 검증해야 한다.

데이터 검증은 보통 As-Is 시스템과 To-Be 시스템의 입력 및 프로세스 처리 후 출력 결과 데이터를 가지고 일관성을 검증하는 방식을 취한다. 데이터 검증 대상은 계수성 데이터와 비계수성 데이터로 구분된다. 계수성 데이터는 금액, 비율, 수 등을 의미한다. 비계수성 데이터는 문자형 데이터로서 가종 코드 데이터 또는 텍스트 형태로 입력된 데이터를 의미한다.

데이터 검증 단계를 요약하자면 다음 그림과 같다.

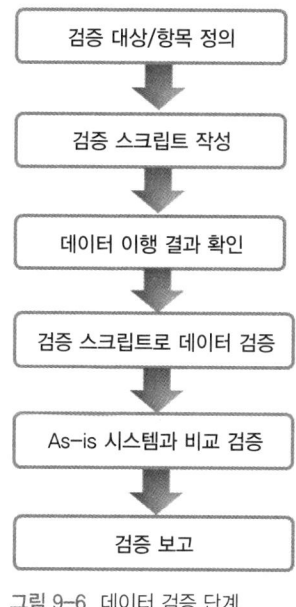

그림 9-6 데이터 검증 단계

9.4 성능 최적화와 안정화

데이터 적재와 애플리케이션 이관이 끝나면, 운영 단계로 전환하기 전에 검증계 및 운영계에서 충분한 검증과 확인, 성능 최적화와 안정화가 이뤄져야 한다. 성능 시험은 성능 목표를 수립하고 성능 시험 요청서를 등록하면서부터 시작된다. 일반적으로 성능 시험은 다음과 같은 프로세스로 진행된다.

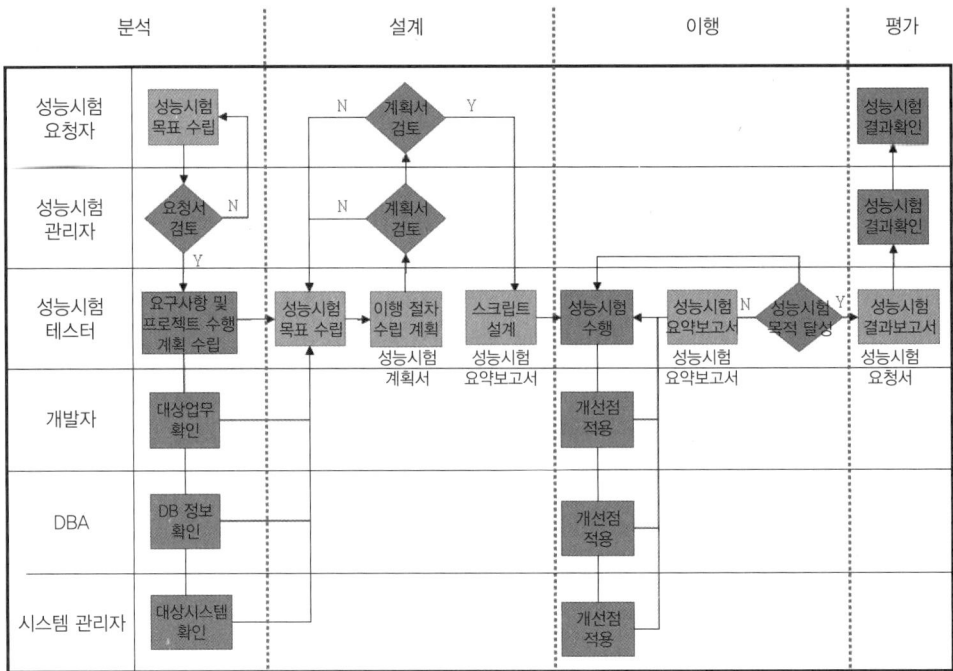

그림 9-7 성능 시험 프로세스

위 그림에서 볼 수 있듯 실제 성능 시험에는 개발자, 데이터베이스 관리자, 시스템 관리자, 성능 시험 수행자가 모두 참여하는 것이 일반적이다. 이는 성능 시험시 합의 하에 도출된 시스템의 성능 목표치 아래 성능 지표의 현황을 종합적으로 파악해야 할 필요가 있기 때문이다.

성능 목표치는 일반적으로 서비스의 최대 수용 가능한 사용자수를 산정함으로써 설정될 수 있다. 클라우드의 경우에는 가상화 환경이기 때문에 기반 가상머신 인스턴스의 성능에 오차가 있다. 네트워크 연결 상태에 따른 영향도가 크므로 성능 최적화 및 안정화 기간 동안 현 상황에서의 시스템 점검을 적어도 세 달 이상 수행해 베이스라인을 먼저 성립시키는 것이 중요하다. 부연하자면, 동일한 가상머신 박스일지라도 실제 보여주는 성능이 시간에 따라 가변적이므로, 신속한 프로비저닝과 탄력적인 용량 관리와 같은 클라우드 서비스 기획 의도에 맞게 수요에 대응할 수 있다. 또 서비스의 품질이 기대 수준을 충족하는지 초기 구성 시스템으로 먼저 파악해보고, 동적 확장 아키텍처를 검증한다. 검증 단계에 따라 병목 구간을 점검하고 튜닝하여 안정화시키는 단계라는 의미다.

성능 시험을 시작하기 전에는 미리 서비스의 용도와 용례, 사용 패턴을 파악하여 탑 API와 실환경 시나리오를 도출해야 한다. 또한, 성능 시험의 대상인 시스템 환경의 애플리케이션 아키텍처, 시스템 아키텍처, 데이터 아키텍처, 부하 분산 정책, 보안 정책 등을 숙지해야 한다.

성능 시험 시에는 다양한 요구사항에 따라 응답시간 가용성 이슈를 파악하는 단위 시험을 치를 것인지, 탄력적으로 수요에 대응하는지를 파악하는 통합 시험을 치를 것인지, 혹은 병목 구간을 파악하고 튜닝하기 위한 임계 시험을 치를 것인지, 안정성 시험을 치를 것인지가 결정된다.

성능 시험 설계 시에는 피크타임의 초당 최대 처리 건수, 최대 동시 사용자, 최대 호출 간격, 평균 응답시간, 싱크 타임^{Think Time} 등을 통계적으로 분석하는 시스템 워크로드 설계가 기반이 된다.

예를 들어 통합 시험을 치르기 위한 워크로드를 설계할 때, 주로 사용량이 많은 페이지나, 사용자의 접속이 많은 페이지, 평균 응답시간이 높거나, 응답시간 편차가 큰 페이지, 크리티컬한 장애가 많이 발생하는 페이지, 운영상 중요한 페이지 등을 중심으로 대상 업무와 시나리오를 선정한다.

이와 같은 워크로드 모델링은 웹 서비스의 경우 HP 로드러너 오라클 애플리케이션 테스트 스위트와 같은 다양한 상용 도구나 아파치 JMeter,

OpenSTA, CloudTest와 같은 무료 오픈소스 도구를 사용하여 쉽게 수행할 수 있다. 이러한 워크로드를 발생시키는 테스트 시나리오는 보통 웹 트랜잭션으로 구성되는데, 웹 트랜잭션은 사용자의 로그인에서부터 다양한 브라우징 및 작업, 결과 출력 후 로그아웃까지의 일련의 활동을 하나의 단위로 본다.

자동화된 성능 시험 도구는 이러한 웹 트랜잭션 녹화를 지원한다. 사용자가 직접 대상 서비스로 접근하여 시나리오상의 웹 트랜잭션을 수행하는 동작을 DOM 기반으로 녹화하여 그대로 재생하는 것이다.

이와 같은 테스트 워크로드 시나리오 작성이 완료되면, 성능 시험 시 감시할 자원 구성요소와 목록, 지표 등을 정리하고, 테스트 구간별로 모니터링을 설정하여 서버별 자원 사용률을 감시한다.

다음 그림은 A 사의 성능 시험의 결과 보고서에 수록된 가상 사용자의 증가에 따른 응답시간 변화를 보여주는 그래프다.

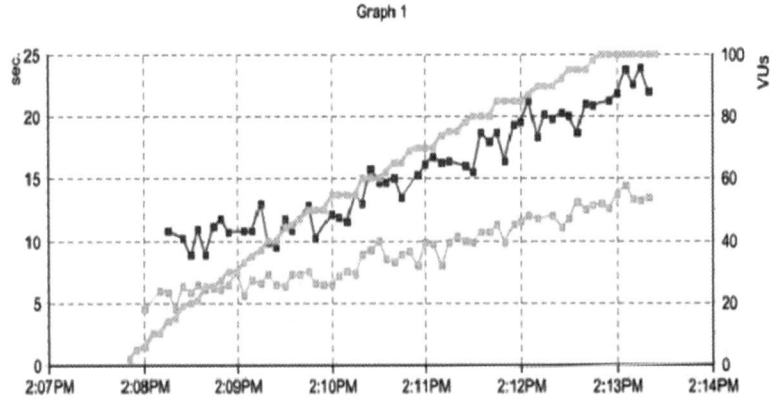

그림 9-8 가상 사용자의 증가에 따른 페이지 응답시간 변화

그림 9-8은 통합 시험의 사례를 보여준다. 클라우드 환경에서의 통합 시험 결과는 하루에도 시간대별로, 주 단위, 월 단위로 변화하기 때문에 오랜 기간 동안 수행하여 베이스라인을 찾고, 병목 지점과 시간 구간을 파악하는 것이 중요하다.

그림 9-9는 위와 같은 통합 시험 시 워크로드를 처리하는 시험 대상 시스템을 구성하는 서버들의 CPU 자원 사용 현황을 보여주는 그래프다.

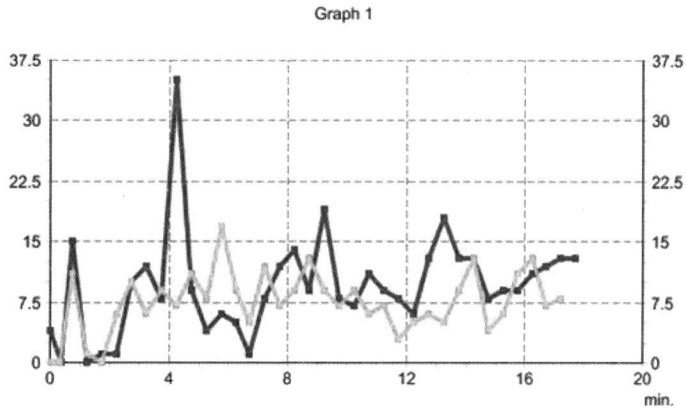

그림 9-9 성능 시험시 CPU 자원 사용 현황

위 그림에 의하면 성능 시험 대상 시스템은 두 개의 애플리케이션 서버로 구성돼 있다. 워크로드는 로드 밸런서를 통해 두 애플리케이션 서버에 거의 동일한 비율로 분산된다.

위와 같은 성능 시험 결과 데이터는 여러 번, 지정된 기간 동안 수행하여 데이터를 축적한 다음, 축적한 데이터와 베이스라인을 바탕으로 통계적인 분석을 수행해야 한다. 이러한 통계적 분석을 바탕으로 병목 지점을 찾고 시스템, 애플리케이션, 네트워크 설정 튜닝을 진행한다. 전반적인 시스템의 신뢰도와 안정성을 향상시킨다.

9.5 요약

이 장에서는 데이터와 애플리케이션을 이관하는 과정을 살펴보았다. 데이터와 애플리케이션을 이관하여 운영 단계로 전환하려면, 먼저 이관 대상을 지정 및 분석한다. 데이터를 추출하여 내보낸 후, 적절한 변환과 애플리케이션 변경을 거쳐, 데이터와 애플리케이션 및 가상머신 이미지를 이관한다. 성능 테스트와 튜닝을 통해 안정화 절차를 거쳐야 한다.

10장

데브옵스와 클라우드 운영 최적화

이 장에서는 데브옵스 관점에서 클라우드 운영 최적화와 지속적으로 품질을 개선하는 데 필요한 개념, 프로세스, 도구 등을 살펴본다.

프로젝트 및 제품 생명주기 내에서 개발, 운영, 지속적인 품질 관리와 개선은 서로 영향을 주고 보완적이어야 한다. 하지만, 현실적으로는 각기 다른 업무의 특성, 책임과 조직의 분리로 인해 의사소통이 어려워 협업과 문제 해결에 많은 난관이 있는 것이 사실이다. 데브옵스^{DevOps}란 이런 개발 및 운영을 효율화하고 품질을 효과적으로 개선하기 위한 애자일 관점에서 이어지는 새로운 방법론이다. 데브옵스에서 가장 중요한 것은 원활한 의사소통과 문제 해결이다. 개발자들은 일반적인 R&R에 따라 흔히 운영을 자신의 업무가 아니라 보고 경시하거나 소홀히 하고, 운영자들도 역으로 유사한 마음가짐을 지니는 것이 일반적이다. 하지만, 가트너 보고서에 의하면 IT 예산의 60~70%를 차지하고 있는 것이 바로 운영이며 개발과 운영은 업무 순환 주기상 서로 뗄래야 뗄 수 없는 관계다.

개발자가 명세대로 기능을 개발하고 문제 없는 깔끔한 코드를 만들었다면, 운영자도 상대적으로 많은 노력을 들이지 않고 운영 단계에 따라 서비스 품질을 최적화하는 데 힘쓸 수 있다. 하지만, 개발자가 기능을 납기 내에 다 구현하지 못하고 코드 또한 지나친 분업이나 아웃소싱으로 인해 일관성이 없고 문제 투성이라면, 운영자는 인수 인계가 늦고 명세와 다른 제품을 운영하느라 전반적으로 서비스 품질이 떨어진다. 문제가 지속적으로 발생하면 개발자에게 개선 요청을 해야 된다. 또한, 운영자나 고객이 등록한 변경 요청은 그대로 개발자의 업무가 된다.

이와 같이 개발자는 자신이 개발한 제품의 운영에 대한 책임을 지고 있다. 따라서 이해하기 쉽게 정의하자면 업무 효율화를 위해 개발 조직이 그대로 운영 조직이 되거나, 개발 조직과 전문 운영 조직이 타이트하게 결합한 형태를 데브옵스라 할 수 있다.

5년 전만 해도 큰 관심을 받지 못했던 이러한 데브옵스 방식은 오늘날 넷플릭스, 페이스북, 아마존, 트위터, 구글 등 선진 기업들에서 폭넓게 채택하고 있다. 이들은 하루에도 수십, 수백, 수천 개의 코드를 운영계에 배치하며, 이렇게 운영계에 배치되는 코드는 신뢰성 있고, 안정적이며, 보안 규칙과 정책을 준수해야만 한다.

운영과 그 품질까지 생각하는 개발자, 나아가서는 앞으로 자기에게 할당될 업무를 미리 줄이려는 개발자는 개발하는 제품의 기능적 요건뿐 아니라 이 책에서 일관적으로 강조한 비기능적 요소인 가용성, 성능, 신뢰성, 확장성과 보안을 항상 염두에 두고 합리적인 코드를 만들어내야 한다. 데브옵스에서는 개발과 운영 모든 단계에서 이러한 문제 해결 능력을 가장 중요한 가치로 본다.

신속한 문제 해결을 위해 개발자와 운영자가 가져야 할 역량은 코드 및 스크립트 작성 등의 자동화 도구나 오픈소스를 활용할 수 있는 기술과 재공학 처리 능력뿐 아니라 원활한 의사소통 능력, 데이터 관리 능력, 시스템 및 운영에 대한 지식 및 경험을 포함하고 있다. 개발자와 운영자를 지칭하는 데브옵스 엔지니어들은 일반적으로 조직 내에서 작은 특수 조직으로 운영되며, 경력직으로 구성된다.

10.1 클라우드 운영 최적화 프로세스

클라우드 운영 최적화 프로세스는 4장 용량 관리에서 잠깐 언급한 바 있는 ITIL V3 단계를 기준으로 설명하려 한다. 일상적인 운영을 처리하기 위해 드는 비용은 IT 예산의 60~70%나 소비되기 때문에 주의깊고 실수 없이 처리해야 하며 최대한 자동화, 최적화하여 운영 비용OPEX을 절감해야 한다. 이렇게 운영 비용을 감축하기 위해서는 계획, 설계, 지속적인 품질 개선 단계를 강조할 필요가 있다.

ITIL은 다양한 공공, 정부기관, 기업들이 도입하여 이미 검증된 모범 사례를 제공하는, IT 서비스 관리를 위한 사실상의 전 세계 업계 표준으로서 운영 프로세스 및 참조 모델을 제공한다.

우선 ITIL의 정의에 의한 전반적인 IT 운영의 단계를 살펴보면 다음 그림과 같은 요소와 프로세스로 이뤄져 있다.

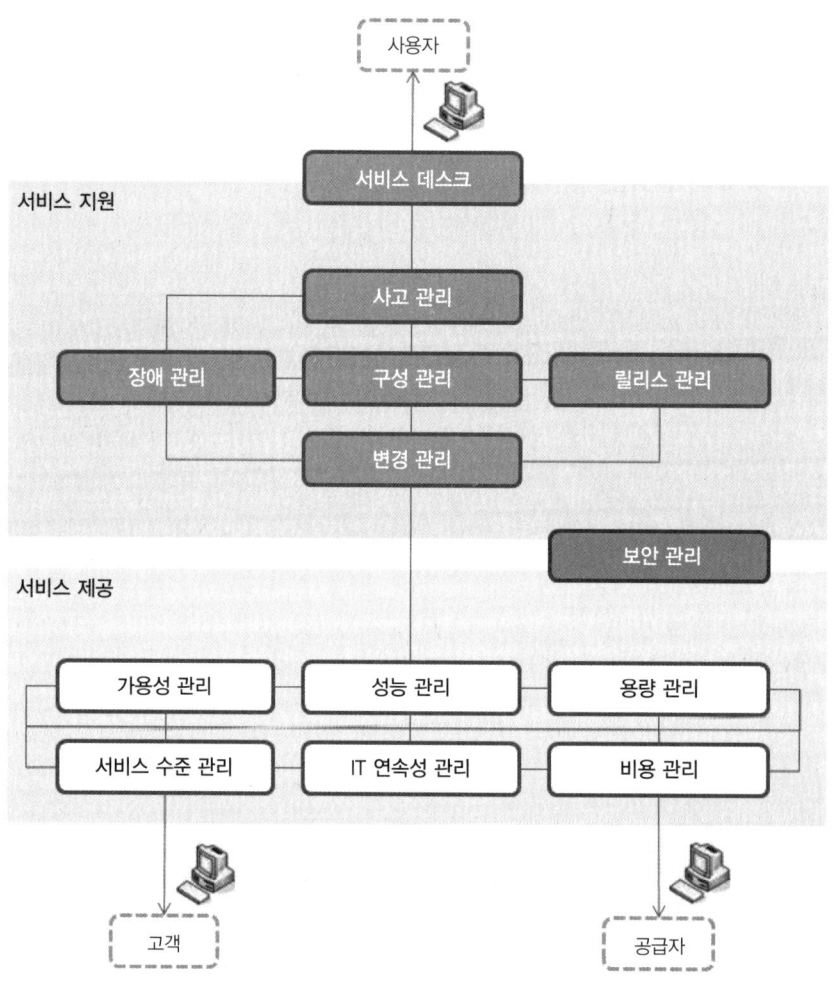

그림 10-1 ITIL 운영 프로세스

ITIL의 운영 프로세스는 그림에서와 같이 크게 서비스 지원과 서비스 제공으로 나눌 수 있다.

10.1.1 서비스 지원 프로세스

먼저 서비스 지원 프로세스는 서비스 데스크, 사고 관리, 장애 관리, 구성 관리, 변경 관리, 릴리스 관리의 구성요소로 나눌 수 있다.

- 서비스 데스크는 특히 전반적인 운영에 있어 고객, 혹은 사용자 중심의 최초 창구이자, 장애 최초 접수에서 최종 해결까지 고객 혹은 사용자와 운영 조직과의 단일 접점이 된다. 서비스 데스크에서는 사고 접수, 등록, 분류, 우선순위 결정 등을 수행한다.
- 사고 관리에서는 클라우드 운영에 미치는 부정적인 요인을 최소화하고 장애 처리를 수행한다.
- 장애 관리에서는 사고, 문제, 오류 등 장애를 유발하는 상황들의 근본 원인을 찾아 이를 제거하고 해결하며 변경 요청을 수행한다.
- 변경 관리에서는 서비스 품질에 영향을 미치는 변경과 관련된 돌발 사고의 영향을 최소화한다. 변경 관리 시스템은 변경 요청 티켓을 기반으로 관리가 이뤄진다.
- 릴리스 관리에서는 승인이 완료된 하드웨어, 소프트웨어의 항목을 관리하고, 배포 및 설치 관리를 수행한다. 이때, 배포와 설치 담당자는 일반적으로 보안 정책의 책임 분리 모델에 의거 개발자와 분리될 필요가 있으며, 데브옵스 방법론에서도 해당 컴포넌트의 개발자와 배포/설치자는 분리될 필요가 있다.
- 구성 관리는 서비스 지원에서 가장 중요한 기능적 구성요소 중 하나로 클라우드 서비스 구성 항목[CI, Configuration Item]을 식별하고, 이를 구성 관

리 데이터베이스CMDB, Configuratoin Management Database에 기록해 관리 및 감사를 수행한다. 모든 장애가 변경에서 발생하기 때문에, 이를 정상 상태의 구성과 비교할 수 있는 근거와 베이스라인을 관리할 필요가 있다. 따라서 구성 관리는 클라우드와 IT 자산 관리의 핵심이 되며, 운영 비용 절감을 위한 시작점이 된다.

표 10-1에서는 이와 같은 서비스 지원 프로세스 구성요소와 그 주요 내용을 정리해보았다.

표 10-1 서비스 지원 프로세스

프로세스 구성요소	주요 내용
서비스 데스크	• 사용자와 클라우드 IT 서비스 관리 사이의 중앙 단일 접점 제공 • 사고 및 서비스 요청을 처리하고 변경, 장애, 구성, 릴리스, 서비스 수준 관리와 같은 서비스 지원 활동을 위한 인터페이스 제공
사고 관리	• 사고 발생 시 정상적인 서비스 운영의 신속한 복구와 비즈니스 운영에 대한 부정적 영향을 최소화
장애 관리	• 클라우드 인프라내 오류, 사고, 문제 등에 의해 발생한 부정적 영향을 최소화하고 이러한 장애가 다시 발생하는 것을 방지 • 장애의 근본 원인을 찾고 오류를 제거하기 위한 초기 활동
변경 관리	• 변경과 관련된 사고의 영향을 최소화하고 일상의 운영을 개선하기 위한 모든 변경의 효율적이고 신속한 처리를 위해 표준화된 방법 및 절차를 사용
릴리스 관리	• 클라우드 서비스의 변경을 전체적으로 고려해 관리하고 릴리스를 승인 • 하드웨어와 소프트웨어의 항목을 관리하고 배포 및 설치 관리를 수행
구성 관리	• 통제 및 관리 범위에 속하는 모든 클라우드 서비스 구성요소(CI)를 확인, 기록, 관리, 보고

서비스 지원 프로세스는 요약하자면 장애를 사전에 방지하고, 변경이나 문제, 장애가 발생한 경우 이를 효율적이고 효과적으로 해결하는 것이 목적이다.

다음 그림은 이와 같은 프로세스에 기반한 구조적인 문제 해결 절차를 도식화한 것이다.

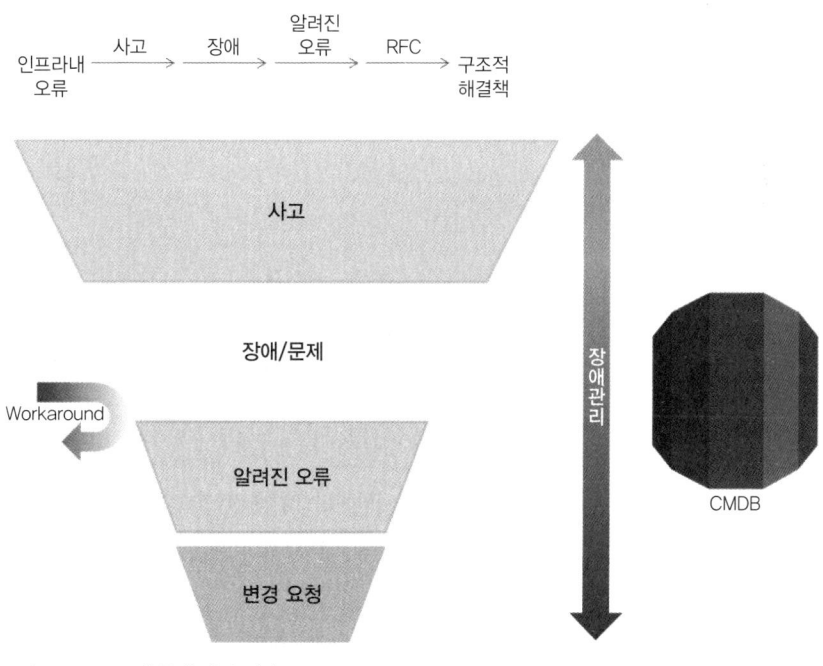

그림 10-2 구조적 문제 해결 절차

10.1.2 서비스 제공 프로세스

다음으로, 서비스 제공 프로세스는 서비스 수준 관리, 성능 관리, 용량 관리, 가용성 관리, 비용 관리, IT 연속성 관리의 구성요소로 이뤄진다.

- 서비스 수준 관리는 프로젝트의 성과 및 개선 활동에 관하여 이해 당사자 및 참여 당사자간 지속적인 합의를 이끌어내고, 이를 위해 모니터링, 관리 및 리포팅하는 과정을 통해 서비스 수준 규약을 준수하고, 서비스 품질을 유지하고, 이를 향상시키는 총체적인 프로세스를 뜻한다.
- 용량 관리는 클라우드 서비스 및 기술 인프라의 용량 관리 대상을 파악하고 베이스라인을 지정하여 주기적으로 모니터링 및 관리, 개선을 시행하는 것이다. 용량과 성능 모니터링, 용량이나 성능 문제 처리, 추세 관리, 용량 및 성능 관리 데이터와 수요 관리, 부하 관리, 모델링과 애플리케이션 사이징 등을 포함하고 있다. 이 중에서도 특히 클라우드에서 중요 이슈가 되는 부분은 4장에서 이미 다룬 바 있다.
- 가용성 관리는 클라우드 서비스에 대한 가용성 수준을 파악하고 지속적인 가용성을 보장하기 위한 프로세스다.
- 비용 관리는 예산, IT 회계, 청구 및 과금 등 IT 자산과 자원 비용을 효과적으로 관리하는 것이다. 서비스 운영 관리자는 정기적으로, 최소 월 단위로 예산 대비 지출을 관리해야 할 필요가 있다.
- IT 서비스 연속성 관리는 IT 서비스를 안정적으로 지원하기 위해 장애 발생 시 합의된 시간 내에 복구 가능하도록 연속성을 지원하기 위한 것이다. IT 서비스 연속성 계획에서 결정된 시스템과 서비스 복구 계획을 테스트하고 실행하는 것은 운영 프로세스에 꼭 필요한 요소이며, 위험 진단 및 위험 관리가 이와 같은 전반적인 프로세스에 기반이 되어야 한다.

표 10-2에서는 이와 같은 서비스 제공 프로세스의 구성요소와 그 주요 내용을 정리해보았다.

표 10-2 서비스 제공 프로세스의 구성요소

프로세스 구성요소	주요 내용
서비스 수준 관리	프로젝트 성과 및 개선 활동에 관한 지속적인 합의 및 모니터링, 보고를 통해 서비스 수준을 준수하고 서비스 품질을 유지 및 향상
성능 및 용량 관리	클라우드 서비스 및 기술 인프라의 용량 관리 대상을 파악하여 주기적인 모니터링 및 개선
가용성 관리	클라우드 서비스에 대한 가용성 수준을 파악하고 지속적으로 가용성을 보장(24X7)
비용 관리	예산, IT 회계 및 청구, 과금 등 IT 자산과 자원, 운영 비용을 효과적으로 관리
IT 연속성 관리	IT 서비스 연속성 계획을 실행, 개선하여 장애 발생 시 합의된 시간 내에 복구 가능하도록 안정적으로 서비스 지원 및 프로세스 개선

서비스 제공 프로세스는 요약하면 IT 서비스를 연속적이고 안정적으로 제공하기 위한 것으로, 가용성과 연속성에 초점을 두고 있다.

10.2 모니터링, 통제, 관련 지표

모니터링이란 일정 시간 동안 나타나는 변화를 발견하기 위한 관찰 활동이며, 모니터링 결과를 보고한다는 것은 모니터링 분석, 보고서 작성, 모니터링 활동 산출물의 분배로 이어지는 일련의 활동을 지칭한다. 모든 장애와 문제의 원인은 변화에서 오기 때문에, 이러한 모니터링이 일반적인 운영 활동에서는 핵심이 된다.

통제는 장치, 시스템, 서비스의 유용성 및 동작을 관리하는 프로세스로서, 반드시 규정된 기준을 따라야 하고, 통제 수행을 위한 조건은 반드시 규정되어 있어야 한다. 참여 당사자가 모두 이해해야 하고 관리자는 이해수준을 확인할 책임이 있다. 또한, 적합한 통제 행위는 이러한 조건에 대해 반드시 명확한 정의가 내려져야 하고 승인되어야 한다.

모니터링 및 통제 활동의 단위는 아래 그림과 같은 루프 모델로 나타낼 수 있다. 단일 활동과 그 결과물이 사전에 설정된 기준 및 표준, 또는 고객이 제시한 성능과 품질 적합 수준의 상, 하단 오차 범위 내에 있는지 측정되어야 하고, 그에 따라 통제되어야 한다.

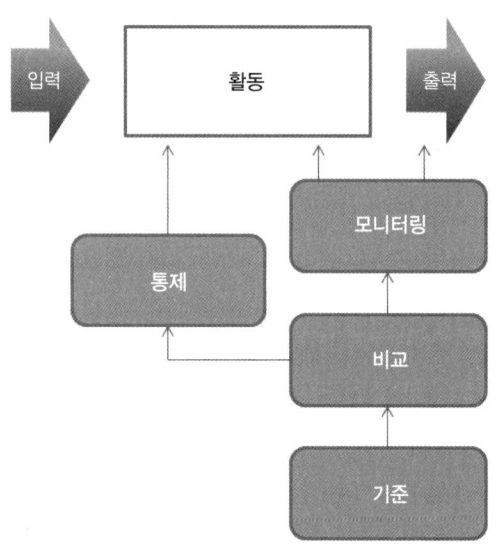

그림 10-3 모니터링 및 통제 활동 단위 루프 모델

모니터링 및 통제 활동의 단위 루프 모델에서 알 수 있듯이, 모니터링을 적절히 수행하기 위해서는 그 기반이 되는 베이스라인 데이터가 있어야 하고, 이러한 종류의 데이터는 운영 관리 데이터베이스에 보관된다.

모니터링 및 통제 활동의 대상은 프로세스 또는 프로시저의 동작과 그 성능, 유효성, 장치와 연속된 장치의 성능, 포트폴리오, 기술적 구조와 성능 표준 및 보안 정책 등이 있다. 모니터링 및 통제 활동의 목적은 서비스 수준 요구사항 문서의 정의에 명시해야 한다.

모니터링의 종류는 능동적^{Active}이거나 수동적^{Passive}, 반응적^{Reactive}이거나 예방적^{Proactive}인 APRP 기준에 의해 나눌 수 있다. 다음 표는 모니터링의 종류를 나타내 본 것이다.

표 10-3 모니터링의 종류(APRP)

	능동적	수동적
반응적	AR • 장치의 장애 진단(핫빗, SMTP) • 네트워크 등 클라우드 인프라 토폴로지, CI, CI와 서비스 구성 연관 관계 등 인프라 사전 지식이 필요	PR • 이벤트 기록을 탐지 및 연관시켜 적절히 수행되었는지 파악 • 클라우드 인프라 및 정상 운영 베이스라인에 대한 상세 지식 필요
예방적	PA • 장치, 시스템, 서비스의 실시간 상태 진단 • 더 이상 사고를 유발하지 않고 장애를 미리 방지	PP • 예방적 문제 관리 프로세스 구축 • 이벤트 패턴을 인식하여 향후 방지하기 위해 기록 및 탐지/방지 자동화가 이뤄짐

이러한 모니터링은 24시간 교대로 지속되는 관제형 연속 측정과, 예외 기반 측정이 있다. 연속 측정은 모니터링에 초점을 두고 체크리스트와 매뉴얼을 가지고 실시간, 또는 주기적으로 서비스 헬스 체크를 수행한다. 예외 기반 측정은 실시간 성능을 평가하지 않고, 이벤트 기반으로 예외에 대해서만 감지 및 측정한다.

모니터링 시에는 서비스의 상태 및 클라우드 인프라 상황을 파악하기 위해 대시보드에 다양한 측정 기준 및 지표를 모아 놓고 이들의 변화를 관찰하게 되는데, 이러한 지표는 보통 성능 지표라 부르며, 운영 KPI라는 용어를 쓰기도 한다.

KPI^{Key Performance Indicator}란 비즈니스 용어로서 본래 밸런스 스코어 카드^{Balanced Score Card} 방법론에서 유래한 것인데, 이는 조직이나 프로세스의 효율성을 측정하기 위해 사용되는 성능의 특정한 합의된 수준을 의미한다. 이는 앞서 살펴본 서비스 수준 계약에서도 명시할 수 있다. 이미 서비스 수준 계약에 대한 설명에서 다양한 지표의 예를 제시한 바 있음을 떠올려보자. 이와 같은 클라우드 서비스 운영에 필요한 KPI는 비즈니스 관점에서 도출할 수도 있지만 전체적인 IT 가치 사슬의 프로세스 역시 고려하여 도출하는 것이 일반적이다. 각 조직에 맞게 운영 KPI를 도출하는 데 있어서 가이드라인이 추가적으로 필요하다면 COBIT을 참조하면 된다. COBIT에서는 애플리케이션, 정보, 인프라, 인력의 네 가지 관점에서 IT 프로세스 기반의 핵심 성공 요인과 KPI를 도출할 수 있는 가이드라인을 제공한다.

10.3 구성 관리와 변경 관리

이 절에서는 장애 및 사고를 구조적으로 해결하기 위한 핵심 관리 프로세스인 구성 관리 및 변경 관리에 대해서 집중적으로 살펴보자.

10.1절에서 간략하게 살펴본 바와 같이, 구성 관리란 고객에게 최적의 비용으로 최상의 서비스를 제공하기 위해 활용 가능한 자원에 대해 파악하고 관리하는 프로세스이다. 인프라의 구성요소는 구성 항목^{CI, Configuration Item}으

로 구분되어 구성 관리 데이터베이스CMDB, Configuration Management Database에 정보가 저장되며, 구성 항목 정보의 수준Level과 정도Depth는 서비스 제공에 있어 꼭 필요한 정보를 판별하고, 기록 및 관리한다. 구성 관리 데이터베이스에는 각 구성 항목간의 종속 관계, 연결 관계, 상호 보완 관계 등 관계성에 대한 정보가 함께 저장된다. 이러한 구성 관리 데이터베이스는 모든 서비스 지원 및 제공 ITIL 프로세스의 기반이 된다. 서비스 지원 및 제공 프로세스는 필요한 절차를 처리하기 위해 구성 관리 데이터베이스에서 관련 정보를 조회한다.

다음 그림은 구성 관리 데이터베이스의 예를 나타낸 것이다.

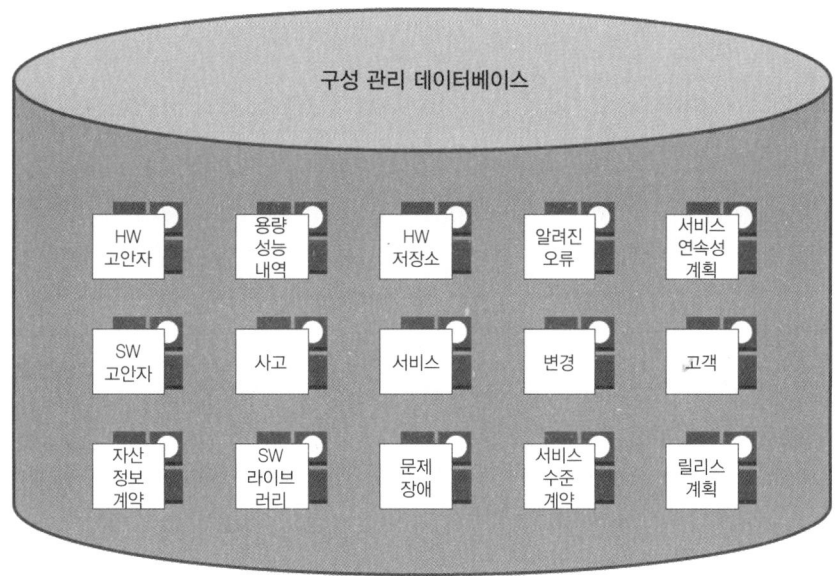

그림 10-4 구성 관리 데이터베이스와 저장된 구성 항목

위 그림을 살펴보면, 구성 항목과 자산의 구분이 애매해질 수 있다. 자산이란 비즈니스 프로세스의 구성요소이고, 구성 항목이란 구성 관리의 영향 하에 있는 인프라의 구성요소이거나 인프라와 연계된 항목이다.

이와 같은 구성 관리 데이터베이스를 기반으로, 전반적인 프로젝트와 운영에 있어 문제 해결에 밀접하게 연관되는 프로세스가 바로 변경 관리 프로세스다. 변경이란 하나 혹은 하나 이상의 인프라의 구성요소가 새로운 상태를 가질 때 그 변화된 결과를 뜻한다. 이러한 변경은 운영 관점에서 보면 장애의 근원이자, 개발 관점에서 보면 진화 및 혁신의 바로미터다.

변경 관리의 목적은 변경과 관련된 사고에 의해 발생하는 위험 및 그 영향도를 최소화하고, 모든 변경 사항에 즉각적으로 대응하고 통제하며, 관련 효율적 처리 절차를 표준화하는 것이다.

모든 변경의 시작은 변경 요청RFC, Request for Change에서부터 시작하며 변경 관리자에 의해 1차적으로 처리된 후 변경 절차가 진행된다. 변경 관리자, 고객, 사용자, 애플리케이션 개발자, 기술 자문 등으로 구성된 변경 조정 위원회CAB, Change Advisory Board는 변경에 대한 최종 승인 권한을 갖는다. 즉, 변경 관리는 변경 티켓을 열어 변경을 요청하고, 변경의 영향도, 비용, 혜택, 위험도 등을 사정하여 승인을 내리고, 변경을 수행 및 기록하며, 사후 모니터링 및 보고하고, 리뷰하고 변경 티켓을 닫는 일련의 과정을 일컫는다. 이는 프로젝트 전반에 있어 문제 해결과 밀접한 관련을 가지는데, 이를 개념화하여 표현하면 다음 그림과 같다.

변경 요청은 중요도에 따라 나눌 수 있는데, 중요도에 따라 대응 시간이나 해결 방법이 달라질 수 있다. 중요도에 따른 변경 대응 방법은 표 10-4의 예와 같다.

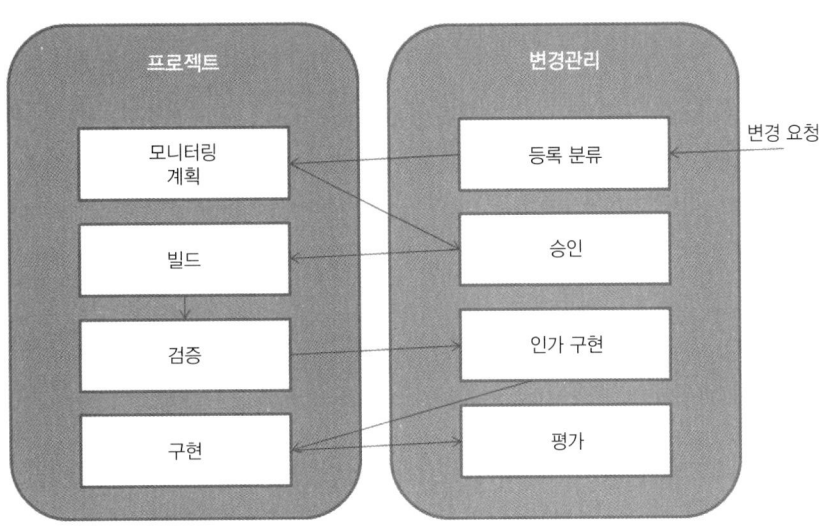

그림 10-5 프로젝트 문제 해결을 위한 변경 관리 프로세스

표 10-4 중요도에 따른 변경 대응 방법의 예

중요도	판단 기준	해결 시간
Major	• 시스템의 주요 기능을 사용할 수 없거나, 비안정적이고 전체적으로 성능이 저하된 경우. 용량이 부족하거나, 가용 자원이 불충분하다. • 복구가 어렵고 신뢰성에 영향을 준다. • 즉시 대응이 필요하다.	24시간 내
Significant	• 전반적인 시스템 성능이 최대 부하 요구선 이하에 있는 경우로, 반드시 교정되어야 하지만 다음 릴리스까지 기다릴 수 있는 것이다. • 작업은 가능하지만 불편하다. • 일시적인 워크어라운드(Workaround)를 적용하여 이를 해결할 수 있으며, 장애가 간헐적으로 발생한다.	24~72시간
Minor	• 사용자에게 거의 영향이 없으며, 부가적인 릴리스로 해결할 수 있다. • 기능 손실이 없으며 영구적인 해결책을 적용할 수 있다.	72~168시간

10.4 클라우드 운영 최적화와 자동화 도구

이 장 앞 절에서 살펴본 데브옵스 관점의 클라우드 운영 최적화 프로세스와 모니터링 및 통제, 지표 관리, 문제 해결을 위한 구성 관리 및 변경 관리에 대한 기본적인 지식을 바탕으로, 클라우드 운영 관리 요소의 참조 아키텍처를 개념화해 보면 다음과 같다.

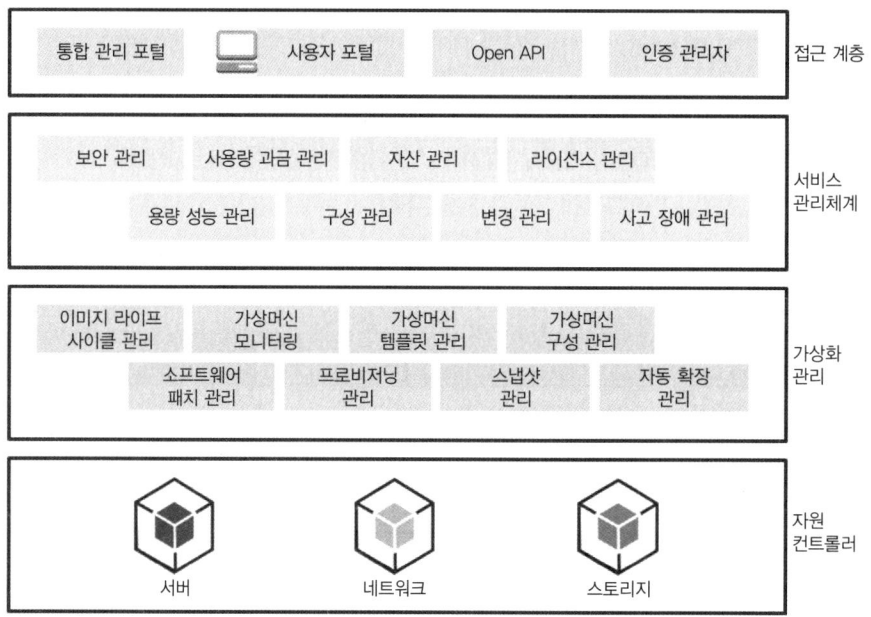

그림 10-6 클라우드 운영 관리 요소의 참조 아키텍처

오늘날 클라우드는 심층방호 접근법에 따른 보안 요구사항과, 벤더 라인 Lock-in을 방지하기 위한 비즈니스 위험 관리 차원에서 다양한 멀티클라우드 모델을 채택하는 경우가 많아지고 있기 때문에, 이러한 관리 체계의 확립 및 운영 관리의 최적화 및 자동화는 필수 불가결한 일이 되었다. 사용 방식과 인터페이스를 표준화하고 멀티클라우드 간 호환을 위한 가상머신 템플릿과 애플리케이션의 변경을 최소화하기 위해 다양한 커뮤니티 프로젝트와 표준화 시도, 관리 체계의 고도화 등이 이뤄지고 있다.

단일 조직 차원에서는 위 그림과 같은 기본적인 클라우드 운영 관리 참조 아키텍처를 기반으로, 다양한 자동화 도구와 서비스를 활용하여 운영 관리를 최적화할 필요가 있는데, 본 절에서는 이러한 자동화 도구와 서비스를 살펴보자.

오늘날 시장에서 강세를 보이는 클라우드 운영 최적화 및 자동화를 위한 도구는 서비스 형태의 라이트스케일Rightscale, 스칼라Scalr, 솔루션 형태의 퍼펫Puppet, 나지오스Nagios), 셰프Chef, 개방형 소프트웨어 형태인 오픈스택 노바OpenStack Nova, 유칼립투스Eucalyptus, 오픈네뷸라OpenNebula, 클라우드 스택CloudStack 등이 있다.

이들은 대부분 종속형, 독립형 구성요소를 식별하고 관리하는 구성 관리 기능을 제공하고, 다양한 통지 기능을 지원하며, 프로비저닝을 위한 물리 자원 컨트롤러 및 추상화 계층의 관리자와 관리 요소 등을 지녀 위 참조 아키텍처 모델의 일부 또는 전체를 포함하게 된다. 예를 들어 라이트스케일은 앞서 언급한 동향에 따라 멀티클라우드(AWS, 클라우드 스택 등)간 하이브리드 템플릿 이미지를 지원하여 필요할 때 클라우드 버스트 아키텍처를 구현할 수 있도록 한다.

오픈스택 노바는 앞서 언급한 관리 체계 고도화와 클라우드 인터페이스 표준화를 위한 커뮤니티 프로젝트의 일종이다. 셰프는 루비 사용자라면 환영할 만한 구성 관리 기능이 탁월한 솔루션이며 시스템 관리자보다는 명령줄에 익숙한 개발자 성향이 강한 사람들에게 어울리는 솔루션이다. 퍼펫 역시 루비 기반이지만, 셰프보다 설치기반과 용례가 풍부하며, 리눅스 이외에도 OS X, AIX등 다양한 플랫폼을 지원한다.

다음 표는 이러한 자동화 도구들을 비교 분석한 결과다.

표 10-5 클라우드 운영 자동화 도구 비교 분석

	오픈스택	유칼립투스	오픈네뷸라	클라우드스택	라이트스케일	셰프	퍼펫
운영체제 및 소프트웨어 이미지 등 지원 플랫폼	Ubuntu, CentOS	Ubuntu, Debian, CentOS, RHEL, Fedora, OpenSUSE	Ubuntu, Debian, OpenSUSE, CentOS, RHEL, Mac OS X	RHEL, CentOS, Ubuntu, Fedora	CentOS, RHEL, Ubuntu, Windows, OpenStack, CloudStack, AWS	RHEL, CentOS, Ubuntu, Debian, Fedora, Solaris, Max OS X, Windows	RHEL, CentOS, Ubuntu, Debian, Fedora, Solaris, Max OS X, Windows, AIX, HP-UX, OpenBSD, FreeBSD
하이퍼바이저	KVM, Xen, VMWare, Hyper-V	KVM, Xen, VMWare	KVM, Xen, VMWare	KVM, Xen, VMWare	KVM, Xen, VMWare	KVM, Xen, Hyper-V	KVM, Xen, Hyper-V
사용자 요청 방식	REST	SOAP, REST	CUI	REST	REST, SOAP	REST	REST,
개발언어	Python	C, Java	C/C++, Ruby	Java	Bash, Perl, Python, Ruby, Powershell	Ruby	Ruby

위 표에서 보면 알 수 있듯이 대부분의 관리 자동화 도구는 스크립트 기반 언어를 지원하며, LAMP 스택의 일반화로 리눅스 플랫폼을 모두 지원한다. 가상머신 하이퍼바이저는 KVM과 Xen은 보통 모두 지원하며, 대부분 복잡성을 최소화하고 관리 도구의 설치와 정보 수집 및 처리에 드는 오버헤드를 줄여 성능을 최대화하기 위해 REST 기반 요청을 지원한다. 표의 비교 결과에 따르면 HP-UX나 AIX 등 유닉스 계열을 사용하면서 클라우드 버스트 아키텍처를 구현할 때 관리 인터페이스를 단일화하기 위해서는 퍼펫을 사용하는 것이 좋고, 파이썬으로 추가 스크립트를 작성하고 클라우드스택과 오픈스택을 모두 지원하는 하이브리드형 이미지 템플릿을 사용하여 멀티클라우드를 관리하고자 한다면 라이트스케일을 사용하는 것이 좋다.

10.5 요약

이 장에서는 데브옵스 관점에서 클라우드 운영 최적화와 지속적인 품질 개선을 위해 필요한 개념, 프로세스, 도구 등을 살펴보았다. 특히, ITIL V3 기반의 클라우드 운영 최적화 프로세스를 기반으로, 일상적인 운영의 핵심이 되는 모니터링과 통제, 관련 지표 관리를 위한 개념들을 살펴보았다. 구조적 문제 해결을 위한 핵심 관리 프로세스인 구성 관리 및 변경 관리 프로세스를 살펴보았다. 또한, 운영 최적화 및 자동화를 위한 도구들을 정리해보았다.

부록 A

넷플릭스 참조 아키텍처

A.1 넷플릭스 비즈니스 소개

부록 A에서는 엔터테인먼트 서비스 업계의 주요 업체 중 하나이며, 퍼블릭 클라우드를 성공적으로 사용하고 있는 사례로 자주 참조되는 넷플릭스[Netflix]와, 그 참조 아키텍처를 소개한다. 넷플릭스는 1997년 DVD 대여 서비스로 시작하였으나, 현재는 롱테일 비즈니스에서 착안하여 언제 어디서나, 게임 콘솔, 모바일 등 다양한 기기에서 TV 쇼와 영화를 볼 수 있도록 한 스트리밍 서비스다.

월별 과금(7.99달러)이 되며, 추천 메커니즘을 제공한다. 넷플릭스의 비즈니스 모델은 상점 진열과 한시적 대여 서비스에서, 우편을 통한 DVD 전달 서비스로, 그리고 스트리밍 서비스로 성공적으로 전환해 왔다. 결론적으로 볼 때, 우편을 통한 DVD 전달 서비스에 드는 비용보다 스트리밍 서비스 제공에 드는 비용이 100배 정도 적다.

북미지역의 미국, 캐나다에 3,000만 명 이상의 가입자를 확보하고 있으나 한국에서는 사용할 수 없다. BTIG 미디어 분석가 리차드 그린필드에 의하면 넷플릭스의 총 가입자수는 2015년 말경 4,000만 명에 도달할 것이라 예측된다. 넷플릭스는 사용자 경험 향상을 위해 아카마이 CDN을 사용하고 있으며, 아카마이 미국 최대 고객 중 하나다. 퍼블릭 클라우드로는 AWS를 사용한다. 온프레미스 데이터 센터에는 초창기 클라우드 전환기에 백업 및 리플리케이션 용도로 오라클 데이터베이스를 보유하고 있으나 분산 클라우드 환경으로 완전히 전환하면서 데이터스택스[DataStax]가 제공하는 아파치 카산드라로 이전하였다.

A.2 넷플릭스가 클라우드로 전환하게 된 이유

넷플릭스는 2008년 단일 데이터 센터를 가지고 있었기 때문에 사용자 경험이 비루했으며 장애 대비가 미흡했다. 2010년에서 2011년 사이에 API 요청 수가 37배 이상 증가하는 등, 늘어나는 수요에 대응하여 신속하게 데이터 센터를 구축하는 것은 역부족이었기 때문에, 비즈니스 민첩성을 높이고 예측 불가능한 비즈니스 확장에 대응하기 위해서 클라우드를 사용하기로 결정하였다. 그 결과, 3,000만 가입자를 확보한 지금 넷플릭스는 100% 클라우드가 되었다.

A.3 넷플릭스의 아키텍처 설계 우선순위와 트레이드 오프

넷플릭스는 개발과 운영 복잡성을 단순화하고 사용자에게 일관성 있는 경험과 낮은 지연 시간을 보이는 높은 서비스 품질을 제공하는 것이 일차적인 목표였다. 즉, 가용성과 성능을 중점으로 한 서비스 품질^{QoS}이 곧 고객 만족도와 직결되기 때문에, 사업 유지 및 신규 사업 기회 창출을 위해 구현 아키텍처와 운영 방식을 최대한 단순화하고, 신속하게 사용자 요청에 대응할 수 있도록 하였다.

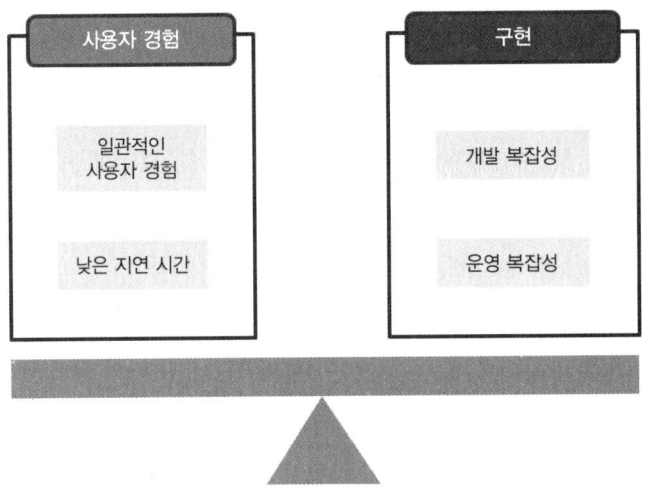

그림 A-1 아키텍처 설계 우선순위와 트레이드 오프

특히, 서비스 품질의 측면에서 다음과 같은 특성이 강조되었다.

- **신속성**: 동일한 스펙을 제공하는 기존 데이터센터보다 웹 페이지 및 API 호출에 있어 지연 시간을 최소화한다. 측정 기준은 중앙값(대표값, mean)과 양 극단을 제외한 통계량의 99% 커버리지로 한다. 동일한 사용자가 세션 내에서 캐시 힛Cache Hit을 최대한 활용할 수 있도록 한다.
- **확장성**: 가입자수가 증가함에 따라, 데이터 센터를 추가로 구축하기보다는 클라우드를 사용하여 해당 수요에 대응한다. 중앙 집중형 수직적 데이터베이스를 탈피하고, 퍼블릭 클라우드의 탄력성과 확장성을 최대한 활용한다.
- **가용성**: 데이터 센터 서비스보다 높은 견고함과 가용성을 달성한다. 퍼블릭 클라우드의 여러 가용 구역에 걸쳐 위험을 분산하고, 중앙 데이터베이스 스키마를 없애 예정된 다운 타임을 최소화한다.

- **생산성**: 자동화 도구를 최대한 활용하여 대규모 개발팀에 민첩성을 부여한다. 기존 데이터 센터 코드 베이스는 단계적으로 분산형 클라우드로 이관한다. 깔끔하고 단순한 계층화 인터페이스를 사용하고, 재사용성을 최대화한다.

넷플릭스는 초창기 퍼블릭 클라우드^{AWS}상 아키텍처의 불안전성을 극복하고, 장애에 대한 대응력을 높이기 위해 카오스 멍키라는, 난수를 발생시켜 랜덤하게 구성 서버 인스턴스에 장애를 유발함으로써 해당 인스턴스를 다운시키는 도구를 사용했다. 넷플릭스는 실제로 2011~2012 1년 동안 65,000개 이상의 장애를 고의로 유발시켰다. 이는 데브옵스의 훌륭한 예인데, 애플리케이션과 서비스가 지속적으로 장애를 견뎌 내고 성능저하 없이 충분히 견고한지 보장하기 위해 개발팀과 운영팀이 협업하는 것이다. 카오스 멍키는 현재 깃허브(https://github.com/Netflix/SimianArmy)에 공개되어 있다.

A.4 넷플릭스 아키텍처

전체적인 관점의 실운영 넷플릭스 아키텍처는 콘텐츠, 로그 처리, 재생, 웹 서비스, API 부문으로 나눠 다음과 같이 나타낼 수 있다. CDN은 아카마이, 라임라이트, 레벨 3의 조합으로 운영하고 있으며, 주로 콘텐츠 제공을 가속하는 데 사용한다. 로그 처리는 아마존 맵리듀스^{EMR}와 하둡을 기반으로 분석 및 처리 플랫폼을 구성하여 추가 사업 기회 창출 및 고객 정보 분석을 위한 비즈니스 인텔리전스를 구축 및 활용할 수 있도록 했다. 재생 부문에서는 다양한 북마크, 라우팅, 로깅 등을 담당한다. 웹 사이트에서는 검색, 선택, 순위 매기기, 아이템 기반 유사 추천 메커니즘 등을 제공한다. API 단에서는 메타 데이터 관련 작업과 디바이스 작업을 처리한다.

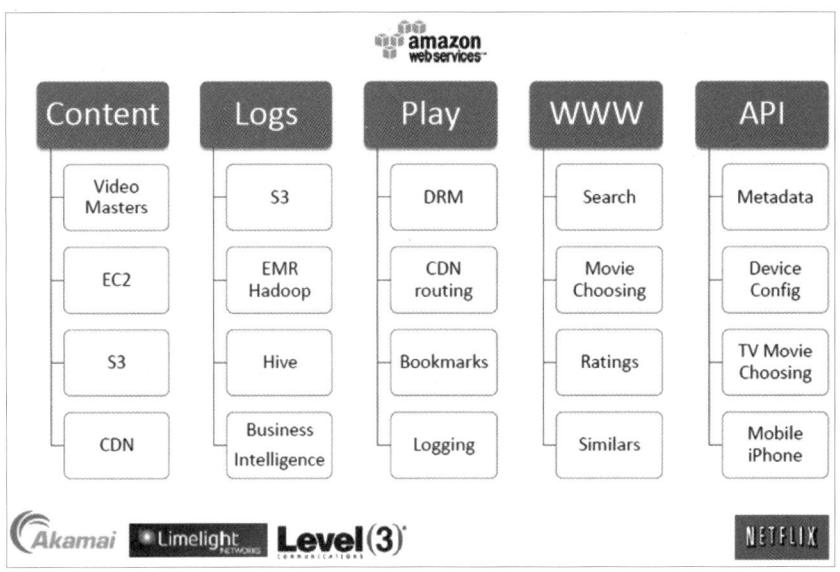

그림 A-2 넷플릭스 실운영 시스템 구성

이 중에서도 특히 근래들어 개발자들이 많은 관심을 보이는 퍼블릭 클라우드 기반 하둡 분석 플랫폼은 다음과 같은 아키텍처를 갖추고 있다.

아래 그림에서 볼 수 있듯이, 넷플릭스는 아마존 S3를 클라우드 데이터 웨어하우스로 활용한다. 아마존 맵리듀스 클러스터 위에 하이브, 피그, 자바, 파이썬과 같은 다양한 언어와 분석 도구를 얹어 작업 실행 및 리소스 구성/관리를 담당하는 서비스형 하둡 플랫폼 지니를 구축하고 내부 개발자들에게 공개하였다. 이를 위해 약 500개의 AWS 일래스틱 맵리듀스 인스턴스를 운영하고 있고, 동일한 규모의 클러스터가 그림 A-3에서 볼 수 있듯 ETL(데이터 추출, 변환, 적재 과정) 작업을 담당한다. 지니는 개발자들에게 REST API를 제공하여 기저 인프라에 대해 알 필요가 없도록 한다. 지니의 공개된 소스는 역시 깃허브에서 확인할 수 있다(https://github.com/Netflix/genie).

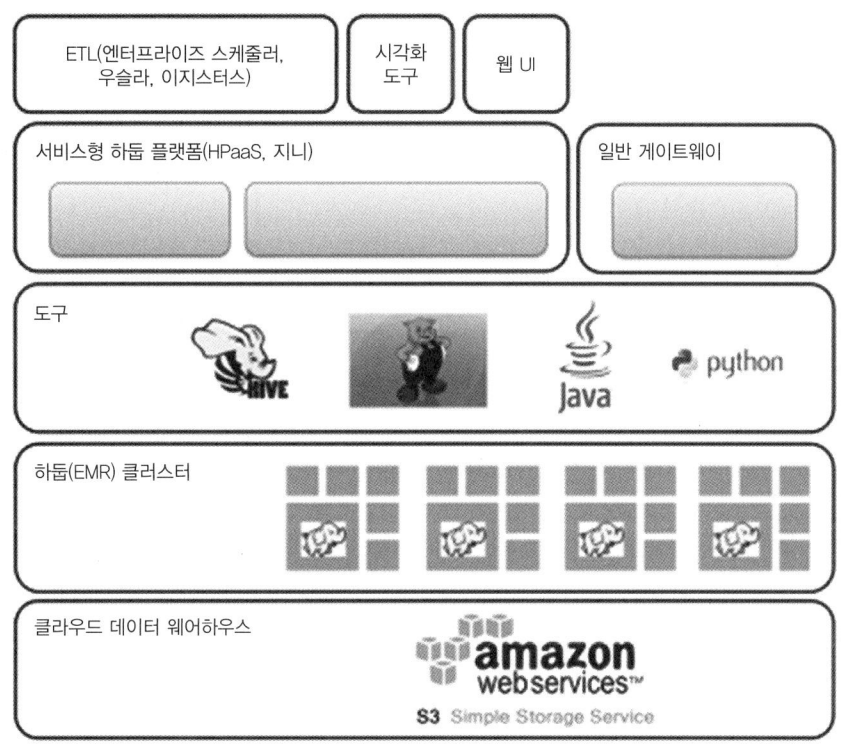

그림 A-3 넷플릭스의 클라우드형 하둡 분석 플랫폼

지니는 넷플릭스 관리자 콘솔로 활용되는 OSS 컴포넌트 위에 얹은 리소스 매퍼로서, 작업을 분배, 스케줄링하는 데 사용된다. 또한 자동 확장 그룹을 사용해 자동으로 확장된다. 깃허브에 등록되어 오픈소스화된 지니는 복제하여 톰캣과 같은 컨테이너에 배치한 후, 하둡 클러스터에 등록하여 사용할 수 있다. 사용자는 지니에게 어떤 하둡 클러스터를 골라 작업을 수행할 것인지 알려주어야 한다. 지니는 단일 작동 플랫폼이 아니며, 넷플릭스의 클라우드 관리 및 분석 플랫폼을 이루는 주요 컴포넌트 중 하나다. 넷플릭스를 이루는 다양한 클라우드 관리 오픈소스 프로젝트를 살펴보려면 넷플릭스 오픈소스 센터 깃허브를 참조하면 되고(http://netflix.github.io/#repo), 각 제품에 대한 가이드라인은 넷플릭스에서 운영하는 테크블로그를 참조한다(http://techblog.netflix.com/).

그림 A-4 넷플릭스 오픈소스 센터

A.5 넷플릭스의 성공 사례에서 얻을 수 있는 교훈 및 결론

넷플릭스는 AWS 최대 이용자 중 하나다. 따라서, 넷플릭스 역시 AWS의 자연 재해 및 일래스틱 블록 스토리지^{EBS} 불안정성, 운영 실수 등으로 인한 다양한 장애에서 자유로울 수 없다. 장애가 발생할 때마다 이용 규모로 인해 가장 큰 피해를 입어야 함에도 불구하고 견고한 아키텍처와 신속한 대응으로 동일 장애 대비 가장 높은 가용성을 보인 사례라고 할 수 있다.

넷플릭스는 비즈니스 확장에 신속하게 대응하기 위해 퍼블릭 클라우드를 가장 잘 활용하고 있는 사례로서, 초창기 오라클 데이터베이스로 운영되던 단일 데이터 센터에서, 온 프레미스 데이터 센터에는 주요 데이터를 복제 및 백업하고 클라우드에 메인 웹 서비스를 올리는 형태로 전환했다. 이후 기존 중앙 집중형 데이터베이스를 걷어내고 모든 시스템을 클라우드로 단계적으로 전환했다.

넷플릭스 관계자는 수많은 시행착오를 겪으면서도 탄력적인 수요 대응을 포함한 확장성, 가용성, 성능을 고려할 때 클라우드가 전체적으로 서비스 품질을 높이는 해답이 될 것이라는 신념을 표현한 바 있다. 이와 같은 클라우드로의 전환은 비즈니스 우선순위와 시장 상황, 업계 사례에 따라 그 전환 방법이나 구성 아키텍처가 달라지므로 신중하게 고려해야 할 사안이다. 하지만, 이와 같은 사례는 다양한 난관을 미리 간접 경험하여 대비할 수 있도록 하고 사용자 옵션을 다양화해 준다는 측면에 있어서 매우 중요하다. 단, 기존의 PC, 메인프레임, 중앙 집중형 데이터 센터 세대를 이끌고 있던 주요 업체인 IBM, 오라클, 인텔, 마이크로소프트 등도 가상화 업체와 네트워크 업체에 뒤이어 앞다투어 다양한 분산형 인프라 컴포넌트, 솔루션, 서비스를 시장에 내놓고 있다.

이제 이미 완전한 포트폴리오를 갖추고 있으므로 널리 알려진 사례 위주로만 접근하지 말고, 개발 및 운영의 단순화를 위해 직원의 애플리케이션 친화도 및 지원 비용도 고려하여 전체적으로 총 비용을 절감하는 접근법을 취하자.

부록 B

참고문헌과 추가 리소스

B.1 참고문헌

웹 사이트에서 조회 가능한 참고 보고서와 페이지

- AWS instance types

    http://aws.amazon.com/ec2/instance-types/

- Cloud Architecture Article, Brian Jimerson

    http://www.oracle.com/technetwork/articles/cloudcomp/jimerson-ha-arch-cloud-1669855.html

- Cloud Burst

    http://blogs.citrix.com/2009/06/08/cloud-burst/

- Cloud Patterns

    http://cloudpatterns.org/

- Cloud principle

    http://www.slideshare.net/jaapgorjup/cloud-principles-2004838

- Cloud Taxonomy

    http://cloudtaxonomy.opencrowd.com/

- CSA[Cloud Security Alliance], The Notorious Nine: Cloud Computing Top Threats in 2013

    https://cloudsecurityalliance.org/research/top-threats/

- eBay architecture strategy and patterns, Randy Shoup

    http://singztechmusings.wordpress.com/2011/09/05/performance-engineering-slides-on-ebay-architecture-principles-and-high-performance-computing/

- Google Apps Green Report

  http://static.googleusercontent.com/external_content/untrusted_dlcp/www.google.com/en/us/green/pdf/google-apps.pdf

- ITIL official information resource

  http://www.itil-officialsite.com/

- NIST Cloud Computing Reference Architecture, Special Publication 500-292

  http://www.cloudcredential.org/images/pdf_files/nist%20reference%20architecture.pdf

- NIST Computer Security Incident Handling Guide, 800-61

  http://csrc.nist.gov/publications/nistpubs/800-61rev2/SP800-61rev2.pdf

- NIST Recommendation for Key Management, 800-57

  https://www.google.co.kr/url?sa=t&rct=j&q=&esrc=s&source=web&cd=1&cad=rja&ved=0CCoQFjAA&url=http%3A%2F%2Fcsrc.nist.gov%2Fpublications%2Fnistpubs%2F800-57%2Fsp800-57-Part1-revised2_Mar08-2007.pdf&ei=qwmHUtn5Bc7GkAX1uIDoCA&usg=AFQjCNGTQfktaE8pQxZL_2AYw1rj_IQeAQ&sig2=hbrId1MItvJag-023DEapg&bvm=bv.56643336,d.dGI

- Oracle Cloud, Coherence Information

  http://www.oracle.com/kr/products/middleware/cloud-app-foundation/coherence/overview/index.html

- OWASP TOP 10 - 2013, OWASP

  https://www.owasp.org/index.php/Main_Page

- Redis vs Memcached

  http://systoilet.wordpress.com/2010/08/09/redis-vs-memcached/

- Rightscale and Puppet

    http://www.rightscale.com/solutions/managing-the-cloud/puppet.php

- Rightscale how to set up autoscaling

    http://support.rightscale.com/?title=03-Tutorials/02-AWS/02-Website_Edition/How_do_I_set_up_Autoscaling%3F

- Secure software development Life Cycle Process

    https://buildsecurityin.us-cert.gov/articles/knowledge/sdlc-process/secure-software-development-life-cycle-processes

- SPEC benchmark

    http://spec.org

- The NIST definition of cloud computing

    http://csrc.nist.gov/publications/nistpubs/800-145/SP800-145.pdf)

- TPC benchmark results

    http://tpc.org

- 넷플릭스 사례 연구

    www.qcontokyo.com/pdf/adriancockroft.pdf

논문

- 「공개SW기반 클라우드 컴퓨팅 기술 현황」, 한국전자통신연구원/전자통신동향분석 2011, 정의정 외 2명

- 「공공부문 정보시스템의 하드웨어 용량 산정 방식 설정을 위한 실증적 연구」, 한국정보화진흥원/정보화정책저널 2005, 정해용 외 2명

B.2 추가 리소스

도서

- 『오라클 데이터베이스 보안, 당신의 데이터는 안녕하십니까?』 김규백 저 (프리렉 출판사, 2013)

- 『클라우드 컴퓨팅 구현 기술』 김형준, 조준호, 안성화, 김병준 공저 (에이콘 출판사, 2010)

추가 웹 페이지와 블로그

- COBIT5
  http://www.isaca.org/COBIT/Pages/COBIT-5-Enabling-Information-product-page.aspx?icid=1002392&Appeal=Banner-Ad

- 넷플릭스 테크블로그 http://techblog.netflix.com/

- 메시지 큐 래빗MQ http://www.rabbitmq.com

- 메시지 큐 위키피디아 http://en.wikipedia.org/wiki/Message_queue

- 분산 캐시 비교 분석 블로그
  http://kkovacs.eu/cassandra-vs-mongodb-vs-couchdb-vs-redis

- 아파치 주키퍼 프로젝트 http://zookeeper.apache.org

- 오픈 보안 아키텍처 http://www.opensecurityarchitecture.org/cms/

기업, 커뮤니티, 프로모션 웹 사이트

- Forrester Research http://www.forrester.com

- Google I/O https://developers.google.com/events/io/

- IDC http://www.idc.com

- InfoWorld http://www.infoworld.com

- NIST http://csrc.nist.gov

- OWASP https://www.owasp.org/

- 오픈 그룹 http://www.opengroup.org/architecture

- 오픈 클라우드 컨소시엄 http://www.opencloudconsortium.org/index.html.

- 클라우드 보안 연합

    https://cloudsecurityalliance.org/research/secaas/?r=21#_news

부록 C

용어설명

- **CAPEX** Capital expenditure 미래의 이윤을 창출하기 위해 지출된 비용을 말한다. 이는 기업이 고정자산을 구매하거나, 유효수명이 당회계년도를 초과하는 기존의 고정자산에 대한 투자에 돈이 사용될 때 발생한다. CAPEX는 회사가 장비, 토지, 건물 등의 물질자산을 획득하거나 이를 개량할 때 사용된다. 회계에서 CAPEX는 자산계정에 추가되므로(자본화), 자산내용(세금부과에 적용되는 자산가치)의 증가를 가져온다. CAPEX는 일반적으로 현금흐름표에서 장비와 토지자산에 대한 투자 등에서 볼 수 있다.

- **IDS** 침입탐지 시스템이다. 즉 정보 시스템의 보안을 위협하는 침입행위가 발생할 경우 이를 탐지, 적극 대응하기 위한 시스템이다.

- **IPS** 침입방지 시스템으로, 정보 시스템 보안을 위협하는 침입 행위가 미치는 악영향을 사전에 방지하고 적극적으로 대응하기 위한 시스템이다.

- **IS 전략** IS Information System 전략이란 정보 시스템을 구축, 도입, 획득, 운영, 관리하기 위한 전략을 의미한다.

- **NAT** Network Address Translation 인터넷 보안제품에서 사용되는 네트워크 기술로, 외부 네트워크에서 알려진 공인 주소와 다른 IP 주소를 사용하는 내부 네트워크에서 IP 주소를 변환하는 것이다.

- **OPEX** Operating Expenditure 업무지출 또는 운영 비용이라고도 하며 갖춰진 설비를 운영하는 데 드는 제반 비용을 말한다. OPEX는 인건비, 재료비, 수선유지비와 같은 직접 비용과 제세공과금 등의 간접 비용으로 구성되어 있으며 통상 CAPEX와 함께 대조적으로 많이 쓰이는 용어다.

- **Queueing 이론** 대기이론으로서 생산활동 또는 용역을 제공받을 때 대기하는 시간을 최소화하기 위한 이론이다.

- ROI^{Return on Investment}　투자자본수익률을 말한다.

- Time Boxing　프로젝트 시간 관리를 의미하는 것으로 어떤 일을 처리하기 위해 시간을 나누어 할당하는 것을 의미한다.

- tpmC^{Transaction per Minute type C}　TPC에서 발표하는 TPC-C 유형의 트랜잭션을 말한다. 이는 용량 산정에서 참조하는 모델로, 생략하여 신규 트랜잭션 건수로 의사소통한다. 예를 들어 어떤 하드웨어가 100tpmC의 성능을 낸다고 하면, 다섯 가지 TPC-C 유형내 트랜잭션 중 신규 주문 처리를 100건 했다는 의미다. 이는 동시에 처리된 다른 네 가지 트랜잭션 수를 생략한 것이다.

- TTM^{Time to Market}　한 제품의 개발 및 제품을 만들어 시장에 내놓는 데까지 걸리는 시간을 가리킨다.

- Utilization　활용도를 의미한다.

- WIP^{WORK-IN-PROCESS}　제조현장에서 생산활동을 하기 위해서 필요한 공정별 보유하고 있는 제품이다.

- Workaround　일시적인 미봉책을 의미한다.

- WSDL^{Web Service Definition Language}　비즈니스 서비스를 기술하여 비즈니스들끼리 전자적으로 서로 접근하는 방법을 제공하기 위해 사용되는 확장성 생성 언어(XML) 기반의 언어다. UDDI^{Universal Description, Discovery, and Integration}의 기초가 되는 언어로, 단순 객체 접근 통신 규약^{SOAP}과 NASSL^{Network Accessible Service Specification Language}로부터 나왔다. UDDI 레지스트리에서 비즈니스 서비스를 나타내는 방법으로 NASSL과 SOAP를 대신한다.

- **검증계, 개발계, 운영계** 소프트웨어 개발 과정에서 개발하는 시스템은 개발계, 검증하는 시스템은 검증계, 실제로 개발이 완료되어 운영하는 시스템은 운영계라 총칭한다.

- **결정론적** 주어진 조건을 만족하는 유일 해가 존재한다는 가정하에 문제에 접근한다.

- **고가용성 엔지니어링** 고가용성을 확보하기 위한 공학을 의미한다.

- **레버리지** 지렛대 효과를 의미한다.

- **리드타임** 제품 하나를 생산하는 데, 시작부터 마칠 때까지의 소요 기간을 의미한다.

- **멀티테넌시** 하나의 서버 공간 혹은 시스템에서 다수의 이용자에게 서비스를 제공하는 기술로, 다수의 이용자가 같은 애플리케이션, 같은 OS, 같은 저장공간을 이용한다.

- **베어 메탈 하드웨어** 베어 메탈 하드웨어란 가상 머신과 대비되는 개념으로 하드웨어 그 자체를 의미한다.

- **벤더 락인** Vendor Lock-in 특정 업체에 기술이 종속돼 해당 업체의 기술만을 사용함으로써 위험 관리에 실패하게 되는 것을 의미한다.

- **부하율 보정** 오차를 고려하여 예측되는 부하의 양을 보정하는 것을 의미한다.

- **빅뱅 방식** 한꺼번에 시스템을 모두 전환하는 것이다.

- **사일로화** 시스템이 고립돼 공유되지 못하고 도태되는 형태를 뜻한다.

- **샤딩** 공유 스토리지를 쓰지 않는 데이터 관리 서버를 클러스터링할 때 데이터를 분산, 분할하는 구조를 의미한다.

- **스니핑 분석** 스니핑이란 가장 많이 사용되는 해킹hacking 수법으로, 이더넷Ethernet상에서 전달되는 모든 패킷packet을 분석해 사용자의 계정과 암호를 알아내는 것으로, 이러한 방식을 통해 네트워크를 분석하는 것을 스니핑 분석이라 한다.

- **싱크 타임**Think Time 성능 시험 이론에서 사용자 행위를 분석할 때 동작하지 않고 멈춰 있는 시간을 의미한다.

- **씩 클라이언트** 일반적으로 서버와 클라이언트의 2계층으로 구분되는 비즈니스 서비스 구조

- **아비트라지 효과** 차익 거래를 통한 수익 효과

- **아카이빙** 실제로 활용하지 않는 데이터를 정책적 이유로 보관하는 것을 뜻한다.

- **애자일** 애자일 소프트웨어 개발Agile software development 혹은 애자일 개발 프로세스는 소프트웨어 엔지니어링에 대한 개념으로, 프로젝트의 생명주기 동안 반복적인 개발을 촉진하여 민첩하게 개발하기 위한 방법론을 총칭한다.

- **에코**ECHO 리눅스, 유닉스 등에서 입력받은 문자를 그대로 출력하기 위한 명령으로 상태 체크 등에 활용된다.

- **워크로드** 비즈니스 용어로서 작업 부하라고도 말할 수 있다. 즉, 각 업무의 작업을 위해 필요한 시스템 로드를 의미한다.

용어설명

- **워크스루** 소프트웨어 개발 과정(라이프 사이클)의 각 단계에 있어서, 개발 멤버가 집단 토의에 따라 설계 문서나 프로그램 중의 논리적인 오류를 발견해내는 방식이다.

- **인터프리터** 프로그램 언어로 씌여진 프로그램을 기계어로 변환하는 프로그램이다.

- **임포트** 외부의 데이터를 시스템 내부로 이관하는 것을 뜻한다.

- **차지백** 서비스를 사용함으로써 발생한 요금을 각 부서에 사용한 만큼 부과하는 것을 차지백이라 한다.

- **컴플라이언스**Compliance 기업운영 시 내·외부적으로 반드시 지켜야 하는 법적 규제 사항이나 지침이다. 기업과 정부의 환경이 IT 환경으로 바뀌면서 최근 부각되는 IT 이슈 중 하나다. 전자문서를 통한 회계 작성 준칙이나 원본 문서 보관 의무 등 기업회계와 경영의 투명성을 높이기 위한 IT 관련 법, 제도들이 등장하고 있는데 이것들을 모두 컴플라이언스라고 통칭한다.

- **탑 API** 가장 사용자의 활용도가 높은 API를 탑 API라 부른다.

- **통지 방식** 사용자와 상호작용할 수 있는 방식을 의미한다.

- **패드**pad 모양이나 크기를 조정하기 위해 넣는 비트

- **패리티 영역** 데이터의 일관성 및 완진성, 즉 패리티를 체크하기 위한 영역

- **패브릭** IT 자원, 또는 자원 구조를 총칭한다.

- **페더레이션**Federation 시스템, 정책 등 대상 개체의 연합, 혹은 연합을 위한 기술 등을 총칭한다.

- **프로비저닝** 프로비저닝이란 사용 준비가 완료된 가용 자원을 준비하는 것, 또는 그를 위한 모든 작업을 총칭한다.

- **핑**^{PING} ICMP 프로토콜을 사용하는 상태 체크 명령어

- **하이퍼바이저** 프로세서나 메모리와 같은 다양한 컴퓨터 자원에 서로 다른 각종 운영체계의 접근 방법을 통제하는 얇은 계층의 소프트웨어다. 다수의 OS를 하나의 컴퓨터 시스템에서 가동할 수 있게 하는 소프트웨어로 중앙처리장치(CPU)와 OS 사이에 일종의 중간웨어로 사용되며, 하나의 컴퓨터에서 서로 다른 OS를 사용하는 가상 컴퓨터를 만들 수 있는 효과적인 가상화 엔진이다.

- **핫빗**^{Heartbeat} 심장 박동을 일컫는 말로 상태 체크를 위한 신호를 의미한다.

- **핸드셰이크** 프로토콜상 의사소통 시 합의가 이뤄지는 것을 핸드셰이크라 한다.

찾아보기

번호

3DES 175

ㄱ

가상화 39, 97, 114, 137, 141
가용성 114, 143
가용성 관리 240, 241
가트너 24, 32
감사 114, 183
감사 실행 가능성 평가 187
감사 헌장 승인 186
강도 테스트 206
강력한 인증 159
강제 접근 156
개념적 참조 아키텍처 모델 107
개인 근거리 무선 네트워크 41
개인 정보 116
경계 보안 115, 161
경영진의 승인 및 수용 183
계정 탈취 38
계층화 111
공개 키 기반 구조 172, 175
광역 네트워크 41
교정 통제 191
구글 I/O 148

구글 앱스 30
구글 앱 엔진 30
구성 관리 237, 238
구성 관리 데이터베이스 237, 245
구성 자동화 108
구성 항목 244
구역 102
구조 테스트 206
그리드 컴퓨팅 47
글로버스 프로젝트 47
글로벌 데이터 복제 104
글로벌 서버 로드 밸런서 125
기밀성 114
기밀성 레이블 156

ㄴ

나선형 모형 202
내부자 위협 38
내부 통제 190
네트워크 가상화 기술 137
느슨한 결합 106

ㄷ

다중 구역 102
단위 테스트 205

대체 작동 시스템　97, 121
대칭 암호화　172, 174
데브옵스　234
데이터 마이닝　149
데이터 모델링　141
데이터베이스　145
데이터 손실　38
데이터 아카이빙　146
데이터 유출　38
데이터 임포트　146
동적 수직 확장　126
동적 수평 확장　126
동적 재배치　126
동적 할당　110
등록기관　178
디지털 서명　172

ㄹ

라우팅 프로세스　137
레디스　135
로드 밸런서　121, 125, 144
로드 밸런싱　51
로드 평균　85
리드타임　67
리스크 무시　190
리스크 분석　189
리스크 수용　190
리스크 완화　190
리스크 전가　190
리스크 평가　186
리포팅과 감사자 의견 제출　188
릴리스 관리　237, 238
릴리스 테스트　205

ㅁ

마이크로소프트 애저　30
마켓 트렌드　32
맵리듀스　222
머신 러닝　149
멀티요소 인증 방식　159
멀티캐스트　146
멀티테넌시　26, 45, 101
메시지 분배　145
메타데이터　149
메트릭　76
멤버십　121
멤캐시　135
멱등의 원칙　146
무결성　114

ㅂ

반가상화　40
반복 모형　202
방화벽　162
배스천 호스트　165, 167
밸런스 스코어 카드　244
버스트 아웃　130
버스트 아키텍처　130
벤더 락 인　33
변경 관리　237, 238
변경 관리 프로세스　66
변경 요청　239, 246
변경 조정 위원회　246
병행 테스트　206
보안 모니터링　114
보안성이 낮은 API　38
보안 정책 관리　114
복구 테스트　206
복제　134

부하 분산　144
부하 요인　79
부하율 보정　79
분산가능성　143
분산 데이터 관리 플랫폼　103
분산된 클라우드 기반 애플리케이션　105
분산 메모리 캐시 풀　135
분산 캐시　135
분산 캐시 플랫폼　105
분산형 2단계　142
블랙 박스 테스트　206
블루투스　41
비대칭 암호화　172, 175
비동기 메시징　106
비동기 방식　134
비동기식 처리　145
비밀 키　174
비용 관리　240, 241
비즈니스 로직　102
비활성 데이터　225

서비스 수준 관리　61, 240, 241
서비스 오케스트레이션　109
서비스 일관성　106
서비스 측정 항목　61
서킷 레벨 게이트웨이　164
설치 테스트　205
성능과 맞물린 확장성　134
성능 모니터링　150
성능 테스트　206
소프트웨어 추상화　110
수직 확장　91
수평적 동등 분할　141
수평 확장　91
스토리지 계층화　225
스토리지 복제　128
시스템 테스트　205
시큐리티 그룹　167
식별　155
실증 테스트　188
심층방호　154, 161
싱크 타임　229

ㅅ

사고 관리　237, 238
사고 대응　114
사고 대응 커뮤니케이션　195
사일로형 데이터 센터　26
사전 준비　186
사후 절차 수행　188
상호 운용성　108
생체적 특징　160
샤딩　103, 105, 141
샤딩 아키텍처　104
서브스크립션　36
서비스 데스크　237, 238
서비스 수준 계약　38, 51, 66, 68

ㅇ

아마존 웹 서비스　30
아비트라지 효과　108
아웃소싱　36
아카이빙용 스토리지　225
안전성 테스트　206
애플리케이션 레벨 게이트웨이　164
역할 기반 접근　156
연락 체계　195
예방 통제　191
오케스트레이션　108
오프 사이트　25, 28
오프 프레미스　25

오픈데이라이트　31
오픈스택　30
오픈컴퓨트　31
오픈플로우　31
온 사이트　25, 28
온 프레미스　25
와이파이　41
용량 관리　240
운영 KPI　244
운영 비용　53, 235
워크로드　121
워크샵　187
워크스루　187
웹 브라우저 보안　115
웹 서비스　41
웹 세션 캐시　135
위키피디아　24
유틸리티 서비스　25, 27
이벤트　146
이벤트 기반 아키텍처　104
이식성　108
이중 홈 게이트웨이　162, 164
이중화 스토리지　97, 128
인수 테스트　205
인증기관　178
인증서　178
인증 정책　178
일관성　143
읽기 일관성　146
임의 접근　156

ㅈ

자동 증감　71, 91
자동 커밋　142
자동화　134, 147

자본 비용　53
자원 추상화　110, 111
자원 풀링　110
장애 관리　237, 238
장치 예비율　129
재해 복구 센터　132
저장소　178
적격성 인증　183
적발 통제　191
적응형 구성　148
전가상화　40
접근 제어　154, 156
접근 제어 원칙　155
정보 수명 주기 관리　224
정보 시스템 감사 프로세스　185
제어　110
제어 계층　110
주기적 배치 패턴　145
준거 테스트　187
증거 수집　187
지속성　106
지역 네트워크　41

ㅊ

차지백　33
차폐 서브넷 방화벽　162, 165
차폐 호스트 방화벽　162, 164
책임성　39, 61, 64
총 소유비용　53, 100
축소　91
측정 서비스　110
침입 방지 시스템　168
침입 탐지 시스템　168
침해 사고 대응 생명주기　194
침해 사고 대응 조직 체계　195

ㅋ

캐싱 134
커뮤니티 클라우드 28
컴퓨팅 자원 친화도 134
컴플라이언스 51, 114
코로케이션 53
쿠키 145
큐잉 134
클라우드 24
클라우드 IDE 212
클라우드 감사자 108
클라우드 배치 모델 115
클라우드 버스트 130
클라우드 서비스 관리 111
클라우드 서비스 구성 항목 237
클라우드 서비스 모델 관점 115
클라우드 서비스의 남용 38
클라우드 소비자 108
클라우드 스택 31
클라우드 캐리어 109
클라이언트 캐싱 105
클러스터 컴퓨팅 47
키 관리 179
키 일치 기법 179
키 전송 기법 179

ㅌ

토폴로지 150
통합 테스트 205
트랜잭션 142
트러블슈팅 150

ㅍ

파티셔닝 134, 139
패킷 필터링 라우터 165, 166
패킷 필터링 방화벽 162, 163
퍼블릭 클라우드 28
페더레이션 26
포레스터 리서치 32
폭포수 모형 202
표준 벤치마크 77
프라이빗 클라우드 28
프로비저닝 26, 27, 108, 112
프로토타입 모형 202
프록시 웹 서버 125
피드백 루프 149
피크타임 85

ㅎ

하둡 218
하이브 218
하이브리드 클라우드 28
하이퍼바이저 40, 115
핫빗 121, 243
해싱 172, 173
협약 문서 186
화이트 박스 테스트 206
회귀 테스트 206

A

Abuse of Cloud Services 38
Accountability 39
Account Hijacking 38
ACL(Access Control List) 156, 163
Active 243
AES 256비트 170
Agile Process 204
APaaS 210
AppFog 209

application level gateway 164
APRP 243
ARIA 175
ARP 137
asymmetric encryption 172
Authentication 155
Authorization 155
AWS의 가상머신 인스턴스 89

B

B2B 28, 193
B2C 28
Balanced Score Card 244

C

CAB(Change Advisory Board) 246
CAPEX 67
CAP 이론 142, 143
CBD 203
CDN 58, 137, 139, 151
CI(Configuration Item) 237, 244
circuit level gateway 164
Clearance Label 156
Clever Cloud 209
CloudBees 208
CMDB(Configuration Management Database) 238, 245
COBIT 56, 98, 192
Coherence 103
Compliance Test 187
Config 137
CORBA 43
CRUD 135, 217
CSA 37
CSRF 181

D

DAC(Discretionary Access Control) 156
Data Breaches 38
Data Loss 38
defence-in-depth 161
Depth 245
DES 175
DevOps 234
Diffie-Hellman 177
Digital Signature 172
DMZ 구역 166
DNS 125
DOM 230
DoS(Denial of Service) 38
DSS(Digital Signature Standard) 177

E

El Gamal 177
Elliptic Curve 177
Engine Yard 210
ETL 솔루션 217, 222, 223, 224

F

FCoE 137
FFIEC 159

G

GA(Generally Available) 65
Globus 47
Google App Engine 210
GSLB 125
GSLB 최적화 137

H

Hashing   172
Heroku   209
Hive   218
HTTP   42
HTTPS   42

I

IaaS   29, 30, 110
IDC   32
Identification   155
IDM   51, 108, 114
IDS/IPS   161, 168
IEEE 802.11   41
IETF(Internet Engineering Task Force)   46, 171
ISACA   192
IS/IT   72, 73
ISO   192
ISO 2700X   56
ISO 12207   200
ISO 15288   200
ISO 27001 인증   57
ISO/IEC 20000   98
ITGI   192
ITIL   73, 192, 236
ITIL ISO27002   56
ITIL V3   72, 98, 235
ITU-T   58
IT 서비스 연속성 관리   240, 241

J

J2EE   97

K

KPI(Key Performance Indicator)   244

L

LAMP   33, 251
LAN   41
Least Privileges   155
Level   245
load balancer   121

M

MAC(Mandatory Access Control)   156
Malicious Insiders   38
MapReduce   222
MD5   174
MDA(Model Driven Architecture)   203
Metrics   61
MPLS   137
multi-factor authentication   159

N

NAT(Network Address Translation)   46
Need to know   155
NIST   24, 31, 107, 179
NoSQL   102, 217

O

OAMP   33
OLTP   78
one time pad   178
OpenShift Online   208
OPEX   67, 235

OTP 159
OTV 137

P

PaaS 29, 30, 110
PAN 41
Passive 243
perimeter security 161
PKI(Public Key Infrastructure) 172, 177
PLE(Product Line Engineering) 204
Proactive 243

Q

QoS 113
Queueing 85

R

RADIUS 160
RAID 스토리지 디스크 어레이 101
RARP 137
RBAC(Role-based Access Control) 156
RC2 175
RDBMS 102
Reactive 243
Responsibility 39
REST 41
REST 기반 웹서비스 43
RFC 239
RFC 5246 171
RFC 6176 171
RFC(Request for Change) 246
Rijndael (AES) 175
RISK IT 192
ROI 53

Rollbase 211
RSA 170
RSA(PKCS#1) 177
RTN(Rount Trip Number) 139
RTT(Round Trip Time) 139
RUP(Rational Unified Process) 203

S

SaaS 29, 30, 110
SAS 70 56
SAS 70 감사 57
Scale Down 91
Scale Out 91
Scale Up 91
SCM 2.0 35
screened host gateway 164
screened subnet firewall 165
Security Group 167
SEED 175
Separation of Duty 155
SLA(Service Level Agreement) 34, 38, 74, 75, 88, 124
SLA 계약 34
SLA 관리 113
SLM(Service Level Management) 61
SMTP 42, 243
SNMP 137
SOA 42
SOAP 41, 42
SOAP 기반 웹 서비스 42
SPEC 77
SQL 224
SSO(single sign on) 157
Strong Authentication 159
symmetric encryption 172
syslog 137

T

TACACS+ 160
TCO 54
TCP 139
TDD(Test Driven Developemnt) 204
Time Boxing 85
TLS 58, 170
TPC 77
TPC-C 78
TPC-C 스키마 141
TPC-H 78
TPC-VMS 78
tpmC 78, 81, 88, 90

U

UDDI 42
UI 102
UNIX 156
UPS 35
URI 44
URL 145

V

VAL IT 192
VLAN 137
VM 124
VoIP 170
VRF 137

W

WAMP 33
WAN 41
WAN 가속 137
WiFi 41
WorkXpress 211
WSDL 42

X

XML 42
XP(eXtreme Programming) 204
XSS 180
Xuropa 211

Z

Zone 102

에이콘 클라우드 컴퓨팅 시리즈

1. 알짜만 골라 배우는 자바 구글앱엔진
무료로 시작하는 손쉬운 클라우드 애플리케이션 개발

카일 로치, 제프 더글라스 지음 | 박성철, 안세워 옮김 | 9788960771512 | 300페이지 | 25,000원

자바 개발자라면 누구나 손쉽게 큰돈 들이지 않고 웹 애플리케이션을 만들 수 있다. 클라우드 컴퓨팅의 선두주자인 구글의 기술과 서비스를 마음대로 활용할 수 있는 자바용 구글앱엔진의 중요한 기능을 알짜만 골라 배울 수 있는 책

2. 클라우드 컴퓨팅 구현 기술
구글, 페이스북, 야후, 아마존이 채택한 핵심 기술 파헤치기

9788960771703 | 김형준, 조준호, 안성화, 김병준 지음 | 544페이지 | 30,000원

분산 아키텍처를 이용해 확장성, 가용성 있는 시스템, 서비스를 개발하기 위한 아키텍처를 제시하고, 이를 구현하는 오픈소스를 소개한다. 책에서 소개하는 아키텍처와 오픈소스를 이용해 스토리지 서비스 같은 인프라 서비스에서부터 블로그, 소셜 네트워크 분석 서비스 등과 같은 클라우드 서비스를 구축할 수 있다.

3. Programming Amazon EC2 한국어판
아마존이 만든 클라우드 컴퓨팅 환경 AWS

유르흐 판 플리트, 플라비아 파가넬리 지음 | 오영일, 최창배 옮김
9788960772380 | 264페이지 | 25,000원

아마존 웹 서비스(AWS)의 이용법을 제시하는 애플리케이션 아키텍트, 개발자, 관리자의 필독서. AWS의 다양한 서비스를 자세히 소개하고 서비스별로 저자가 직접 개발, 운영 중인 서비스(컬릿저, 레이아 등)를 예제로 소개한다. 별도 인프라 환경 없이 클라우드 서비스를 구축할 수 있다.

4. 윈도우 애저 클라우드로 애플리케이션 이전하기
마이크로소프트 클라우드 플랫폼 서비스 마이그레이션 가이드

도미닉 베츠, 스콧 덴스모어, 라이언 던, 마사시 나루모토, 유게니오 페이스, 마티아스 워로스키 지음
박중석 옮김 | 9788960772809 | 216페이지 | 20,000원

클라우드의 장점인 확장성과 안정성 등을 살리기 위해 구조적으로 변경하는 과정을 실제 코드와 더불어 살펴보며, 윈도우 애저의 특성을 이해하고, 기존 애플리케이션을 어떻게 변경해야 클라우드에 적합할 것인지에 대한 일반적인 개념을 잡을 수 있다.

5. 윈도우 애저 클라우드에서 애플리케이션 개발하기
마이크로소프트 클라우드 플랫폼 서비스 프로그래밍 가이드

도미닉 베츠, 스콧 덴스모어, 라이언 던, 마사시 나루모토, 유게니오 페이스, 마티아스 워로스키 지음
김지균 옮김 | 9788960772816 | 208페이지 | 20,000원

윈도우 애저의 기본 개념 설명 뿐만 아니라 분석, 설계, 개발, 테스트, 배포의 단계에서 아키텍처 측면에서 고려할 사항을 실제 예제 코드를 통해 설명한다. 윈도우 애저가 아닌 다른 클라우드 플랫폼을 사용해 애플리케이션을 개발할 경우에도 의미 있는 가이드를 제공할 것이다.

Visualize This 비주얼라이즈 디스
빅데이터 시대의 데이터 시각화+인포그래픽 기법

네이선 야우 지음 | 송용근 옮김 | 9788960772953 | 424페이지 | 30,000원

"그래프가 아니다. 데이터 그래픽이다!" 화려한 스프레드시트 프로그램들은 마우스 클릭 몇 번으로 눈부신 그래프를 그릴 수 있다고 선전하지만, 그게 다는 아니다. 데이터는 실생활의 반영이며, 우리 삶의 이야기를 담고 있는 지표다. 이 책은 데이터 그래픽을 기본 개념부터 응용 방법까지, 초심자의 기준에서 단계적으로 설명한다. 별다른 지식이 없어도 누구나 쉽게 빅데이터를 시각적으로 표현하는 방법을 배울 수 있다. 막대·선 그래프나 파이 차트 같은 단순한 그래프는 물론, 시계열 그래픽, 지도 그래픽, 트리맵과 인터랙티브 차트까지 그릴 수 있게 될 것이다.

데이터 고급 분석과 통계 프로그래밍을 위한
빅데이터 분석 도구 R 프로그래밍

노만 매트로프 지음 | 권정민 옮김 | 9788960773332 | 504페이지 | 35,000원

통계 프로그래밍 언어인 R의 활용과 R을 사용한 소프트웨어 개발, R의 언어적 측면까지 쉽게 배울 수 있는 R에 관한 최고의 책. 통계학을 잘 몰라도 프로그래밍에 관한 초보적인 지식만 있다면 쉽게 익힐 수 있다. 이 책에서는 R에서 사용하는 기본적인 데이터 구조부터 함수형 프로그래밍과 객체지향 프로그래밍 개념, 수학적 시뮬레이션, 그리고 복잡한 데이터를 단순하고 유용한 형태로 재배치하는 R의 활용법 등에 대한 내용까지 다양하게 다룬다.

MongoDB NoSQL로 구축하는 PHP 웹 애플리케이션

루베이트 이슬람 지음 | 박재호 옮김 | 9788960773752 | 320페이지 | 30,000원

동적인 웹 2.0 애플리케이션을 제작하는 과정에서 PHP와 몽고DB(MongoDB) NoSQL을 결합해 설명하는 책으로 데이터베이스 백엔드로 몽고DB를 사용해 동적인 웹 애플리케이션을 PHP로 개발하는 방법, 몽고DB에 접근하기 위한 각종 PHP API를 비롯한 몽고DB 실전 활용법, 사용자 세션 관리, 실시간 사이트 분석 내용 저장, 위치 인식 웹 애플리케이션 개발 방법을 알려주고 단계별 설명과 실용적인 예제를 통해 현장에 바로 적용 가능한 지식을 쌓을 수 있다.

HBase 클러스터 구축과 관리
NoSQL 데이터베이스 관리를 위한 하둡과 HBase 클러스터
설치에서 고급 튜닝까지

이펑 지앙 지음 | 김기성 옮김 | 9788960773790 | 388페이지 | 30,000원

HBase 클러스터의 설치와 관리 방법에서 시작해 고급 튜닝 기법까지, HBase 클러스터를 운영하기 위한 전반적인 내용을 다룬다. 하둡(Hadoop) 클러스터 및 주키퍼(ZooKeeper) 등의 설치 방법도 소개하며 이를 기반으로 HBase를 설치하는 방법을 쉽게 설명한다. 또한, HBase 클러스터의 데이터 백업 및 복구, 모니터링과 같은 관리 방법과 클러스터 운영에 매우 중요한 보안 이슈도 다룬다. 빅데이터 시대의 데이터베이스 관리에 필수적인 저자의 오랜 실전 경험과 노하우를 전수받을 수 있을 것이다.

10 카산드라 따라잡기
150가지 예제로 배우는 NoSQL 카산드라 설계와 성능 최적화

에드워드 카프리올로 지음 | 이두희, 이범기, 전재호 옮김
9788960774049 | 404페이지 | 30,000원

카산드라(Cassandra)는 페이스북에서 직접 만든 NoSQL 데이터베이스의 대표적인 한 예로, 넷플릭스(Netflix)와 트위터 등에서도 활용하는 것으로 알려져 있다. 이 책에서는 풍부한 예제들을 통해, 기본적으로 카산드라를 설치하고 구성하는 방법부터, 카산드라의 성능을 최적화하고 분산 처리하는 방법까지 매우 광범위한 내용을 다룬다. 독자들은 이 책을 통해 NoSQL 데이터베이스 및 분산처리에 대한 기본적인 지식과 더불어 카산드라의 매우 다양한 모습을 재미있게 배울 수 있을 것이다.

11 빅데이터 처리와 분석을 위한 하둡 맵리듀스 프로그래밍

스리나스 페레라, 실리나 기나라스네 지음 | 안건국, 배경숙 옮김
9788960774308 | 388페이지 | 35,000원

하둡 에코시스템을 사용해 크고 복잡한 데이터셋을 처리하는 원스톱 가이드로, 간단한 예제를 소개하고 빅데이터 처리 분석 사례를 자세히 살펴본다. 이 책에서는 HBase와 하이브(Hive), 피그(Pig), 머하웃(Mahout) 등 하둡 에코시스템의 구성 요소를 다루는 방법을 설명한 다음 하둡 맵리듀스 연산을 수행하기 위한 클라우드 환경을 설정하는 방법을 배우고, 실제 사례를 들어 크고 복잡한 데이터셋을 처리하는 방법을 설명한다.

12 빅데이터 시대 쉽고 빠른 R 통계 프로그래밍을 위한
RStudio 따라잡기

마크 P.J. 판 데르 루, 에드윈 데 용에 지음 | 정사범 옮김
9788960774315 | 140페이지 | 15,000원

RStudio는 운영체제 환경 등에 상관없이 활용할 수 있는 가장 보편적인 오픈소스 기반 R용 IDE 툴이다. 이 책에서는 빠르고 효율적인 통계 분석 프로젝트 생성, 관리, 데이터 불러오기, R 스크립트 개발, 보고서와 그래픽 생성 등을 가르쳐 준다. 단계별 지침을 이용하여 빠르게 마스터할 수 있도록 기능이 풍부하면서도 쉬운 예제로 구성되었다.

13 한눈에 보는 실전 클라우드 프로젝트
클라우드 기본과 프로세스, 아키텍처 설계와 구현, 보안, 데브옵스까지
실증 도구와 사례

강송희 지음 | 9788960774988 | 292페이지 | 25,000원

신 경제, 신 재생 인프라의 한 축을 이루는 클라우드로의 전환은 장기적으로, 모든 글로벌 기업들이 거쳐야 할 단계다. 클라우드 아키텍트이자 엔지니어인 저자의 현장 경험을 바탕으로 현업 프로젝트에 바로 활용할 수 있는 기반 지식, 프로세스, 아키텍처 설계 원칙과 도구, 기법, 사례를 정리한 실전 클라우드 기술서를 만나 보자. 아키텍트, 컨설턴트를 비롯한 IT 업계 전문 종사자, 초보 개발자, 기술기획자, 관리자, PL에게 실질적인 도움이 될 것이다.

 에이콘출판의 기틀을 마련하신 故 정완재 선생님 (1935-2004)

한눈에 보는 실전 클라우드 프로젝트
클라우드 기본과 프로세스, 아키텍처 설계와 구현, 보안, 데브옵스까지 실증 도구와 사례

인 쇄 | 2013년 11월 23일
발 행 | 2013년 11월 29일

지은이 | 강 송 희

펴낸이 | 권 성 준
엮은이 | 김 희 정
    이 순 옥
    김 미 선
표지 디자인 | 이 롭 게
본문 디자인 | 남 은 순

인 쇄 | (주)갑우문화사
용 지 | 한신P&L(주)

에이콘출판주식회사
경기도 의왕시 내손동 757-3 (437-836)
전화 02-2653-7600, 팩스 02-2653-0433
www.acornpub.co.kr / editor@acornpub.co.kr

한국어판 ⓒ 에이콘출판주식회사, 2013
ISBN 978-89-6077-498-8
ISBN 978-89-6077-279-3 (세트)
http://www.acornpub.co.kr/book/cloud-project

이 도서의 국립중앙도서관 출판시도서목록(CIP)은 서지정보유통지원시스템 홈페이지(http://seoji.nl.go.kr)와
국가자료공동목록시스템(http://www.nl.go.kr/kolisnet)에서 이용하실 수 있습니다.(CIP제어번호: CIP2013024918)

책값은 뒤표지에 있습니다.